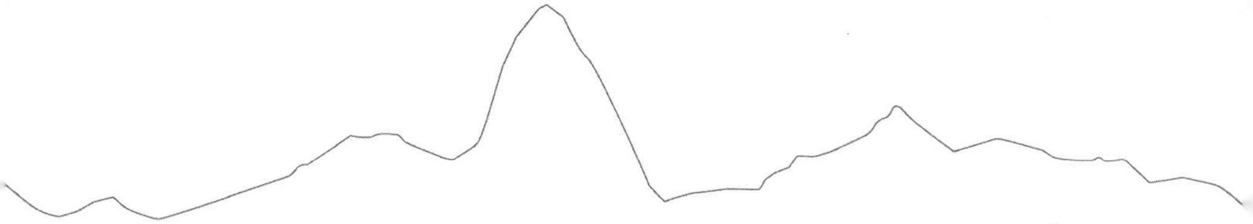

MOUNTAINS OF THE MIND

A HISTORY OF A FASCINATION

人類如何從畏懼高山走到迷戀登山

心向群山

林建興 譯

羅伯特·麥克法倫 著

嗟夫究其胸中，自有層峰疊嶂存焉……

霍普金斯，主後一八八〇年

GERARD MANLEY HOPKINS

時間之山的攀爬者

吳明益（國立東華大學華文系教授）

那些父母、子女、丈夫、妻子和夥伴，都把所愛的人輸給了山。

羅伯特．麥克法倫

0

多年前我讀到澤木耕太郎寫日本登山家山野井泰史的傳記——《凍：挑戰人生極限的生命紀錄》，讀到深夜入了迷，四周寒風如刀，胸臆沸騰激動。讓我沉迷的不只是登山過程的驚險描述，還有山野井和他同爲登山家妻子的妙子對登山方式的堅持，以及這種方式裡頭蘊涵的對山的情感。

山野井不願接受贊助攀登，因此平時他都擔任挑夫來貼補家用，儲備登山基金。他不採古典的「極地法」（Polar Method）登頂，而選擇「阿爾卑斯風格」（Alpine Style）。什麼是阿爾卑斯風格？就是登山者得背負個人裝備與食物，拒絕架設繩索、不雇用挑夫、不使用氧氣瓶，沒有後勤單位的協助，以速攻爲原則，有時單獨有時以數人爲一個小組，是一種極度需要個人技巧，又充滿危險的登山法。

山野井泰史在登上世界第十五高峰格仲康峰（Gyachung Kang 7952m）後失去了十根指頭，妻子妙子則失去了所有的手指。在復健過程中，他第一次感到心灰意冷，認爲可能無法再攀登任何艱難的山峰了。但卻在看到四川雙橋溝的布達拉峰照片時，再次被迷惑，重新投入訓練，並且在低溫的氣候下獨攀成功，讓登山界爲之震動。

整本書我最難忘的一句話是山野井在攀登時心底清楚如果繼續爬下去，遲早是會死在山上的。他甚至想大喊一聲：「快來個人阻止我啊！」

當時我望著窗外的南國風景想，爲什麼他不阻止自己呢？

1

不阻止自己的原因當然是著了迷，著了迷的人是飛蛾，是聽到美杜沙歌聲的水手，是那些一次次死裡逃生，卻又回到山上，終究埋骨於山的登山家。

人類會對許多事物著迷，我第一次閱讀羅伯特．麥克法倫的《故道》時也著了迷，一查資料才知道他在不到三十歲時就出了這本《心向群山》（*Mountains of the Mind*, 2003），一舉奪下數座書獎，隨後才又寫了《野鄉》（*Wild Places*, 2007）與《故道》（*The Old Ways*, 2012）。尚未翻譯成中文的《野鄉》寫了英格蘭與愛爾蘭的野地風景，麥克法倫在森林、荒原、沼澤、泥灘、島嶼、城市邊緣行走，既寫歷史掌故也寫個人心境。《故道》則延續下去，描述了各處的「古道」，道路的定義也愈加廣泛，甚且包括了水道。將近十年的時間，不斷步行的他完成了「地景與人心三部曲」（loose trilogy of books about landscape and the human heart）。

不過做爲一個透過《故道》才發現他的讀者，得要一直逆溯讀回《心向群山》，才知道麥克法倫著迷的源頭。

十二歲那年，麥克法倫在外祖父母家裡，讀到《攻向埃佛勒斯峰》（*The Fight for Everest*），書中記述了一九二四年英國登山團隊的攻頂歷程。他翻著書，感覺靈魂出竅跟著去了喜馬拉雅山。有一段文字比其他部分都更令他激動，那是來自遠征隊裡的地質學家歐德爾（Noel Odell），提及他最後看到馬洛里（George Mallory）和厄凡（Andrew Irvine）在接近埃佛勒斯峰的最後身影：「遠遠地在雪坡上正朝向在我看起來似乎距離最終的金字塔底座只差一步的地方，有個微小的物體在移動，往石階靠近。接著第二個物體跟上，然後就看到第一個物體爬上了石階的頂端。正當我站著目不轉睛凝視這個戲劇性的景象時，雲層瞬間就籠罩了這一幕。」

彷彿跟隨山神而去，馬洛里的遺體要在七十五年後才被發現，時間停止在某一刻。

這世間讀過這類探險故事的小男孩不知凡幾，但小麥克法倫卻「滿心只想成為那兩個小點中的一個，在稀薄的空氣中奮勇求生」，隨著年紀增長，他希望自己像這些「高傲、極度自我中心」的男人一樣，進行一趟有去無回的探險。

於是麥克法倫成了一個登山者、探險者，而且是一個會「帶著」詩集與地質學、登山史的登山者。他的人生數度接近殉身的獻祭時刻，直到某天開始他對死亡的恐懼情緒超過了這種浪漫感。他成了一個寫山，而不是殉山之人。

2

吉姆．戴維斯（Jim Davies）所寫的《吸睛的科學》（*Riveted: The Science of Why Jokes Make Us Laugh, Movies Make Us Cry, and Religion Makes Us Feel One with the Universe*）裡提到大腦演化學者認為，人類的大腦分成舊大腦（較早演化，如腦幹上方）與新大腦（較近演化）兩大部分，它們判斷事物的重點並不一致。前者較近於動物性的生存直覺，後者強調思考判斷。人很多的內在矛盾，來自於兩個大腦間的拉扯。

所有生物都該以生存為目標，但為了生存，人在群體裡又演化出了許多文化行為，造就了人類獨特的面貌。究竟為什麼，人會願意「以身殉道」、「以身殉山」？麥克法倫一定常常抱著這樣的念頭，走在山徑上。

*Mountains of the Mind*的書名來自英國詩人霍普金斯（Gerard Manley Hopkins）的一首詩，當他寫下「O the mind, mind has mountains」時，談的是心靈裡不可測的深度與憂鬱，宛如一座高山。二十幾歲時麥克法倫已經不像一般蒐集登頂標籤的登山客，他借用了霍普金斯的詩句，說明了他想寫的是人心裡可以裝下高峰的深淵，是人面對山的時候，矛盾複雜的心靈體驗。

麥克法倫寫道：「區分想像出來的事物與眞實存在之間的差別，是所有人類活動的一項特點，但是在高山身上，這種區分表現得極爲鮮明。石頭、岩石和冰，很明顯在我們伸出雙手觸摸時顯得桀驁不屈，但毫不抵抗人類心靈之眼的觀看，而地球上的群山往往比人類心中的群山更加頑抗不從，也更加致命地眞實。正如荷索在安納普娜峰以及我在拉金霍恩峰的發現，人所凝視的、嘗試解讀的、夢想的和渴望的山，並非實際攀爬的山。實際攀爬的山是堅硬、陡峭、鋒利的岩石，是冰寒徹骨的雪，是極端的寒冷，是激烈到使你胃痙攣甚至失禁的頭暈目眩，是血壓急遽上升、噁心和凍傷，還有任誰見了都啞口無言的美。」

麥克法倫要做的是，把這種啞口無言的美與讓人頭暈目眩，甚而奪命的現實山峰，與人類想像的山結合起來，寫成你手上的這本書。

3

《心向群山》共分九章，二至七章結合了地球地質史（包括山與冰河），以及較屬於人文方面的探險史、園藝史、文學史、地圖學與人類學，兩者篇幅相當。其次是，作者在兩者間蒙太奇進了自己攀登拉金霍恩峰（Lagginhorn）、凱恩高姆峰（Cairngorm），穿越傑昂冰河（Glacier du Géant）、洛磯山脈（Rockies）……的自我經驗。

可以這麼說：缺少資料蒐集能力、美學的表現以及個人的親身經驗其中一項，這本書將魅力減色不少，失去讓人閱讀時彷彿親見聖靈與聖山的感受。詹偉雄在為《故道》寫的那篇〈砂礫、浪花、鬼、魂與路上的個性〉裡高度肯定麥克法倫，他認為在旅行文學中，這是：「幾近沒有匹敵者的孤峰之作。」「稍稍回想一下，上一回能有這麼巨大快感的閱讀經驗，要算是馬奎斯的《百年孤寂》……」，原因是他的作品「文獻縱深如此悠遠、地理規模這般弘大；人物行徑百般殊異，但心意卻又極其深邃──的人類心靈活動圖譜」。

經過十年山與文字的一再洗禮，麥克法倫的《故道》終至成熟是可以理解的事，但令我驚訝的卻是，二十八歲時寫的《心向群山》，對我的衝擊竟與《故道》幾近相同，也就是說，麥克法倫的寫作是一下子就挑戰傲岸的孤峰，隨即長時間在山脈間縱行橫越。

這本書在結構上的安排和他的文筆一樣有著深刻的自覺，麥克法倫從自己受「攻向埃佛勒斯峰」，最後消失在大雪中的馬洛里身影吸引出發，中間穿插各式材料，直到倒數第二章再以馬洛里的角度，寫成深具小說感的終曲。

原本我以爲寫至這章即可，但麥克法倫再寫了一章續曲，寫的是他與友人攀登花楸峰，獨自在一處亂雪河道間，爲那種「全然的孤獨」感到興奮不已，幾分鐘後卻與一隻野兔相遇的小事。

麥克法倫說：「這隻野兔除了後面的黑尾巴、胸前一小塊灰斑和耳朵上兩道黑邊之外，渾身雪白。牠以獨有的古怪步態動了幾步。後腿緩緩向前向上挪移下半身，幾乎高過頭頂。然後又停在那裡。我們在漫天飛雪中對峙了半分鐘，沉浸於暴風雪奇異的靜寂。我張著我結冰的小丑嘴巴，野兔展示茂密的白毛和晶亮的黑眼珠。」就在那一刻隊友出現，野兔立刻四腳猛蹬，沒入風雪中消失了。麥克法倫一直想著那隻野兔，突然若有所悟。

「我闖入野兔的路徑，正如野兔也闖入了我的路徑。」這一刻，麥克法倫體會到沒有生命是眞正的孤獨者，也頓悟了山何以令自己著迷至此。

4

我邊讀邊想，山對人的吸引力正是如此，或者可以這麼說，路（或遷徙、移動）對人的吸引力也是如此。

每一個走在山上的人，即使在隊伍中都覺得自己孤身一人，但同時也正與隊友或歷史上走過這條路的人並肩而行，共同目睹地涵湧動、山脈隆起、地殼漂移……在那裡唯有時間如神。

而想像力正是足以與時間之神短暫抗衡的能力，它卻來自於個體，特別是孤獨的個體。人在還沒有理解地心之際已寫出了地心探險的故事，在還沒有進入深海之時已神遊深海，在還沒能測度宇宙的時候，關於宇宙旅行的作品源源不絕。

而「追逐恐懼」這章則彷彿人類的心靈簡史，恐懼，以及伴隨恐懼而來的快感，和「自我中心與自我認識的概念」混雜在一起，讓登山向來被視為人格的鍛鍊，磨難的本身也成就了人類對自身的質疑。那些一座山一座山攀登的登山客，究竟是傲慢的征服欲還是深刻的堅毅？又或者這一切只是一步之差？

現今許多政客搶登玉山，當然已不是為了體驗生死交關的恐懼所引發的美感與哲思，只是一種攀爬權力的象徵了。山帶人躍升，也讓人墜落。

麥克法倫在書中寫道：「我們的動詞『擅長』（to excel）來自於拉丁文中的 excelsus，意思是『升高』或者『高』。我們的名詞『優越性』（superiority）來自於拉丁文中比較級的superior，意思是『在比較高的情況、處所或者地位』。『高尚（sublime）』一詞原始的意思是『高聳、突出』或『升起』。」sublime從具體的地形描述走向美學的心靈描述，就像一個具體的象徵——人類的美學感受，最早啓蒙於大地，或許大地也是美的最終歸屬。

在山的美學裡，不只有壯美與高尚，恐懼、怯懦與卑微墮落亦同在其間。

5

有一回我在帶學生行走步道後，回來在臉書上寫：「與其他生物一樣，人類的身體是生存的意志的居所，負有採集、狩獵、逃脫、繁殖等等任務，因此健康的肉體往往是吸引人，是『美』的。這個『美』的意義當然與時尚產業所定義的並不甚相同，那些『以瘦爲美』的身體美學裡，並沒有考慮到身體得執行的野性任務。」

在把身體逼到一定程度的時候，會進入一種思考與身體分離的狀態，整個隊伍會安靜下來，有一段時間不會有無謂的談話、不會有無謂的念頭，那和眞正的寫作狀態很像，像是一艘航行已久，無人對話的太空船。此外，做過激烈或挑戰身體極限運動的人一定可以了解，如果哪天曾接近身體與意志的臨界點，休息時若有機會目睹自己的身體，會「覺得」身體非常美麗。

那並不是以本然的高、矮、胖、瘦、年輕或衰老所判斷的，不是肉體之美，而是體悟到身體居然能帶你到這樣的地方，以自己身體為傲的一種「美的意識」。一整天流出去的汗會彷彿把所有的壞念頭都帶走，身體裡只剩一條乾淨的溪流正在流動，有蜻蜓在那裡盤桓。

我認為人不論在任何年齡，只要身體許可的狀態，應該不吝花費時間，無目的地去追求體會這種身體的美麗。我不把它稱為夢想、意志的鍛鍊或其他，而是一種對身體的信賴。就像登山不是為了征服山，也不是因為「山在那裡」，而是從艱苦的行程歸來之際，知道身體還能帶你去某些地方。

6

倒數第二章，麥克法倫寫到一九九九年五月，在童年時深深吸引他的馬洛里的身影，在消失七十五年後，遺體被一支搜索隊發現。「他在海拔八千兩百公尺左右，臉朝下俯臥在聖母峰北壁一面陡峭的碎石坡上，手臂往上往外撲，就像他在下滑之際將手指戳進岩石去停住自己。」「這裡沒有任何東西會衰老。雪就那麼成形之後再度成形，飄上石塚然後融化。沒有景物訴說著時間的流逝。」

此刻的麥克法倫，不再被這種時間永恆的英雄感迷住了。他也會提起這些死者的伴侶，說或許，他們把自己所愛之人「輸」給了山。麥克法倫寫道：「那些爬上山頂的人，一半是愛著自己，一半是愛上自我消弭。」這讓《心向群山》讀起來，多麼不像是一本二十幾歲年輕登山者的著作。

二〇一七年四月，世界頂尖速攀高手史戴克（Ueli Steck）從努子峰（Nuptse）山壁墜落，當場在眾人眼前消失。在此前不久，臺灣年輕登山者劉宸君則和伴侶梁聖岳在達定縣（Dhading）提普林村（Tipling）的峽谷受困四十七日，一死一生還。二〇一八年十月，南韓登山界第一人金昌浩帶領的九人登山隊，全數在高格加山（Mount Gurja）殞歿。

麥克法倫寫到，馬洛里登山隊在遇到風雪時，曾在營地朝彼此朗讀布里吉斯（Robert Bridges）編選的《人類的精神》（*The Spirit of Man*）裡面的詩歌自娛。他們讀著柯立芝的《忽必烈汗》（Kubla Khan），讀葛雷（Thomas Grey）著名的輓歌，讀雪萊的〈白朗峰〉，以及愛蜜麗・勃朗特（Emily Brontë）悲切的抒情詩——

我要走到我天性所向之處——

那裡的狂風在山腰上呼嘯

是啊。山確實就在那裡，時間、愛、美與死，是人類從野性大地演化出的難解字詞。當你翻開麥克法倫傑出的《心向群山》時，時間會短暫停止，亙古的心緒湧現。你會成爲時間之山上的攀爬者，唯一可以肯定的是你闔上書頁時能平安歸來，帶著更深刻的靈魂歸來。

目次

一 著述

我思及按捺不住的熱情驅策人們去從事極其艱險的攀爬。前輩的覆轍歷歷無法嚇退他們……山峰對人施展的魅惑力難以抵禦，有若深淵。

——戈蒂耶，一八六八年
Théophile Gautier

我十二歲那年，在蘇格蘭高地的外祖父母家裡，首次讀到一篇以登山爲主題的精采故事《攻向聖母峰》（*The Fight for Everest*），書中記述了一九二四年英國人的遠征攻頂，那回的行動過程中馬洛里（George Mallory）和厄凡（Andrew Irvine）在聖母峰海拔最高點附近失蹤。

時值夏天，我們一直待在屋子裡。除了走廊最盡頭那一間是外祖父的書房不許擅入之外，弟弟跟我可以在家裡任何地方跑上跑下。玩起捉迷藏的時候，我常常躲在我們臥室的大衣櫥當中。那裡面一股濃濃的樟腦味撲鼻，衣櫃最下層的底板上散亂堆著幾雙鞋子，使人難以站立。我外祖母的毛大衣也掛在衣櫥裡，套上了一層薄薄的透明塑膠袋以防飛蛾。伸手去摸柔軟的毛皮，傳回的觸感卻是平滑的塑膠，感覺有點怪。

屋子裡最棒的一個房間是儲藏溫室，外祖父母稱之爲「太陽間」。裡面地板鋪著灰色敷石，赤腳踩上去總是冷冷的。房間裡有兩面牆是大片的玻璃窗，外祖父母在其中一面窗子上貼了隻黑色紙板剪成的老鷹，用意是要嚇走小鳥，但是仍然不時會有鳥錯把玻璃當成空氣，朝窗戶直飛而來，一頭撞死。

雖然說當時是夏天，屋子內部卻瀰漫著蘇格蘭高地那種沁涼的清冽空氣，伸手摸到每一樣東西的表面永遠是冷冰冰的。我們吃晚飯的時候，從碗櫃裡取出來的鈍重銀製餐具拿在手上一股寒意。晚上睡覺時，床單也是冰凍徹骨。我總是盡可能扭動到被窩深處後用被子頂端蓋過頭，在裡面創造出密閉空間，然後不停用力吐息，直到把被窩呵暖為止。

屋子裡到處都是書。我外祖父並沒有嘗試要分門別類，各種天南地北的書都放在一起。在餐廳的一個小書架上，《克瑞布垂先生釣魚行》（*Mr Crabtree Goes Fishing*）、《哈比人》（*The Hobbit*）和《爐邊偵探故事精選集》（*The Fireside Omnibus of Detective Stories*）與彌爾所著眞皮精裝兩巨冊的《邏輯系統》（*System of Logic*）比鄰而居。還有好幾本關於俄羅斯的書，書名我當時都還似懂非懂。另外就是幾十冊有關探險和登山的書籍。

某天晚上我無法成眠，就下樓找點東西讀。走廊一側的牆邊有一長排側躺的書。幾乎只是隨手，我就像從牆上拆下一塊磚頭，從那整排中間抽出一本大部頭的綠皮書，然後帶去「太陽間」，坐在寬寬的石頭窗臺上，就著皎潔的月光讀起《攻向聖母峰》。

外祖父跟我講過這趟遠征的故事，我已經知道其中的部分細節。但是有了這本書，親眼看到書上的長篇描述、二十四幅黑白照片，以及一張張滿是陌生地名的摺頁地圖——遠東絨布冰河、協格爾的宗潘（Dzongpen）、拉喀巴埡口（Lhakpa La），這一切都遠比外祖父所講的更加強而有力。我讀著書，感覺自己靈魂出竅去到了喜馬拉雅山。高山景象排山倒海朝我而來。我能看到圖博一片片礫原蜿蜒伸展到遠方的白色山峰，而聖母峰本身彷彿一座暗黑的金字塔。登山家個個背負著氧氣鋼瓶，看起來簡直像是深海裡的潛水夫。他們運用繩索和梯子攀登北坳雄偉的冰壁，有如中世紀的戰士把一座城市團團圍住。以及，最終，看到第六營地有人在雪地上用睡袋排成黑色T形，用來告知下面低處營地裡透過天文望遠鏡向上瞭望高坡的登山隊員，馬洛里和厄凡失蹤了！

書中有一段文字比其他部分都更令我激動，那是來自歐德爾（Noel Odell）的描述。他是遠征隊中的地質學家，提及他最後看到馬洛里和厄凡的情況：

突然我上方的大氣轉為清澄，原先掩翳了聖母峰整座峰頂稜線和最高峰尖的神秘面紗一掃而空。我注意到遠遠地在雪坡上正朝向在我看起來似乎距離最終的金字

塔底座只差一步的地方，有個微小的物體在移動，往石階靠近。接著第二個物體跟上，然後就看到第一個物體爬上了石階的頂端。正當我站著目不轉睛眼見這個戲劇性的景象時，雲瞬間就籠罩了這一幕。

我反覆讀著那一段，滿心只想成爲那兩個小點中的一個，在稀薄的空氣中奮勇求生。

◆ ◆ ◆ ◆ ◆

就是從那一刻起，我徹底迷上了冒險。在唯有童年才能縱容如此浪擲時光的一陣狂讀之下，我把外祖父的藏書大肆翻了個遍。那個夏季還沒過完，我已經讀了十幾本最有名的探險紀實故事，神遊所到之處遍及多座高山與極地。這些書包括薛瑞—葛拉德艱苦卓絕的南極歷險《世界最險惡之旅》、杭特（John Hunt）的《攀登聖母峰》（*The Ascent of Everest*）以及懷伯爾（Edward Whymper）血淋淋地描述自己《在阿爾卑斯山間攀爬》（*Scrambles Amongst the Alps*）。

童稚的想像世界比成年人腦海中的諸多臆測更信賴故事的透明無訛，更願意相信故事就如人們所講述的那樣曾經發生過。這樣的想像也更善於感同身受，於是當我閱讀那些書籍的時候，我徹底和探險家生活在一起，透過他們經歷了那些事件。和他們一起在帳篷中度過漫漫長夜，一起用海豹鯨脂燒爐解凍乾肉餅濃湯，任憑帳外風聲呼嘯。我拖著雪橇在深及大腿的極地深雪中踽踽前行。我在高高低低的積雪上踉踉蹌蹌，時而跌落溝壑溪谷，時而攀登險峻稜線，時而闊步傲嘯峰嶺。從群山的頂峰之上，我俯看全世界，彷彿眼前只是一張地圖。起碼超過十次以上，我差一點就沒了命。

我著迷於這些男人（這些探險家幾乎都是男人）所面對與承受的重重困難。在兩極地區，天氣酷寒到連白蘭地都會結冰，凍得即使是狗舌頭都黏在所舔的毛上，男人一低頭，鬍子就凍在外套上。羊毛衣物硬得像金屬片，必須用槌子才能敲彎。每到晚上，探險家好不容易準備好鑽進內襯馴鹿毛的睡袋，還得耐著性子用自己的體溫一吋一吋地融化那因爲太冷而硬得像劍鞘的睡袋。在高山地區，則有像一波波海浪般垂在懸崖邊的冰簷，有高山症的無形攻擊，更有能讓眼前世界在瞬間化爲白茫茫一片的雪崩和暴風雪。

除了希拉瑞和雪巴諾蓋在一九五三年成功地登上聖母峰頂，以及薛克頓船長（Ernest Shackleton）在一九一六年拯救了他的整個探險隊之外——多虧沃斯禮（Worsley）奇蹟似地導航成功，小小一艘救生船凱爾德號完美地在暴風吹襲的南方洋面上航行了一千三百公里，薛克頓鎮定如恆，而在他的北面，歐洲正像大洋上的浮冰一樣支離破碎——幾乎所有故事都以失敗收場，或者造成某種形式的傷殘。我喜歡這些可怕的細節。在某些極地探險故事中，幾乎每一頁都有隊員陣亡，或者是隊員身體少掉了某個部位。有時候，你的隊員就如同你身體的一部分。此外壞血病也讓探險家苦不堪言，發作起來就像餅乾泡濕了那樣骨肉解離。有個男人被折磨得全身毛孔都滲出血來。

這些故事的背景以及發生的地點也都讓我深有所感。我為這些男人足跡所至之處何其荒涼而心醉——高山與極地那樣嚴酷的貧瘠景象，以及黑白二元對立的色彩結構。人類的價值觀也在這些故事中兩極分化。勇敢相對於怯懦、輕鬆相對於盡力、危險相對於安全、對相對於錯，環境毫不留情的本質把一切都俐落地劃分為對立的二元。我想要我的人生也能如此界線分明，孰先孰後也如此簡單明瞭。

我漸漸愛上他們，這些男人，拖著雪橇、唱著歌、對企鵝心存憐惜的極地探險家，以及抽著菸斗的登山健兒，他們那種滿不在乎的從容和異於尋常的充沛精力。他們穿著結實耐磨的粗花呢馬褲，滿臉絡腮鬍或者兩撇八字鬍，為了禦寒用絲織品把自己團團包緊，外露部位塗滿了熊油，這類的粗獷外表與他們對自己所挺進的風景之美幾近於挑剔的靈敏感受顯得如此不協調。然後還有那種貴族式的過分講究（例如一九二四年攀登聖母峰時，攜帶的物品包括六十罐鵝肝醬鵪鶉罐頭、禮服領結和上等蒙地貝羅香檳）和大無畏精神的珠聯璧合。以及他們對自己可能會橫死途中的認命態度，這樣的遭遇雖然不見得一定會發生，但確實大有可能。

那時候對我來說他們似乎是旅行者的典範，不以逆境爲苦，且不裝腔作勢。我非常希望自己能夠成爲他們那樣的人，我尤其想要擁有鮑爾斯（Birdie Bowers）的溫控器，他是大探險家史考特船長的得力助手。在泰拉諾瓦號（Terra Nova）南航期間，每天清早他在甲板上用一桶海水洗澡，還能在攝氏零下三十度的氣溫下睡覺，還眞有本事。

在所有探險家當中，最吸引我的是老遠跑到群山峻嶺間去攀登巍峨高峰的那些男人。其中出師未捷身先死者衆。這些名字我在心裡面都如數家珍倒背如流：聖母峰上的馬洛里和厄凡、南迦帕爾巴特峰上的馬莫瑞（Mummery）、庫什坦圖峰（Koshtan-Tau）上的唐金（Donkin）和福克斯（Fox）等等等等。這份名單，從最熟悉到比較不熟悉，我可以一直往下列。在我的想像中，登山和極地探險簡直如出一轍——地形的險峻奇麗、空間的浩瀚無垠，這一切的全然無用等等。不同之處在於，高海拔取代了高緯度。當然，這些人也有缺點。他們有著那個時代的罪孽：種族主義、性別歧視、根深柢固的孤高傲物。和他們的勇敢混在一起的，是極度自我中心。

留給我印象最深的一本書，無疑是荷索（Maurice Herzog）一九五一年在醫院的病床上口述的《安納普娜峰》（*Annapurna*）。那時他全部的手指都沒了，已經無法提筆寫作。荷索原是一支法國登山隊的隊長。一九五〇年春天，他們一路來到尼泊爾的喜馬拉雅山，目標是成爲世界上第一支登上八千公尺高峰的隊伍。

經過艱苦的勘測，這支登山隊終於趕在暴風雨來臨前進入安納普娜山脈的中心地帶——一個被地球上一群最高的山脈包圍、由冰和岩石構成的失落世界。荷索如此描述：

> **我們置身於人類從未見過的蠻荒盆地。沒有任何動物或植物可以在這裡生存。在純淨的晨曦中，完全沒有生命。這種自然的徹底貧瘠，只是加強了我們自身的力量。當人類出於本能偏好大自然中一切富饒和慷慨的事物時，我們如何期待其他人會理解我們這種因貧瘠而生的奇特興奮呢？**

隊伍逐漸向上移動，同時不斷在更高處建立營地。高海拔、酷寒和沉重的行李開始折損登山隊員。荷索的身體狀況越來越糟糕，然而他確信他們可以到達最高峰的信念卻更強烈了。最後，在六月三日，他和另一個叫拉什奈爾（Louis Lachenal）的登山隊員一起離開最高處的第五營，試圖征服安納普娜峰頂。

那座山峰最後的路程中有一段又長又彎曲的冰坡，登山隊員暱稱為「鐮刀雪山」，接著再往前是一段陡峭的岩石，守護著最高峰。除此之外，整條路線在技術上來說並沒有其他艱難險阻，於是一心想著要減輕負荷的拉什奈爾和荷索就拋下了隨身攜帶的繩索。

他們離開營地的時候，天氣簡直完美，晴空蔚藍、萬里無雲。然而清朗的天空帶來了最低的氣溫。兩人越爬越高，空氣冷到他們都感覺雙腳在靴子裡結凍了。很快情況變得顯而易見，他們必須折返營地，不然就有嚴重凍傷之虞。結果他們還是繼續前行。

在關於該次攀登的記載中，荷索描述了他身體各個部位漸漸失去知覺的過程。空氣清澈而稀薄，高山美得宛如水晶，凍瘡也很異常地完全不痛，這種種情況加起來，合謀將他引到一種麻木的冷靜狀態，使得他當時對身上惡化的凍傷毫無感覺：

我看著拉什奈爾和周遭一切，視覺變得很不尋常。我們所有的努力如此微不足道，令我不禁苦笑。然而先前竭盡所能想要攀登的決心都消失了，彷彿地心引力不復存在。這片澄澈通透的風景，如此純粹的精髓——眼前並非我過去所知的群

山，而是我夢中的巔峰。

他和拉什奈爾依然恍惚，依然對疼痛無感，在這樣的狀態中，兩人強行攀越了最後的岩石帶，抵達峰頂：

我感覺雙腳凍僵了，但是我儘量不去多想。人類即將登上的最高峰就在我們腳下！我的腦海中飛快閃過曾經到達這個高度的前輩大名：馬莫瑞（Mummery）、馬洛里和厄凡、包爾（Bauer）、韋爾贊巴赫（Welzenbach）、蒂爾曼（Tilman）和薛普頓（Shipton）。他們當中有多少人已經犧牲，有多少人的遺體就在這些高山上被人發現，而這正是他們最完美的歸處……我知道終點離我很近，但那是所有登山者都想要到達的終點——這個終點和宰制他們的激情若合符節。我意識到那天的群山是如此美麗，為之感激涕零，同時我又對群山的寂靜肅然起敬，彷若置身於教堂。我既不覺得痛苦，也沒有憂慮。

痛苦和憂慮稍後才出現。在爬下岩石帶的過程中，荷索掉了手套，於是還沒到達第四營地，他已經幾乎無法步行。他雙腳雙手嚴重凍傷。雪上加霜的是，從險峻的斜坡到基地營那一段亡命般的撤退過程中，他摔倒了，原先就傷重的雙腳又碎了好幾根骨頭。他不得已順繩滑下時，繩索把他雙手的肉厚厚地一條一條撕掉。

地形一變得不那麼陡峭，就有辦法把荷索運下山。他一開始被人馱在背後，接著是裝在一個籃子裡，然後放上雪橇拖，最終用擔架抬著。在撤退途中，他的手腳都被整個纏起來，再用塑膠袋包著，以免受到進一步的損傷。每晚當他們到達營地，探險隊的醫生奧達特（Oudot）就把長長的針頭推入荷索左右兩側的腹股溝以及肘彎，把奴佛卡因、止痛劑和盤尼西林注射進他的股動脈和肱動脈。過程實在太痛了，以至於荷索苦苦哀求，寧願一死。還沒送到山下，荷索的雙腳已經轉爲黑色和深褐色。等他們快到達醫療設施充分無虞的高拉帕（Gorakpur）時，奧達特差不多已經把他的腳趾和手指全都截掉了。

那年夏天，我讀了三遍《安納普娜峰》。對我來說荷索選擇繼續攻頂顯然是明智的決定，儘管他爲此付出了代價。他和我看法一致：比起能夠站在高山之巔的方寸雪地上，那些根腳趾和手指又算得了什麼？就算爲此喪命也還是值得。這是我從荷索的書上學到的一課：在人生的各種盡頭當中，最快意的就是終結在高山之巔——上主啊，救我脫離谷間死神的殘害。

・・・・・

我第一回讀《安納普娜峰》的十二年後（那十二年我大多數的假日都是在群山之間度過），某天我在蘇格蘭一家二手書店書架間瀏覽的時候，無意間找到了另一本《安納普娜峰》。那一夜我熬到很晚，把書從頭到尾又讀了一遍，然後又一次受到蠱惑。之後沒多久，我訂好航班，找了一位繩伴——一個名叫提爾（Toby Till）的同袍，打算到阿爾卑斯山待上一個星期。

我們六月初到了策馬特，希望能在夏季遊客蜂擁而至之前攀登馬特洪峰。但是馬特洪峰那時節還覆蓋著一層厚厚的冰，對我們而言太危險了。因此我們開車繞到下一個谷地，那邊的冰應該融化得快一些。我們的計畫是到高處紮營過夜，第二天一早從易爬的東南稜攀登拉金霍恩峰（Lagginhorn）。這座山峰海拔四〇一〇公尺，我腦中閃現一個念頭：拉金霍恩峰差不多正好是安納普娜峰的一半高度。

那晚下了雪，我躺著沒睡，聽著一片片雪花重重落到帳篷的外帳上，凝聚成團，在帳布上形成一塊塊大陸般的深色陰影，一直到某些漂移的陸塊變得太沉，帳篷斜斜的篷面無法再承受，就聽到雪堆微微發出咻的一聲，滑落地面。凌晨時分，雪停了。但是當我們上午六點拉開帳篷的時候，預示著暴風雪將至的黃橙光線透過雲層泛著不祥。我們憂心忡忡地朝稜線走去。

我們一上去，立刻發現這稜線比從山下看上去還要難走，原因是稜線上覆著深達一公尺多半融的陳年積雪，積雪上還有層十五公分剛下的雪，鬆軟又黏腳。半融雪或一顆顆的，像砂糖；或是更長更細的結晶體掏空鬆脫，形成易碎的基質。兩種形態都不穩定。

我們無法俐落地從一塊岩石攀到另一塊岩石，只好在雪地上狼狽地手腳並用，每踩一步，都無法確定踩到的會是岩石還是空氣。也沒有路跡給我們指引，顯然從前一年的夏天起，都還沒有人爬到這稜線上。稜線上也很冷，極度的冷。我的鼻子一流出鼻涕，就立刻就凝結在臉上，留下滑落的痕跡。風吹得我眼睛冒水，右眼上的睫毛也凍在一起，我還得伸手把眼皮撐開，才能分開上下睫毛。

辛苦爬了兩小時之後，我們已經接近峰頂，但是稜線的角度也變得更陡峭，我們的進度變得更慢了。我能感覺到體內深處的寒意。頭腦，感覺上，也，遲鈍了，混成一團，彷彿低溫凍結了我思考的程序，讓過程變得黏稠。我們那時候當然也可以掉頭。不過我們還是繼續向前。

最後十五公尺的上山路眞的非常陡峭，鬆垮的陳年積雪也很深。我停下來評估眼前的情況。看起來這座山似乎隨時都會剝掉這所有的雪，有如聳肩脫掉外套似的。

不時有小型的雪崩咻地從我身邊劃下。我聽到山的東面有岩石墜落發出嘩啦嘩啦的聲響。

我運用靴尖把自己卡進雪中，斜坡巍峨高聳地湊著我的臉。我把頭向正後方一倒，往上看著天際線。雲層在峰頂上方迅速移動，有那麼一瞬間，感覺好像這座山正慢慢地倒向我。

我回頭往下叫下方六公尺處的托比，問他：「我們還繼續往上嗎？情況看起來很不妙。我估計這整塊隨時都可能會崩掉。」

在托比的下方，斜坡窄到只剩一條滑道，開口朝向稜線南壁的懸崖。要是我滑倒了，或者積雪陷落，我就會滑過托比身旁，把他往下拖，然後我們就會直墜上百公尺，掉到冰河上。

「當然要繼續往上，羅伯，當然要繼續往上。」托比向上喊。

「對呀。」

我只帶了一把冰斧，但是那麼陡的坡，要爬上去需要兩把。我們得想辦法應變。我把冰斧換到左手，右手手指盡可能地伸直，努力戳進雪中，充當冰斧來拉起自己。我提心吊膽，開始向上爬。

雪沒有垮掉，我那把克難的斧頭還算管用。冷不防我們就登上了，站在只有一張餐桌大小的峰頂。我們緊緊抱住峰頂厚雪間伸出來的鐵管十字架，既驚駭又欣喜若狂。從山的任何一面看下去都是直落千丈，感覺就好像是在艾菲爾鐵塔尖勉力保持平衡。那時雲已經散去，一道亮晃晃的白光取代了清晨的陰沉。我極目遠眺，看到一個小黃點，那是上千公尺下我們的帳篷。從這個高度看下去，我們前一天為了到達稜線營地而穿越的冰河成了一道道淡色薄浪。我看到浪與浪之間的低處有幾十面融冰積成的小湖，朝著我一眨一眨，就像在陽光下閃閃反光的盾牌陣。湖水藍得令人驚嘆。在我們的西邊，冉冉上升的太陽把光灑在米沙伯爾（Mischabel）稜線的迎風面上。風勢猛烈，不停吹襲，以至於後來我臉頰的皮膚都失去了知覺，冷風猛力灌進我衣服的間隙。

我低下頭看著自己的雙手。一路上我都戴著薄手套，後來因為用手指戳進冰坡，右手套上三個指尖處已經磨破。那幾根手指我都感覺不到了。事實上，我發現我已經完全感覺不到那隻手，卻奇異地不覺得驚慌。我舉起手，湊近淚水直流的雙眼，暴露在寒氣中的指尖已經變成一種蠟黃色且呈現半透明，像陳年乳酪。

我沒有帶備用手套。不過也沒有什麼時間擔心這件事了，剛剛爬上來的時候，勉強承受我們這些重量的半融雪應該已經被早晨的陽光曬融。我們得盡可能快速下攀。

下山的過程中我們的行動一直都迅捷有效率，直到我們碰到一個看似無法攻克的障礙。那是一道雪橋，一條薄弱鬆垂的雪稜，長約九公尺，懸在兩塊岩石的尖峰之間，就像兩頭用曬衣夾固定的床單。那雪稜太陡峭，也太脆弱，既無法從上面走過去，也無法從下方繞過去。我們必須得沿著雪稜的側面攀越，就跟我們爬上來的時候一樣，甚至還更不安全，那整個結構可能會就此崩塌，把我們送到底下的冰河上。

托比開始用腳在軟雪上幫自己踢出一個凹陷的座位。

「我看你這動作，是希望我先爬？」我問道。

「是的，請吧。那樣的話就太好了。」

我從幾近垂直的稜線側面上慢慢移動，把腳踢進稜壁，一條彎垂的繩索橫在我和托比之間。我的腳一踢，所到之處，雪像濕掉的糖粉那樣滑落，發出嘶嘶聲。我心裡想著，我就落到這種下場，站在幾乎垂直的融雪上，帶著三根手指上的凍瘡和僅有的一把冰斧，緩緩在牆面上像螃蟹一樣橫擠。我詛咒荷索，然後往下瞥了一眼。

在我的雙腿之間，我可以看到一大片空蕩蕩。我踢入另一支冰爪，一大塊厚厚的融雪從我腳底一斜，朝著冰河滾落。我懸空站在那裡，雙臂高舉過頭，注視著雪塊翻滾，臀部開始出現一股刺麻，然後迅速傳到股溝和大腿。很快，我的整個腹部就湧起了爭先恐後推擠而至的大量恐懼。那感覺浩瀚無極又蠢蠢欲動的空間似乎正在把我吸進去，拉入那一片虛空之中。

只有一把冰斧——爲什麼我只帶一把？再一次，我把右手，有蠟手指的那一隻手戳進雪中。手指完全不覺得痛，正好派上用場。於是我就繼續，保持一種節奏。踢、踢，戳、戳，咒罵。踢、踢，戳、戳，咒罵。

我們終究克服了那道障礙，當然了，不然我就無法寫下這些了。當我們用帆布登山背包充作雪橇，從剩下的斜坡滑到我們的帳篷時，不禁爲自己的登頂及平安折返發出高興又如釋重負的歡呼。

兩個小時之後，我坐在帳篷外一塊巨礫上盯著手指看，累到無動於衷。天氣轉爲晴朗，和暖無風，眼前的風景被高地那種精確而均勻的陽光照亮。聲音透過稀薄的空氣清晰地傳送，我能聽到七、八百公尺外從維斯密斯山（Weissmies）上走下來的登山者發出的叮噹聲和談話聲。我的右手感覺上並不特別像我身體的一部分。但是，我隱隱約約還是慶幸看起來只有三根手指的指丘受損，而且並不很嚴重。我用那幾根手指輕輕敲著岩石，發出一種硬硬的空空的聲音，就像是木頭敲在金屬上。我掏出小刀，開始削起手指，皮屑在雙膝之間平坦的灰色岩石上逐漸落成一堆。最後等我削到露出粉紅色的皮膚，每削一下，手指就發痛時，我用打火機的橘色烈焰火化那一堆皮屑。一陣劈里啪啦，肌肉燒焦的味道傳出後，什麼都沒了。

三個世紀以前，冒著生命危險去攀登一座高山只會被視爲精神錯亂。荒野景觀可能有某種可觀之處的想法當時幾乎還不存在。在十七世紀和十八世紀初的正統想像中，自然風景能否爲人所愛，主要取決於散發出多少豐收氣息。草地、果園、牧場和一畦畦豐美的耕地，這些是一幅風景的完美要件。換句話說，開墾過的風景才吸引人。經過人類的整飭，上面有溝犁、灌木樹籬和溝渠，才算風景。一七九一年，吉爾品（William Gilpin）提及「大多數人」覺得荒野是可憎的。他寫道：「沒有幾個人會不喜愛農忙景象，而獨鍾大自然粗劣製品中最出色的品項。」而群山正是自然界最粗劣的製品，不僅難以耕作，在審美上也令人反感，其不規則和龐大的輪廓徒然擾亂人類心靈中的自然精神性。較文雅的十七世紀居民不以爲然地稱群山爲「不毛之地」，同時也有人斥之爲地球表面上的「癤」，乃至「瘤」、「疣」和「囊腫」，甚至舉其唇狀稜線及葉鞘般的峽谷，詆之爲「大自然的**外陰部**」。

此外，群山也是危險之地。一般咸信，細微如一聲咳嗽、甲蟲的腳、飛鳥低越時翅膀輕拂過坡等，任何刺激都可能觸發雪崩。你可能墜入冰隙藍色的巨顎中，多年後被冰河吐出時，已成了硬邦邦直挺挺的一塊。或者，你可能撞上正爲領域遭你任意侵犯而震怒的神靈或妖怪——傳統上群山是鬼怪及惡靈的棲地。曼德維爾（John Mandeville）在名著《遊記》（*Travels*）中描述埃爾伏魯茲（Elvruz）高高的山巔上有支名爲阿薩辛（Assassins）的部族，由一位神秘的「山中老人」領導。在摩爾的《烏托邦》中，札波雷（Zapoletes）這支「醜陋、野蠻又殘忍」的種族據說就窩在「高高的群山間」。沒錯，在過去，高山爲遭圍攻的民族提供了藏身之處，當羅得和女兒被趕出瑣珥，就是逃到高山上。但是，大部分的情況下，群山還是人們避之唯恐不及的一種景觀。一般的想法是無論如何都繞過群山，若像許多行商、士兵、朝聖者與傳教士那樣實在逼不得已，就沿著側翼走，或者走在兩山之間，但是當然不要翻越。

然而，到了十八世紀下半葉，史上第一回人們開始在精神而非生存需求的驅使下走向群山，並發展出相應的感性，開始欣賞山岳的壯麗景觀。白朗峰在一七八六年首度有人登上，而嚴格意義上的登山運動則出現在十九世紀中葉，且一開始的動機是出於科學使命（在這項運動的青春期，每位登山名家爬上一座高峰後，在峰頂至少都會拿支溫度計來測量沸點，以推斷海拔高度），但肯定也有對美的愛好。冰、太陽光、岩石、高度、角度、空氣的複雜美感——羅斯金（John Ruskin）稱之爲「空間的無盡明晰，永恆光芒的不倦眞實」，對於十九世紀後期的心靈來說，也無疑令人神往。群山開始對人類的思想施展巨大且通常是致命的吸引力。「這奇特的馬特洪峰對於想像的影響確實相當大，連最嚴肅的哲學家也無法抵禦。」羅斯金在一八六二年驕傲地聲稱馬特洪是他最喜歡的山。三年後，人類第一次爬上馬特洪峰，成功登頂的人當中有四位在下山途中不幸罹難。

十九世紀將要結束之際，阿爾卑斯山脈的所有峰頂都已有人爬上（大多數是被英國登山隊攻克），幾乎所有隘口也都已被勘測過。所謂登山運動的黃金時代至此也走到了盡頭。那時代很多人都認爲歐洲已經**過氣**，登山家開始把注意力轉移到更雄偉的山脈，並遭受極端的艱辛，甚至冒著更大的風險去征服高加索、安地斯以及喜馬拉雅山脈的群峰——烏什巴、波波卡特佩特峰、南迦帕爾巴特、欽博拉索山，以及卡茲別克山，據說伏爾肯就是用鎖鏈把普羅米修斯拴在這座山的岩石上。

大約在十九世紀及二十世紀之交，這些更雄偉的山峰所能引發的想像是令人敬畏的，且往往成爲仰慕者著魔的對象。天氣好的時候，從大吉嶺白色屋頂的避暑山城望出去，可以看到八千公尺高的干城章嘉峰，這座山峰幾十年來都讓印度境內那些躲到這裡避開低地夏季熱浪的歐洲大老爺及夫人心醉神馳。楊赫斯本，這位一九〇四年率領英軍攻打圖博的「大博弈家」曾詠歎道：「在湛藍的天空下，干城章嘉的雪峰純白無垢，縹緲宛如精靈……我們的性靈都提升了。」在那之前的一八九二年，康威（Martin Conway）前往喀喇崑崙山脈的加舒爾布魯木峰展開英勇探險，《泰晤士報》

登出他一路上拍回倫敦的電報，吸引了眾多讀者熱切捧讀。而說到聖母峰，這座山峰中最高的王者，便從那時起迷住了**整個**不列顛，英國人當時簡直就把聖母峰當成他們的山。那些著魔的人當中就包括馬洛里，他一九二四年死在聖母峰的肩膀上，震驚全國。馬洛里及厄凡的報紙訃聞吸引了大眾的激賞關注，以至於「緊密地連結起國內民眾和那些攀登者的心」。

時至今日，曾經激勵了早年登山家的情感與態度，仍然在西方世界的想像中盛行不衰，如果要說有什麼不同，也只是更加不可動搖。對數以百萬計的人來說，高山崇拜是與生俱來的。垂直高聳、凶險殘忍、冰凍刺骨——所有這一切，在如今都自動被視爲風景中受人尊崇的形式。西方文明由於都市化而日益渴望原始和荒野的體驗，即使只是二手經歷也在所不惜，於是整個文化都瀰漫著這類高山意象。「往山上去」成爲過去二十年當中成長最迅速的休閒活動之一。每年估計有一千萬美國人投入登山，還有五千萬人投入健行。在英國，大約有四百萬人自認爲是某種形式的山區健行者。全球戶外活動產品及相關服務的年營業額估計達到每年一百億美元，並且還在繼續增長。

在所有的休閒活動中，登山的特殊之處在於要求某些投入的人以身獻祭。一九九七年夏天，在阿爾卑斯山脈索命的那七周內，有一百零三人死亡。在白朗峰一帶的山岳，每年平均死亡人數幾乎要達到三位數。某幾年的冬季，蘇格蘭境內在山上送命的人比在周遭道路上喪生的人還要多。馬洛里攀登聖母峰時，聖母峰是地球上最後一個還沒被征服的堡壘，所謂的「第三極」。如今聖母峰已經成了一座巨大、廉俗、覆滿冰雪的泰姬瑪哈陵，一大塊精心淋上糖霜的結婚蛋糕，任由登山公司每年隨意操縱數以百計經驗不足的客戶在山壁上上下下。聖母峰的坡地上散落著近代的屍體，大多數都躺在現今已爲世人所熟知的「死亡地帶」，在那段海拔範圍，人類的遺體會展開漸進但無可阻擋的腐壞過程。

◆ ◆ ◆ ◆ ◆

於是，在長達三世紀的時間裡，西方世界對山的理解發生了驚人的變革。曾經遭受貶抑的高山特性，陡峭、荒涼、危機四伏等，如今都被視爲高山最寶貴的面向。

這項變革如此的極端，以至於如今仔細想來，腦海中不免會再浮現有關於風景的一項事實，即我們對於風景的種種反應，主要是文化的成果。那也就是說，當我們看著一個景象，我們看到的並不是景象本身，而主要是我們認爲自己看到了什麼。我們加諸於風景之上的一些特性，並不是風景本質上所擁有的（比如說野蠻，或者荒涼），而我們會根據這些特性去評價風景。我們**閱讀**風景，或者換個說法，我們借助自己的經驗、記憶，以及我們所共有的文化記憶，來理解風景的形式。雖然人類去到蠻荒之地，傳統上可說是爲了逃避文化或者常規，但其實他們依舊透過相關的篩檢機制來感知蠻荒，就像他們感知所有事物的方式。布萊克（William Blake）就指出了這個眞理。他寫道：「讓某些人喜極而泣的那棵樹，在另一些人的眼裡，只是無端擋在路上的綠色物體。」從歷史上來看，山岳也是如此。山岳數百年來都被視爲無用的障礙，正如約翰生博士所輕蔑戲稱的，是「頗爲可觀的隆起」，如今卻被列爲自然世界最極盡精巧的形態，令人愛到成痴，爲之一死也在所不惜。

我們如今所稱的「山」，實際上是自然的形態加上人類的想像所合力構成——是一座心目中的山。而且人對山的所作所爲與岩石和冰那樣實際的物體沒有多大的關係，甚至根本沒有關係。山只是地質的偶發事件。山不存心殺人，也不存心討好人。山所具有的任何情感屬性都是人類的想像力所賦予。山就像沙漠、極地凍原、深海、叢林和所有被我們浪漫化的荒野風光一樣，只是單純在那裡，而且還會繼續在那裡。山的物質結構會在地質與天氣的干預下日復一日逐漸重組，但還是會超越人類對山的感知，繼續存在。但山同時也是人類感知的產物，歷經數世紀，被人類**想像**成現今的存在。這本書試著要解開那些想像高山的方式是如何隨著時間而出現轉折。

區分想像出來的事物與眞實存在之間的差別，是所有人類活動的一項特點，但是在高山身上，這種區分表現得極爲鮮明。石頭、岩石和冰，很明顯在我們伸出雙手觸摸時顯得桀驁不屈，但毫不抵抗人類心靈之眼的觀看，而地球上的群山往往比人類心中的群山更加頑抗不從，也更加致命地眞實。正如荷索在安納普娜峰以及我在拉金霍恩峰的發現，人所凝視的、嘗試解讀的、夢想的和渴望的山，並非實際攀爬的山。實際攀爬的山是堅硬、陡峭、鋒利的岩石，是冰寒徹骨的雪，是極端的寒冷，是激烈到使你胃痙攣甚至失禁的頭暈目眩，是血壓急遽上升、噁心和凍傷，還有任誰見了都啞口無言的美。

◆ ◆ ◆ ◆ ◆

一九二一年馬洛里到聖母峰探勘時，寫了封信給妻子。遠征軍的先鋒隊伍在離山二十四公里處露營，夾在一座喇嘛寺和從聖母峰山腳沖下的冰河舌端之間，馬洛里如此描述：「有如褐色怒海上的滔天巨浪。」地處艱險，冷，高，狂風肆虐，雪和灰塵的微粒讓風有了形體，因此得以在濁流上的岩石間蛇行。馬洛里花了一整天（六月廿八日）初步探勘上山的路，而三年後，他將會死在這座山峰上。那天他筋疲力盡，從凌晨三點十五分走到晚上八點多，在冰河的冰上、冰磧上和岩石上步行了許多公里，途中兩次踩空，跌入嚴寒的池水中。

長日已盡，馬洛里精疲力竭，在他狹窄鬆垂的小帳篷裡躺下，就著一盞汽化燈粗礪的光照寫一封給茹絲的家書。他知道一個月後這封信才會寄到英國她的手上，不用等到那時候，他那年在山上的工作或許都已經設法完成。信中大部分的內容是在詳述他那一天做了些什麼事，但是結尾的幾段，馬洛里稍微跟茹絲描述了他身在這樣的地方，希望能達成如此的壯舉，心裡是什麼感受。他對她寫道：「聖母峰有我生平僅見最陡峭的稜線和最驚心動魄的懸崖。我心愛的……我沒辦法告訴妳，這座山讓我有多著迷。」

本書就是想要解釋怎麼會有這種事。一座山如何能夠全然「迷住」一個人？那樣一股非比尋常的強烈愛慕，如何能夠投注在終究也不過就是岩石和冰所堆起來的龐然大物上？爲了這個緣故，書中的史實想要檢視的不是人用哪些方法登上山岳，而是人想像自己要用哪些方法登上山岳，他們對山岳是何感覺，以及他們是如何感知山岳。爲了這個緣故，本書並不像標準的登山岳史書那樣細究人名、日期、峰頂和高度，而是梳理感受、情緒與觀念。本書其實不能說是一部登山史，而是一部想像的歷史。

「於我而言／高山是一種感覺。」拜倫筆下的哈羅爾德（Childe Harold）在望著蕾夢湖靜止水面沉思之際如此宣稱。本書接下來的每一章都會循著一種感受山岳的方式追溯其譜系，讓讀者明瞭這樣的感受是如何成形、繼承、重塑，然後輾轉相傳，直到被某個人或某個時代所接受。最後一章討論聖母峰何以迷住馬洛里，導致他離開妻子與家庭，最終送命。馬洛里是本書主題的極佳例證，因爲所有這些感受山岳的方式全帶著獨特與致命的力度，在他身上匯集合流。在這一章，我會把馬洛里的信件和日記融合起來，再加上我自己的諸多假定，對二十世紀二〇年代裡馬洛里所參與的三回聖母峰遠征，寫出推測性的歷史重現。

爲了著手追溯人類對山岳種種感受的系譜，我們需要在時光中往後倒退，一路越過我緊張沿著阿爾卑斯山上大片雪壁慢慢移動的那一刻，再越過荷索站在安納普娜峰頂，腦海中飛快掠過一個個顯赫前輩的大名之際，越過聖母峰山腳下躺在行軍床上就著帳篷角落裡輕聲嘶響的汽化燈光隨手寫信給茹絲的馬洛里，越過一八六五年從馬特洪峰懸崖上墜落的四個男人，朝現代這一整套對山岳的感受才剛開始形成的那個時代走去。回到，事實上是要回到一六七二年夏天阿爾卑斯山脈一個隘口上完全不合季節的寒風裡，那時既是哲學家又是牧師的波納特（Thomas Burnet）正領著他受託照顧的年輕貴族維特郡伯爵，一路翻越阿爾卑斯山脈，下到倫巴底。因爲在山岳變得可喜之前，要先爲山岳定義出一段過去，而要做到這個，波納特將會向世人證明他不可或缺。

二 巨大的石頭書

當我們看著群山，把群山視為大自然以驚人力度耗費無數個千年緩慢完成的傳世力作，我們每個人的想像可能都會不禁肅然起敬。

——史蒂芬，一八七一年
Leslie Stephen

一六七二年八月，歐洲大陸的盛夏。在米蘭和日內瓦，市民正在炙烈的歐洲太陽下溽暑難耐。在他們上方的上千公尺，辛普朗（Simplon）隘口的積雪之間，歐洲阿爾卑斯山脈主要的交會點上，波納特卻冷得發抖。跟他一起發抖的是年輕的維特郡伯爵，時運不濟的安妮皇后之父博林（Thomas Boleyn）的曾曾孫子。博林家決定要讓這個男孩好好接受教育，而波納特這位想像力天馬行空的英國國教牧師向任教的劍橋大學基督學院申請了離修（這假一請居然長達十年之久），開始充當一連串青年貴族的伴讀與導遊，而伯爵就是其中的第一個。

對波納特來說，這只不過是見識天主教歐洲大陸的藉口。兩人將會跟著雇來的陰沉嚮導及他那一隊嘶叫不休的騾子穿過辛普朗隘口，然後向南行，橫越湖光閃爍的狹長馬焦雷湖（Lake Maggiore），途經山腳的果園和村莊，穿過倫巴底平原羊毛毯般的草地，最後來到北義大利幾座色調淺白、陶冶性靈的城市（第一座便是米蘭），必定要讓這孩子見識一下的地方。

不過，在那之前要先越過隘口。辛普朗隘口還眞沒有什麼值得推薦之處。在隘口的最高點有家簡陋的小旅館，然而如果想好好睡一晚，那裡並不算舒適。寒氣逼人，周遭時有熊與狼群出沒。小旅館本身其實只是棚屋，由薩佛亞茲（Savoyards）一家人打點，這家人不太情願地身兼兩職，既要牧羊又得打理旅館。

然而，雖說有這種種不適，波納特心情愉快。因爲在這裡，置身於群山之間，他發現了某個全然不同的地方，一個讓人頓時覺得所有比較都只是枉然的地方。這種風景確實，對波納特來說，完全不像地球上的一切。即使在夏季，四處都還可見吹積而成的深雪，歷經風的雕塑凍結，顯然不把日照放在眼中。積雪在陽光下閃耀著金輝，而在陰翳中看起來是軟骨般柔滑的灰白色。大如建築物的岩石零星分布，在四周投出濛濛一團的藍色暗影。南方遠處傳來轟隆雷聲，但是肉眼能見到的雷雨雲頂遠在波納特一千多公尺的下方，籠罩著彼得蒙特（Piedmont）。他喜出望外，明白自己原來正高踞在雷雨的上方。

下方的義大利是大名鼎鼎的羅馬帝國遺址，波納特知道必須讓年輕的伯爵去遊歷一番，作爲他古代史教育的一部分。羅馬帝國傾頹的神殿、教堂壁龕裡羅列的鍍金哭泣聖像，無一不氣度宏偉，連波納特自己也無法不動容。但是在該地的高處，在阿爾卑斯山脈的龐大碎石之間，還有某種波納特後來形容爲「這些有聲巨塊」的東西，對他來說，比羅馬帝國遺址更能夠引發他思考，也更讓他無法抵擋。即使以波納特的年紀，他已經感受到高山的敵意和排外，仍然莫名被這片山岳打動了。他在通過辛普朗隘口後寫道：「這些東西的氣息中有一種令人敬畏的威嚴，啓發我們偉大的想法與熱情……所有具備那種力量的事物都大到我們難以理解，以其『過度』灌滿、壓倒我們的思維，讓我們的心靈沉浸在一種愉悅的恍惚與想像之中。」

◆ ◆ ◆ ◆ ◆

在歐洲大陸那十年間，波納特和形形色色受他監護的年輕人屢次穿過阿爾卑斯山脈和亞平寧山脈。波納特反覆看到這些「狂野、無邊無際又雜沓的石堆和泥土」，心裡逐漸產生了渴望，想去了解這種異樣地景的根源。岩石爲何如此雜亂？山岳爲什麼會對他的心靈有如此強大的影響力？高山深深地衝擊了他的想像及追根究柢的本能，他確定，「除非找出某個還能接受的理由來解釋置身大自然所感到的困惑，否則自己永無寧日。」

就這樣，波納特開始研究撰寫他那本風格獨具、天啓式的傑作，第一本爲一般人眼中最恆久不變的山岳設想過往來歷的書。波納特寫書的那些年，歐洲正處於氣氛不祥的時期。一六八〇年和一六八二年，天空中出現了頗不尋常的眩目彗星。哈雷（Edmond Halle）在火山頂觀測天體運行，並以自己的名字爲他那顆火紅的信使命名，然後還（正確地）預言了它一七五九年會再度現身。歐洲各地印了成千上萬本小冊子，預言災難馬上就會降禍在文明開化的土地上——君王接連駕崩、風雨摧殘田地、連年大旱、船舶遇難、瘟疫與地震。

正是在這種布滿凶兆的氣氛中，波納特的《地球之神聖理論》（*The Sacred Theory of the Earth*）於一六八一年問世，一開始是用拉丁文謹慎地只印了廿五冊，書上還有一小段題贈英王的唐突獻辭（字裡行間暗諷陛下愚蠢無知）。波納特的書不僅預言了未來可能發生的災難，而且溯及亙古以來最大的災難：大洪水。正是這本《地球之神聖理論》率先削弱了聖經的正統觀念，動搖了大地恆久不變的說法，而也正是《地球之神聖理論》關鍵性地形塑出我們感知和想像山岳的種種方式。我們現在之所以能夠想像出眼前地景的過去（其深沉歷史），部分是得力於波納特對世界毀滅長達十年的思索。

◆ ◆ ◆ ◆ ◆

在波納特之前，有關地球的觀點缺少第四維：時間。在世人的感覺中，有什麼是比山岳更加永恆、更加不容否認的存在？當初是上帝把山岳澆鑄成目前這個姿態，未來也將永遠、一直如此。十八世紀之前，決定人類如何想像地球過往的，是聖經對創世的描述，而且根據聖經的說法，世界的起始是相對新近的事件。在十七世紀，幾次都有人殫精竭慮想要根據聖經提供的訊息算出地球的出生之日。這些算法中最爲人所知的是愛爾蘭教會阿馬（Armagh）教區大主教烏雪（James Ussher），他一絲不苟但不甚可靠地算出地球誕生於西元前四〇〇四年十月廿六日星期一上午九點鐘。他於一六五〇年算出這個日期，而據此所編的地球創世年表直到十九世紀初都還印在英文版聖經的註釋當中。

這段地球史就這樣嫁接到波納特那個時代的正統基督教想像中。當時的人普遍相信地球還不到六千歲，而且在這五千多年間並沒有留下什麼歲月痕跡。由於世界的表面看起來始終一模一樣，地形景觀也就沒有什麼值得深究的過去。山岳，就像地球上的其他景物，正如《創世記》所描述，是在開天闢地那如火如荼的第一個星期誕生。山是在第三天創造出來，其實，兩極地區結凍、熱帶地區變暖，也都發生在同一時間，而且從那個時候起，除了長了些地衣青苔上上妝，還有一些輕微的日曬雨淋，外觀都沒有什麼變化。就連當年的大洪水也一過了無痕。

傳統觀點就是如此，但波納特深信，當時人們所理解的聖經創世記載，無法解釋世界為什麼呈現如此的外貌。波納特尤其懷疑大洪水的水力學。他很想知道，究竟那些水是來自什麼地方，竟能形成如此淵深的大洪水，如聖經中清楚載明的那樣，「天下的高山都淹沒了」？

波納特計算了一下，要讓整個地球都淹到那樣的深度，當時應該用到「八個大洋的水量」。然而，《創世記》所描述的四十天大雨頂多只能提供一個大洋的水量，這些液體連要漫過大多數的山腳也未必足夠。「我們要到何方去尋找短少的七大洋水量呢？」波納特提出疑問。他由此推論，如果水量不夠，那麼地表面積一定比較小。

由此他得出「世界蛋」的理論，主張創世甫成的地球是一顆光滑的球，就像一顆蛋，外觀毫無瑕疵，紋理也趨於一致，沒有山或谷來破壞其美好的輪廓。然而，這瓷器般的表面掩蓋了複雜的內部結構，地球的「蛋黃」（其正中心）充滿了火，然後從蛋黃往外有一層層的圓，就像一整組圓形的俄羅斯娃娃，一個球體套住一個球體。而「蛋白部分」（波納特對他的比喻相當堅持）是深不可測的水層，地殼就漂浮其上。

波納特斷言，在地球形成的初期，這個新生的球體表面毫無瑕疵，但並非堅不可摧，經過多年的太陽作用，地殼開始乾燥破裂，下面深不可測的水層於是擠壓日漸脆弱的地殼，終於在造物主的召喚之下，引發了「浩然致命的氾濫」，也就是大洪水。地球內部的汪洋和爐心最後衝破地殼。一塊塊地表陷入剛打開的深淵，洪水高漲，漫過僅存的陸地，正如波納特動人的描述，創造出「無邊無際，載浮於大氣中的汪洋」。地殼上的物質在岩石和泥土的一陣混亂中打轉，而當這些水最後退去，便留下一片狼藉。套用波納特自己的說法，留下了「滿目瘡痍百廢待舉的世界」。

波納特的主張，跟他同時代的居民所知道的地球，無非是「巨型廢墟的景象或圖畫」，而且這個景象還很不完美。爲了懲戒人類的不敬，上帝一舉就「把舊世界的框架化爲烏有，然後在廢墟之上爲我們造出新世界，也就是我們現在所居住的這個世界」。而在所有的地貌中最渾沌無序也最具魅力的群山衆岳，卻不是上帝**本意**所要創造的。不，群山事實上是大洪水退去時遺留下來的殘渣，由當初洪水的巨大水力所捲起的地殼碎片堆積而成。山岳之爲物，其實乃人類罪行的巨型紀念品。

波納特的著作於一六八四年翻譯成英文，之後一連串書籍跟著陸續出版。許多人讀到他竟然認爲地球目前的設計是有瑕疵的，而且還挑戰過去對聖經經文的傳統理解，都大爲惱火，各自寫書來駁斥他的神聖理論。不久，波納特的想法和反對他的論點都在這些爭論的推波助瀾下風行一時，無論是爲他辯護或是出言批評的人，在提到《地球之神聖理論》時都簡稱爲「那個理論」，只要說起「那個理論家」，不用特意解釋，大家都知道是指波納特。按照顧爾德（Stephen Jay Gould）的估計，《地球之神聖理論》是十七世紀流傳最廣的地質著作。

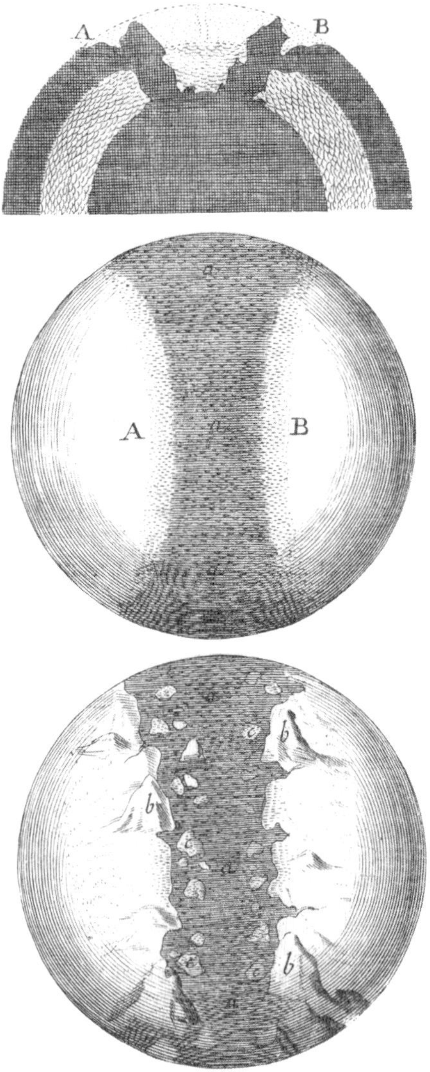

「洪水和地球的崩解」，見波納特《地球之神聖理論》第二版（1691）。這幅插圖顯示地表陷入水澤深淵（a）的三個連續階段。底下最後一張圖顯示山岳（b）以及島嶼（c）的誕生。

就這樣，有史以來第一次人類在假定地球荒野景觀可能有一番怎樣的過去時，讓知識的想像也插上了一腳。波納特讓世人注意到山岳可能不像表面上那麼簡單。山岳再也不可能只是壁紙或者布幕背景，而變成了本身就值得人類探究的對象。重點是，波納特也決定了所有後輩對山岳這種地形的感知：山岳既使人畏懼，又令人著迷。譬如說，大詩人柯立芝（Samuel Taylor Coleridge）就深受波納特的文章所觸動，當年甚至打算把《地球之神聖理論》改編為無韻體的長篇史詩。作家艾迪生（Joseph Addison）和思想家柏克（Edmund Burke）後來闡述的「崇高壯美」之說，也都受到波納特作品的影響。波納特從山巒景致中看到了巍峨莊嚴，並把此一感受傳達給讀者，由此為人類對群山的全新感性奠定了基礎。

波納特為自己的才華所累。劍橋當時在學校設立了封鎖線，以防有害或者反教條的想法被引進校園，而波納特對於《聖經》經文的質疑已經觸犯了這條線。光榮革命之後，波納特被迫從宮廷退休，並和坎特伯利大主教一職擦肩而過。但是他寫作的聲名要比他在聖公會中並不順遂的牧師生涯更為後世所知。他提出地球表面可能並不是一直一成不變，從此開始了對於地球史持續不斷的探究。他在《神聖理論》的序言自誇道：「我已經重新找回一個失落了幾千年的世界。從人類的記憶中。」他自誇得有道理。波納特是第一位地質上的時間旅人，在歷史中向後求索的探險家，征服的是所

《地球之神聖理論》第二版（1691）的卷頭插畫。這七個球體以順時鐘方向代表波納特書中所描述的地球演變的連續階段。

有國家中最陌生的一個，國名叫做「遙遠的既往」。

• • • • •

雖然波納特挑戰了現有的世界看起來始終如一的信念，可是他不曾提及這個世界的年齡要老於烏雪算出的六千年。要等到十八世紀中葉，地球的年紀才首次大幅延長。在當時對所謂「年輕地球」的正統觀念提出異議的人士之中，有位主要人物布封（George Buffon）。這位浮誇的法國自然歷史學家在他那部簡明扼要的《自然史》（*Natural History*）中，把地球的歷史大略劃分成七段時期，假設聖經所述創世那一周的每一天其實都隱喻一段長得多的時期。對外，他估計地球已經有七萬五千歲，不過私底下他覺得這個數字還太保守。在他身後留下的筆記中，可以找到他曾經潦草寫出幾十億年這樣的猜測。

布封的這個猜測很精明：通過把聖經上的每一天轉化成一段無限長的時期，爲地質學者創造出了研究所需的空間和時間，可以著手去挖掘出一部可靠的地球史，而且還同時繼續維持在尊重《聖經》經文的界限之內。多虧了布封和像他那樣的人所寫的著作，烏雪所訂的那個精確到難以置信的西元前四〇〇四年逐漸轉變成拘泥於經書表面字義的圖騰。①我們一旦不再死守地球的年紀只有六千年，就有可能更有系統地推測出地球在更廣的時間跨度內究竟經歷過何等改變。地質科學因此得以成形，對剛變得古老的地球提出解釋，還抵擋得住褻瀆神明的指控。

十九世紀即將到來，那些有志於設想地球過去究竟發生了什麼事的思想家開始劃分成兩支界限不甚嚴謹的學派，過去一般稱之爲「災變論」（Catastrophism）和「漸成論」（Uniformitarianism）。值得一提的是，十九世紀後期的地質學家，其中的佼佼者如萊爾（Charles Lyell），往往誇大兩派在學術上互相攻訐的程度，而且很重要的一點是，我們必須了解這兩派雖然意見不同，但是從來沒有劃出清楚的戰線。

相信災變論的人認爲，地球史是由幾次重大的地殼變動所主導：過去曾經發生一回或者多回「天譴末日」，水、冰、火等自然力量讓整個地球激烈痙攣，所有生命幾乎都滅絕了。當時地球成了墳場，一座大墓園，埋葬無數如今已然滅絕的物種。猛烈的潮來潮往、全球規模的海嘯、嚴重的地震、火山活動和彗星經過——就是這些因素形塑了地球表面，造成如今所見的破碎。「災變論」中有一個受歡迎的學說認爲，山岳形成的原因在於地球是從初始的白熱狀態冷卻下來，過程中體積緩慢地縮減，表面因此很容易劇烈起皺，就像蘋果漸漸乾掉時的果皮。地球上的山脈就是地球表皮的波紋或皺褶。

在擁護漸成論的人看來，這種地球史觀點未免太過突兀。他們鼓吹一套迥然不同的理論，主張地球從來沒有經歷過全球規模的大難。地震，確實有；火山，確實有；漲潮，確實有。這些現象在地質史上無疑都發生過，不過都只是局部的災變，只在發生地點附近摧殘、重組原先的景觀。當然，地球表面經歷了激烈的變化，從任何山脈間或者海岸線上都可以找到清晰可見的證據。但是這類變化是以驚人的緩慢速度逐漸達成，所憑藉的是至今還在撕裂磨損地球表面的各種自然力。

漸成論者主張，只要有足夠的時間，自然界的常規軍火——雨、雪、霜、河、海、火山、地震，都可以造成最大的效果。所以，災變論者所認定的那些大難證據，實際上是來自緩慢持久的地面戰爭。漸成論者的立論基礎是「現在是開啓過往的鑰匙」，換句話說，仔細觀察地球表面目前的運作，可以推論出地球的歷史。這個說法就是滴水足以穿石：只要時間夠久，河流或冰河就可以把山截成兩半。時間，偉大的時間——漸成論者的學說要成立，需要的就是時間，所以他們一步步把地球起始的時間往後回推，比過去任何一個人所想的都要久遠得多。

早期漸成論者當中名氣最大的，是蘇格蘭人赫頓（James Hutton, 1726–97），被譽爲「老派地質學之父」。赫頓具有逆向回推物理過程的本能，可以倒轉讀出過往的地景。就跟地質學的所有奠基者一樣，赫頓驚人地善於走路，幾十年間他來回跋涉橫越了蘇格蘭大地，試圖融合歸納和想像，想憑著直覺拼湊出大地演變至今日樣貌的過程。在一處蘇格蘭的狹隘谷地中，他以手指摩觸著灰色花崗巨岩接縫間的白色石英，明白了這兩種岩石曾有過的對抗，看出熔化的石英如何在巨大的壓力下滲入花崗岩的脆弱縫隙。要感受赫頓的想法，你會發現自己置身於一個歷史深沉到令人恐懼的世界。赫頓的同事暨追隨者普雷菲爾（John Playfair）有篇聞名於世的遊記，描述了他和赫頓一起去看柏維克（Berwick）海岸的一處地質遺跡。普雷菲爾寫道，當赫頓跟他解釋這些岩石的形狀意味著什麼時，「眼光遠望，投入時間的深淵，心神似乎也漸漸迷離了起來。」

一七八五年到一七九九年之間，赫頓的三大卷巨著《地球的理論》（*Theory of the Earth*）依序出版，內容是他幾十年來對地景何以形成的沉思精華。他在書中提出目前我們所居住的地球不過是一系列不知道多少回循環當中的一幅抓拍。山岳和海岸線看似恆久不變，其實是人類因壽命短暫而生的錯覺。如果我們能夠活一段很長很長的時間，就能夠目睹一個個文明的衰敗，還有地球表面徹底的重組。我們將會看到山岳受到侵蝕而磨損，逐漸變成平原。我們將會眼見新的大陸板塊在海底形成。從大陸侵蝕下來的碎片在海底一層層沉澱，被地球熾熱的核心岩化——變成石頭，然後，經過數百萬年，不斷上升，又會隆起形成新的大陸和新的山脈。赫頓說道：就這樣，我們在高山頂發現貝殼嵌在岩石裡，那並不是被大洪水沖到那裡，而是隨著地球持之以恆的堅決進程，從海底被高舉到山巔。

赫頓沒有一併寫出地球的年齡，按照他的看法，地球的歷史朝過去無限延伸，也向未來無限展開。他整部書的最後一句話在幾世紀間餘音裊裊：「因此我們目前調查的結果是，我們既沒有找到一絲起始的痕跡，也展望不到終了的跡象。」地球史這種無法言傳的深不可測，正是地質學對人類共同想像的重大貢獻。

◆ ◆ ◆ ◆ ◆

這場地質學的革命是如何影響人們想像群山的方式呢？一旦地質學家向世人指出地球已經有幾百萬年的歷史，而且會持續劇烈變化，人們看待高山的心態便從此不同了。忽然間，這些原本象徵永恆的景象得到了可變性，令人興奮又困惑。山岳，看似如此經久、永恆，實際上卻在過去無數個千年間受力成形、毀壞，然後又重新成形。侵蝕與隆起的無盡循環決定了地球的形態，而山岳目前的外觀只是其中的一個階段。

新一代登山客受這一片片由地質學探查後揭開的離奇景觀所惑，開始走向群山。德索敘爾（Horace-Benédict de Saussure）在十八世紀八〇年代寫道：「我看到的是前所未見的視野，那是所有大山的骨架，以往我一直想要理解這些名峰之間的連結和眞實結構。」地質學爲走上高山這項活動提供了理由和藉口：去做科學探索。有個新聞記者在一八〇一年報導道：「人類的好奇心極其自然地把歐洲各地的人引誘到舊世界的最高點白朗峰，去詳細察看附近的冰河。最近大家對這些地方的關心程度達到了史上新高，地質學家、礦物學家、一頭熱的業餘愛好者，甚至連女性都不辭長途跋涉之苦，大老遠去看這種對他們來說全新未有的景物。」至此，凝視群山也就是在探究群山：去想像其過往。英國科學家戴維（Humphry Davy）在一八〇五年講得好：

對地質上的探究者而言，每一個山脈都為地球所經歷的重大變化提供了醒目的紀念碑。山脈喚醒大家心中最崇高的思索，讓我們看淡此時此刻，讓過往煙雲占滿了脫韁的想像，讓我們忘情讚賞自然界的巨大力量所設計的那種乍看之下令人疑惑的秩序。

一個人身處陡峭的山腰，不免暈眩，至此又多了一種目眩神迷：深遠的地質時間所激發的恍惚。正如波納特一個世紀之前所說，登山的經驗，不僅是在空間裡向上移動，更是在時間裡往回探究。

「地層類型」，戴維《農業化學元素》（*Elements of Agricultural Chemistry*, 1813）一書的卷頭插畫，顯示地質學所揭露的不同岩層。

◆ ◆ ◆ ◆ ◆

赫頓或許算得上是地質學之父，卻不是地質學最新潮的解說者。除了迴盪於後世的那最後幾行之外，赫頓的《地球的理論》寫得和他自己愛不釋手的《古紅砂岩》（*Old Red Sandstone*）一樣艱澀。要再經過三十年的時間，才又有一位傳奇的地質學者橫空出世，地質學從此眞正風靡世人，屢屢傳出驚人的發現，成爲了顯學，甚至吸引更多人去爬山。正是這位蘇格蘭地質學家萊歐教會了整個十九世紀，什麼是地質學的語言、地質學的想像，成就遠在波納特或者甚至赫頓之上。

萊歐在研究地質學之前原本是律師，法庭的鍛鍊造就出他清晰簡練的寫作風格。一八三〇年至一八三三年之間，他分三卷出版了《地質學原理：從目前仍在運作的因素推究試論地表之前的演變》（*The Principles of Geology: an Attempt to Explain the Former Changes of the Earth's Surface by Reference to Causes Now in Operation*），這本書周密且精采地呈現漸成論觀點背後的論點：對現狀的研究是通往過去的鑰匙。《地質學原理》很快就變成當時知識與論界的必讀之書，並譯爲多種語言——一八七二年之前，就出版了十一種修訂版。

萊歐的卓越之處主要在於他對細節的整理。就像之後達爾文在《物種起源》一書中的安排，萊歐把一則則無可辯駁的事實和具有啓發性的小故事結合起來。從這一點來看，他的寫作方式酷似筆下所描述的過程。萊歐勾勒出的這套知識有某種民主精神，相當打動人。你不需要什麼特殊的裝備或長時間的訓練才能破譯地球史，只需要銳利的雙眼，對漸成論的原理具備基本認知，有足夠的好奇心和勇氣去俯視「時間深淵」的邊緣。只要符合這些最起碼的資格，任何人都可以參與這場地球上最讓人興奮的展覽：地球的過去。

爲了以行動親身經歷這種感知群山的新方法，讓我們把時間調到一八三五年，把地點轉到瓦帕萊索（Valparaíso），這是孤懸在智利太平洋海岸線上的礁岩小鎮。鎮名的意思是「天堂谷」，應該沒有辦法找到比這個更名不符實的鎮名了。首先，此地並非山谷，而是大致上一片平坦的細長平地，延展於太平洋浪濤和小鎮後方拔地而起的紅岩山脈中間。而且這小鎮絕無天堂氣象。持續吹向海上的和風拭淨了地表泥土，陡峭的地勢及含鹽的土壤意味著草木不生。除了居住在此的人類之外，少有其他生物的蹤影。居民那白牆紅瓦的矮房子都擠在溪塹和溝壑中。在海岸線一帶，平底小釣船成排輕晃，隨時準備接駁在離岸深水處下錨的大船，因爲——雖說看起來不像，但瓦帕萊索卻是智利最主要的海港。這一大片景象的上空懸浮著海岸夏季清朗的乾燥空氣。

一八三五年八月十四日，達爾文正是從瓦帕萊索騎馬出發，一路深入安地斯山所在的內陸地區。離岸的海灣上停泊著他的船，配備十門砲的方帆雙桅軍艦「小獵犬號」，他在艦上擔任科學觀察官。在劍橋大學求學時，達爾文就對地質學產生了興趣。一八三一年十二月一個風雨交加之夜，從戴文波特啓程向南出航之前，他把萊歐的《地質學原理》第一卷裝進行囊，打算在前往南美的漫長航程中閱讀。軍艦途中停靠在維德角群島，期間他就實地驗證了萊歐的理論。當他在小獵犬號上即將首度看到巴塔哥尼亞的平地時，想像力已經準備就緒，要去解譯萊歐以自己的語彙描述的種種地形，去以目前的外觀來推斷這些地貌深沉的過去。達爾文後來在給他的朋友霍納（Leonard Horner）的信中寫道：「我一直都覺得我的書有一半是來自萊歐的大腦。我一直認爲《地質學原理》的偉大之處在於改變了讀者的全副思維基調，在那之後，即使我們看到萊歐從來沒見過的東西，也不免覺得那有一部分是透過他的雙眼。」

從瓦帕萊索離開後，達爾文首先沿著海岸向北騎了一天，去見識人家告訴他不可不看的一床床化石貝殼。景象確實驚人。達爾文正確地推斷，這數長排鈣化的軟體動物是在漸進的地殼運動中被推到目前的位置：海平面好幾公尺之上。看過這些貝殼之後，同時也看過一群手持十字鎬和圓鍬的當地人爭相搶奪這些貝殼，裝到手推車上，拿去燒成石灰之後，達爾文掉轉馬頭往內陸去，緩步騎過寬廣肥沃的谷地奎洛塔（Quillota）（「當初把瓦帕萊索命名爲「天堂谷」的那個人腦子裡想到的一定是奎洛塔。」他後來在旅行日記上如此寫道）。這個山谷中密密地栽種了橄欖樹，還有這邊一片那邊一片的柑橘、桃子和無花果樹，全被谷地居民修剪成小巧的方形果園。稍高的坡地上，麥田在陽光下閃爍。再往上，矗立著「奎洛塔鐘鈴」，一千九百公尺高的孤峰，據說峰頂的展望非常壯闊。達爾文此行就是要來爬這座山。

在山腳下的莊園裡待了一夜之後，達爾文找到一名牧人嚮導，也換上新的馬匹，開始奮力穿過山腰上密密麻麻的粗壯棕櫚樹林和高大竹子往上走。路況不佳，夜幕將落，兩個大男人的上山路程只走了四分之三。他們在泉水邊紮營，牧人在竹棚下生火煎起牛肉條，還煮了開水沖馬黛茶。在這一片黑暗中，舞動的火光映照著棚壁，在達爾文看來，這些竹子有那麼一刻就像某座異國風味的大教堂建築，被搖曳的火焰所照亮。眼前一片明晰沐浴在月光之下，空氣如此清澈，達爾文能辨識出四十一公里外下錨在瓦帕萊索海邊的帆船桅杆，看上去像是一道道小小的黑色條紋。

隔天一大早，達爾文費勁攀越綠石堆，到達平坦的鐘鈴峰頂。從那裡他遠眺對面彷若白色塔樓和城牆的安地斯山脈，俯視低處丘陵側面上智利貪婪的金礦業者遺留下來的斑斑傷痕。眼前的景象令他驚嘆連連：

我們那一整天都在峰頂，我從來不曾這麼全心全意樂在其中。眼前景致之美已足

> 以令人心醉，而因宏偉山景而澎湃的思潮更大大加深此間樂趣……此刻誰能不讚歎抬起這些山巒的神奇力量，甚而景仰那擊碎、移除、夷平這龐然巨物所需的無盡歲月？這個例子讓我們想到巴塔哥尼亞海邊的巨石和沉積的海床，如果這些都被堆到秘魯考迪勒拉山（Cordillera）上，該山的高度將會增加上千公尺。還置身在那個國家的時候，我納悶是怎樣的連綿山脈才能供養這樣的巨物，又不至於被掏空泯除。如今我們無法倒轉這神奇過程，於是懷疑全能的時間是否能將群山，甚至這龐大的考迪勒拉山，給碾成碎石和淤泥。

在俯視的展望中，達爾文的眼睛不僅在空間中顧盼，也在時間裡梭巡。確實，觀賞眼前的**實景**所得的樂趣和他**心象**中的幻景相比，著實顯得遜色——曾經存在於此的龐然雪峰與山脈，拜地質學「神奇力量」之賜，已經消失。達爾文凝視的山脈，其實是映在他心中的連綿群山上，而這心靈之山因萊歐的學說而以全新且令人驚異的方式現形了。

達爾文的旅行日記裡處處記載著這樣的片刻。他後來把此次旅行的所見所聞寫成《小獵犬航海記》，此書有一點讓許多讀者激動不已：讀者不僅可以隨著達爾文一起旅行到暴風雨肆虐的火地島和巴塔哥尼亞的銀色沙漠，還來回悠遊於新近發現的浩瀚地質時光之中。小獵犬號是世界上最早的時光旅行船艦之一，也是《星艦迷航記》中星艦企業號的原型，劇情中曲速引擎的燃料，正是達爾文豐沛想像力和萊歐過人見識的混合物。

◆ ◆ ◆ ◆ ◆

任何曾經在荒野風景中消磨時間的人都經歷過這種時光的深化，普雷菲爾在柏維克、達爾文在智利也都有此般感受。某年三月初，我去走全程的斯特拉斯奈思（Strath Nethy），那是一個長形的蘇格蘭谷地，貫穿凱恩戈姆山脈（Cairngorm Mountains）的背面。這段峽谷的橫切面和地球上那附近的所有峽谷一樣，形狀都像壓扁的U字，原因是距今大約八千年前，蘇格蘭高地上都還是冰河密布。威爾斯和北英格蘭的某些地區、北美洲的大部分和歐洲的眾多地區，當時也都是這種地形。這些冰河在陸地上逐漸移動，把陸地鏟起、碾碎，再重新雕塑。

我走在峽谷之中，兩側谷壁的三分之二高處可以看到冰河最高河位的痕跡：被沖上岸的巨礫刻畫出一條不平整的線，就像漂流到海灘上的殘骸。山谷的兩側也有幾十道溪流橫向刻蝕所留下的凹陷。冰河逐步退出峽谷後的數千年間，溪流刻蝕就這麼耙劃著花崗岩床。雨水從山稜側面流下，日復一日持續地精雕細琢。水一旦找到一條通道，就會孜孜不倦往下挖深，沖走岩石的碎粒，再用這些碎粒撞出其他的碎粒，直到安身在溝槽中，然後溝槽又變成通道，通道再變成溪流刻蝕。

我沿著其中一條溪流刻蝕的路徑，從峽谷東坡向上爬，想攀到當年的冰河邊際線。一簇簇的石南上盡是融雪，很滑，我常得把手插進雪裡才能穩進身體。當我接近巨礫堆的時候，驚動了一隻雷鳥，牠哀鳴著飛上白色天空，變成了剪影。

我還沒爬到巨石堆，雙手就僵冷了。我雙手互搓得窸窣作響，然後順著峽谷向上走，從一塊巨礫爬到另一塊巨礫，想像山谷充滿了冰，就像浴缸注滿了水。每塊岩礫周圍都繞著一圈黑泥——岩礫白天吸收的熱氣逐漸滲出，融化了周遭的雪。我繼續走，直到坡度變得太陡，只好跳回峽谷底部。小徑把我帶到一大塊裸岩旁，面積差不多有十平方公尺。我走到岩石上面，蹲下來仔細查看。岩石上的水平刻痕顯示這塊岩石受過冰河的磨刮，當年冰河以其龐大的下腹部摩擦地表，創造出這個峽谷。

我從這塊岩石往上看。雪才剛下過，峽谷外的群山在一層薄雪之下露出灰色，歷歷可見。山形變得柔和。從遠處望去，碩大的山體融入白色的冬季天空中，幾乎看不到，只有幾道比較深色的線條勾出了山形。眼前所見讓我想起炭筆素描，或者中國水墨畫的簡單線條。

兩個小時後，我到了峽谷口，右側由斯塔克安洛萊歐山（Stac-an-Iolaire）的錐形山峰護衛著，所謂的鷹崖；東面門衛則是拜耐克莫爾山（Bynack More）和拜耐克貝格山（Bynack Beg）。我俯望北方的森林，看到白茫茫中映著幾抹赤褐，那是一群紅鹿，距離我差不多有八百公尺遠，從山腰小跑而過，遇上石南花叢或者雪深之處，鹿蹄就稍微抬高一些。我站在那裡看著鹿群行進幾分鐘，眼前風景中那是唯一移動的物體。然後，時間忽然把我整個人吞沒。兩萬年前，在上洪積世，鹿群正跑過的這些長滿石南的花崗岩都還浸在幾百萬公升的冰層下。六千萬年前，當蘇格蘭從格陵蘭和北美大陸板塊猛力裂開時，玄武岩熔岩想必奔瀉於陸地之上。一億七千萬年前，蘇格蘭漂過北方的熱帶地區，我現在所站之處應當覆蓋著乾旱的淺紅沙漠。大約四億年前，蘇格蘭應該也有喜馬拉雅山那樣規模的山脈，如今也只剩侵蝕的殘餘。

即使對地質學只略懂皮毛，也能得到一些特別的眼光去觀看風景。這些知識使你能夠回溯時光，看到岩層液化以及大海石化的世界，花崗岩像麥片粥一樣噴濺四溢，地玄武岩像燉肉一樣冒著氣泡，一層層的石灰岩就像毯子一樣輕易摺起。透過這些地質學的眼光，**堅實的陸地**成了**移動的陸地**，我們不得不重新思索先前確信的堅實與不堅實。雖然我們認爲石頭具有偌大的力量，足以阻擋時間，拒絕歲月留下痕跡（路標、石板、紀念碑、雕像），但這只是相對於我們自己的易變。從比較巨觀的地質層面來看，岩石就跟任何物質一樣容易受到影響。

最重要的是，地質學直接挑戰了我們對時間的理解，打亂我們對此時此地的所感。作家麥克菲（John Mcphee）有個令人難忘的說法，把這種想像經驗稱之爲「深沉時間」，在這種時間意識中，時間的單位不是日、時、分或秒，而是幾百萬年或者幾千萬年，這粉碎了人類的短暫尺度，將之碾成薄薄的一片。在思量深沉時間的漫長無垠時，你會以既優美又駭人的方式，面對你當下存在的完全崩解，過去與未來太過廣袤，難以設想，形成的壓力將你此刻的存在限縮成幾乎無物。這種恐怖不僅是有形的，也存在腦海的意識中，因爲一旦我們認知到山上的堅硬岩石也禁不起時間磨耗，不由得就會想到人類軀體是何等可悲地瞬息即逝。

不過，思量深沉時間也帶來奇異的歡愉。確實，你得知自己在宇宙的巨大投射中只是光點一閃，但是也另有所得：你意識到你確確實實是存在的，雖然看起來不像眞的，但是你確實存在。

◆ ◆ ◆ ◆ ◆

萊歐的《地質學原理》，還有隨後問世試圖追上其成就的幾十本地質學暢銷著作，讓十九世紀的人們看到地球埋藏的戲劇性過往。大衆開始以想像來回應這種極度緩慢所蘊含的美學，回應跨越時代所完成的逐漸變化。不管當時的人對地質學辯論中的大規模板塊運動，或對攪動十九世紀科學界的這許多喧擾打鬧抱持何等立場，眞正美妙到讓人無可辯駁，同時也令人驚駭的，是地球的年齡，是地球難以言喻的古老。在將近半世紀中，地質學以回溯數十億年向世人展現這個世界。

十七和十八世紀是空間延展的世紀，由於發明了顯微鏡和望遠鏡，視覺可見的領域突然間擴大了。那個時代的一些圖像提醒我們，忽然拉開的空間有多麼令當時的人驚訝。像是荷蘭的透鏡研磨家列文霍克（Antony van Leeuwenhoek），他於一六七四年從稍具雛形的顯微鏡往下凝視，看到大群微生物簇擁在一滴池水裡（「水裡這些微生物，大部分的動作如此迅速，又各不相同，有往上、有往下，還有原地打轉，看起來頗爲奇妙……」）。又如伽利略，他早在一六〇九年就透過望遠鏡向上觀測，成爲第一位得知月球上有「高山」和「深谷」的人。還有帕斯卡（Blaise Pascal）又驚又懼地認知到人是在兩頭深淵之間顫顫巍巍力圖保持平衡：一邊是無形的原子世界，有「宇宙的無窮無盡，每個原子世界都有各自的太空、行星和地球」，另一邊是有形的星系，大到無法看見，同樣也有「宇宙的無窮無盡」，在夜空中無限向外開展。

然而，十九世紀也是時間展延的世紀。之前的兩個世紀已經向世人揭示了在太空的廣袤無垠和原子的微型宇宙之間存在著所謂的「複數世界」。地質學在十九世紀向世人展現的是地球上有過大量「舊時世界」，這些世界曾經存在，但已經消失無蹤。

棲息於這舊時世界的某些生物所帶給我們的興奮，遠遠超越了一般古物所引發的激動。我指的是曾經生活在地球上的各種龐然大物：長毛象、哺乳類、海龍和恐龍（字面意義是「恐怖的大蜥蜴」），名字都是古生物解剖學家歐文在一八四二年所取。人們幾個世紀以來不斷從地下挖出骨頭和牙齒的化石，但是要等到十九世紀初才明白，部分遺骸屬於很不尋常且已滅絕的物種。

而人類之所以明白這一點，法國自然史學者居維葉（Georges Cuvier, 1769-1832）的貢獻無人能及。當年就是居維葉向世人證明頗有爭議的生物滅絕的確屬實，同時他也創造出理解恐龍這種化石動物所需的概念架構。居維葉所提出的測試用例是毛茸茸的史前巨象：把長毛象化石跟當時的非洲象和印度象的骨骼結構做比較，藉此向世人證明那些化石骨骼屬於另一個物種。一八〇四年，居維葉在巴黎國立學院的一席話震驚四座。他宣稱已經消失在地球上的這種巨大多毛的象也曾經生存在法國，幾乎可以確定的是，如今凡爾賽這些完美的花園，當年可是這些巨獸昂然踏步、成群出沒之所。以腰圍來說，居維葉也不能說是沒有分量的男人，於是無可避免地很快就冠上「長毛象」的外號。

居維葉變成他那個時代的名人，部分要歸功於他容量巨大的頭腦（傳言他把自己的一萬九千冊藏書都背了下來），但最大的原因是他的解剖技術。赫頓擁有解構岩

「岩石與上古動物」，布魯爾（Ebenezer Cobham Brewer）《科學裡的神學》（*Theology in Science*, 1860）一書的卷頭插畫。

石的非凡能力，居維葉則能用石化的骨頭重新組出歐洲的史前巨型動物——他能重新想像出曾經在地球上漫遊的這些野獸看起來應該是什麼樣子。他用鐵絲把這些尺寸特大的骨骼串起來，把一塊塊的骨頭嵌入水泥框裡，在幾位插圖畫家的協助下製作出最早的恐龍畫像。對許多人來說，居維葉的作品與其說是剝製術，不如說是魔術，因爲他不只變出了動物，更讓一個個完整的時代復活了。巴爾札克後來以狂熱的筆調描述道：「居維葉難道不是我們這個世紀最偉大的詩人嗎？我們不朽的博物學者從白骨中重新構建一個個世界。他撿起一塊石膏，對我們說：『你們看！』突然間石頭就變成了動物，死去的動物又活過來，然後另一個世界就在我們的面前展開。」

當時有股新生的所謂上古地球熱，受此刺激，尋找化石和古生物學很快就成爲十九世紀初期歐洲人的時尚。每天似乎都有新的滅絕物種出土，都有積極的地質學家或化石獵人組成的小隊冒出。這些化石獵人帶著背包、槌子和軟毛刷，前往岩石裸露出來的地方。例如海邊，著名的化石獵人安寧（Mary Anning）就在里吉斯（Lyme Rygis）蘊藏豐富的那片侏羅紀頁岩海床撬出魚龍和頸龍的化石。再如溪邊、採石場和河道，當然還有山上。熱愛運動的化石獵人爬上峭壁，越過各式皺褶的岩石，並寫下他們快速穿越時間、一個動作就上溯一個時代的感受。

收藏者將許多化石層劫掠一空，維多利亞時代這種導致物種滅絕的嗜好甚至還擴及早已經滅絕的物種。有錢的業餘愛好者把找來的戰利品擺滿房間，還爲比較小的標本訂製「化石五斗櫃」，那是高度及腰的儲藏櫃，有一排排可以拉開、玻璃罩頂的抽屜，玻璃下用木片隔成幾十個小小的方形保存盒。每一個細心標示的盒中都放著一塊化石，像是一顆鯊魚齒，或者一片精巧壓在一小塊頁岩上的蕨類。當時很多富裕的家庭都有這類時髦的小小墓地，人們會過來透過玻璃凝視這些舊日世界留下來的遺物，默想自己終將一死，並沉思地球那難以形容的年齡。

化石熱對我們的探究很重要，理由有兩個。首先，這個現象加強了十九世紀對地球舊時年代的迷戀。萊歐在《地質學原理》中靈敏地觀察到，化石是「自然的古老紀念品……用一種靈動的語言寫就」，而古生物學，就像地質學一樣，教人把地景當成史書來閱讀，讀出地景所描述的過去。地質學正是十九世紀上半葉最受歡迎的科學。一八六一年，女王甚至在御前任命了一位礦物學者。地質旅遊業成爲前景看好的行業：一八六〇年代，即將踏上地質旅遊的人可以從一系列講座中挑選岩石的相關課程。對於偏愛個別傳授的人，倫敦格林街的特羅（William Turl）教授還（其廣告如此寫道）「個別傳授遊客充裕知識，以資鑑別在歐洲山區會遇到的結晶岩和火山岩所含之所有常見成分」。

化石熱第二個相關的重要意義在於，這個現象鼓勵成千上萬的人走出戶外，因而孕育出一種更強調親身接觸的方式去認識岩石和峭壁。確實，西方地質學的基礎建立在群山之上，登山活動與地質學始終密切同行。很多早期的地質學先鋒，諸如德索敘爾②和蘇格蘭人富比世（James David Forbes），同時也是開風氣之先的登山家。倫敦地質學協會在一八〇七年成立時，會員有感於他們的科學所涉及的內容與當時的宗教信仰格格不入，所以既不想被當成老土，也不要被視爲攻擊宗教傳統。最後他們把自己定位成「鐵鎚武士」，是爲科學效力的騎士，爲了追求知識而深入荒野。貝克韋爾（Robert Bakewell）在他的《地質學入門》（*Introduction to Geology*, 1813）一書中提出他的觀察：「地質學研究之所以值得推薦，還有一個原因，就是可以引導有志於此的人去探索阿爾卑斯山區……」似乎是爲了證明他的觀點，在《地質學入門》第一版的卷頭插畫上，讀者就看得到貝克韋爾興高采烈地坐在卡戴爾艾德瑞斯（Cadair Idris）峰頂的岩柱之間。

對十九世紀初的大眾來說，地質學因此既意味著健康的戶外活動，也隱然是一股浪漫情懷，而不只是修補古老的骨頭和石頭。尤有甚者，許多人都把地質學視爲一種通靈術，使得進入過去的奇幻旅程變成可能，人們得以在其中接觸到——正如一個鐵鎚武士所言，「比小說更爲奧妙的奇觀」。一八二〇年代以後，古典地質學的基本原理在歐洲和美洲傳播開來，越來越多人認識到，群山提供了一個場域，讓人得以盡情瀏覽地球的檔案，正如人們所稱呼，是「巨大的石頭書」。

・・・・・

我小時候有兩本石頭書。其中一本是薄薄的平裝書，書名是《岩石與水晶指南》（*A Guide to Rocks and Crystals*），裡面提供了幾百種石頭的描述和照片，我會喃喃念著這些石頭響亮的名稱：**紅綠蛇紋石**、**孔雀石**、**玄武岩**、**螢石**、**黑曜石**、**煙水晶和紫水晶**，直到記住為止。我會蹲在蘇格蘭海岸花上幾小時撿拾，不是為了在潮間帶幸運發現的東西，像是從駛經的郵輪上掉下來的人字拖鞋、釣鉤浮標上的霓虹圓球或者硫化的水母屍體，儘管這些東西當然都很令人讚歎，不過我的目標是鋪滿海灘的岩石。指南在手，我嚓嚓踩過這片地質的大雜燴，時不時撲下身抓起石頭，放到帶來的帆布背包裡，石頭在裡面相互碰撞咚咚作響。感覺就像獲准在世界上最精美的糖果店裡為所欲為——我當時一直無法相信真的可以將這些石頭帶走。我好不容易把石頭拖回家，排在窗沿的凹槽裡，用水保持光澤晶亮。

我愛上那些石頭的顏色，還有手感。扁平的大石頭像鐵餅，適合暖暖地握在掌中，上面有藍色或紅色的一圈圈線條劃穿煙灰底色；或是沉甸甸的花崗卵石，經代代的海洋摩娑而變得光滑；又如燧石，與其說是石頭毋寧說是寶石，有如深色蜂蠟般呈半透明，望進去深邃得像立體投影。但是當我在地質學方面閱讀得更廣泛，眞正開始讓我深深著迷的是，我認知到每塊石頭都附著一個故事，一部可以往後延伸數代的傳記。我隱隱約約感到驕傲，自己的人生和這些古老到難以置信的物體竟然有所交集。因爲我，這些石頭躺在窗沿上，而不是沙灘上。有時候，我會拿起兩塊石頭，一塊握在手裡，用來敲碎另一塊。爆裂聲一響，就會揚起橘黃色的火星和石煙。自己竟然能夠做到地球幾十億年來種種物理力量都做不到的事，不免小小得意了一下。

爲了尋找這些寶貴的礦物，我走遍蘇格蘭群山，穿越凱恩戈姆山間長長的狹谷。我最想從山坡尋獲的礦石標本是被河水沖刷得圓滾滾的一塊塊玫瑰石英，表面一層粉白，散發勃勃的柔和光澤，很美。我也鍾愛蘇格蘭的花崗岩，嵌著似肉的粉紅色長石和如油的石英斑點，就像一塊地質餡餅。我更廣泛閱讀地質學著作，開始理解蘇格蘭地景的文法：這些組成的局部如何相互關聯，以及地景的訓詁學：眼前景象的起源。我也讚賞地景的書法：低谷與高峰劃出的大寫字母、溪流小川刻出的繁複雕版，以及稜脈和谷底所形成的華麗襯線。

每回我跟家人一起爬山，父親都會從峰頂或山坡上選一塊岩石，放進他那個橘色帆布背包裡帶下山。他把這些岩石放在一起，有好幾十塊，堆成了一座岩石園。我記得那裡面有一截片麻岩、一塊枕頭狀的黑色玄武岩、一塊一碼長的銀色雲母石像鮭魚皮似的閃閃發亮，還有一大塊深色的火成岩上面嵌著幾十點小小的石英突起。在我心目中，這裡面最精緻的是一大塊黃白色澤的石英岩圓礫，摸起來平滑柔和就像濃郁的奶油。

我小時候擁有的另一本地質學書籍是帶有沙文主義色彩的《男孩的化石指南》（*Boy's Guide to Fossils*）。有一年夏天我在靠近蘇格蘭海岸的農舍小住，那本書從不離身。在懸崖頂端的岩層露頭上，躺著一層層邊緣圓滑的沉積物，七歲的我弟弟和九歲的我就在那裡撿箭石。箭石的一頭又尖又硬很像彈殼。我們在海濱的岩層到處搜尋三葉蟲化石，而今日我已經明白，那根本沒可能。我們持小刀把海蝕崖上的岩石突起撬起來，用槌子使勁敲破。我們往上走到高出海面的山區湖泊，帶著小小的釣竿和小巧的黑色假餌，把鱒魚猛然抽出水面。那是長度不及手掌的暗色小魚，但是在我新近才被延長的想像中，那起碼有十億歲了，比較像是腔棘魚，而不是鱒魚。但是除了箭石以外，我們並沒有發現真正的化石。沒有鸚鵡螺化石，也沒有魚龍化石。無疑也沒有始祖鳥或史前巨鯊。當然了，儘管一時不成功，我並沒有停止作夢，還是妄想從鬆軟的白堊堆裡拉出蛇頸龍的頭骨，或者在大步跨過西伯利亞的永凍土時踢到長牙的尖端，往下一看，發現眼前的冰層裡一頭史前的長毛象正在瑟瑟發抖回瞪我。

那回蘇格蘭假期之後又過了兩個夏季，我們一家出發去美國幾個沙漠州的國家公園。在猶他州，我們看到錫安國家公園的岩石巨臉、拱門國家公園裡的天然岩石拱門，還有布萊斯峽谷國家公園裡長年侵蝕所形成的粉紅色岩柱，高高低低地排在山谷裡，像巴洛克風格的導彈。我想是在錫安山附近吧，我們把車停在路邊的加油泵旁，給我們那輛龐大的美國車餵點汽油。在鋪著碎石子的加油站前庭一角，有個戴著棒球帽的男人。他坐在餐椅上，前面的架子裝有電動圓鋸，左手邊粗糙的岩石球像柑橘似的堆成金字塔小山。我們走過去那個男人跟前，我父親和他交談了幾句，轉過身來對我說：「挑一塊。」在我對著那堆岩石左挑右揀的時候，那個男人還站起來看著我。我心裡想這些會不會是恐龍蛋。拿起一塊在手上掂了掂，覺得比我原先想的要輕。我悄聲對我母親說石頭很輕。

「那就表示這顆好。」那個男人說著，從我手上把那塊岩石拿走，坐回到椅子上，兩腿放在鋸齒的左右兩邊。「輕代表裡面有洞。就要那一塊吧。」

他發動電鋸，上面銀灰色的鋸齒先朝一個方向轉，接著又朝反方向轉，然後只見鋸影削進一端固定的邊角。電鋸的發動機開始規律地把一團團藍煙噴到前庭的空氣中。「仔細看！」我父親在電鋸的噪音中用嘴型向我示意。我心想萬一那電鋸往前倒到那男人的腰腿間，會發生什麼事。男人用把手將鋸齒邊緣放低，慢慢鋸我那顆緊緊鉗住的岩石蛋。電鋸發出尖銳的聲響，在岩上鋸了大概有一分鐘。鋸開後，男人把發動機關掉，電鋸往上拉離那顆岩石。岩石從鉗臂間掉落到他先前就鋪在底下的毯子上，像切開的蘋果一樣掉成兩半。他用黃色浴巾把兩片半球擦乾淨，托起來交給我，慢條斯理地說：「你運氣好。挑得不錯，挑到一顆晶簇，大多數的人沒你這麼幸運。」我兩隻手各托著半塊岩石，盯著它們看。兩個半球都是空心的，像山洞，而且洞壁上還排滿數不清的小小藍水晶柱。我們把車子開出前庭的時候，碎石子嘩啦啦地濺到汽車底盤上。我把兩個半球合攏，重新組成一個粗糙的岩石球體，然後拉開，對我眼前所看到的東西再三驚歎。

◆ ◆ ◆ ◆ ◆

大致在一八一〇至一八七〇年之間，人類建構並標明了深沉地質時間的時代表。任何翻開過地質學教科書的人對這些都不陌生，這一長串名詞之深入人心，就如同海上氣象預報：前寒武紀、寒武紀、奧陶紀、志留紀、泥盆紀、石炭紀、二疊紀、三疊紀、侏羅紀、白堊紀、第三紀、第四紀等等，所表現出的語言壓縮力甚至比其描述的地球物理之力更強大。這些詞彙被用來表達地質的過去，幾億年的時間就這樣輕巧地壓縮成寥寥數字。地質學在眾多科學中是比較晚發展的學門，到十九世紀才匆匆用跳級的速度追趕，在時間不斷往後鋪展開時進行命名及分類。這幾十年間暢銷的地質學手冊一本接一本出現，閱讀大衆越來越了解所謂「地球交響樂」的演變——某些抒情的地質學家開始如此稱呼地表隆起及風化——創造出山與海、盆地與山脈的反覆模式。歐洲和美洲各地的期刊雜誌都刊載了無數討論地質學及相關發現的文章，每個人都得以查探地球過往的秘密。狄更斯一八五一年在他自辦的期刊《家庭箴言》（*Household Words*）上發表的一文中寫道：「風和雨爲這一代人寫出一本又一本圖文並茂的書，讓讀者從中學到陣雨是如何傾盆而下，潮汐又如何漲退，而滅絕已久的大型動物在遠古時代又如何爬上懸崖峭壁。我們對大自然了解得越多，無論是從哪一方面入手，她所帶給我們的趣味就越加深刻。」

十九世紀人們的想像力既受地質學揭示的時間跨度所激發，也被地質物理之力的概念所撩起——能夠把砂岩像麵團一樣揉來揉去、把樹木推倒化成發亮的煤層，以及將海洋生物壓成一塊塊大理石，需要多麼無法想像的力量。在浪漫主義的調校下，十九世紀集體的神經系統欣賞的是誇大張揚，這種繼承而來的對於浮誇與龐大的渴望，部分解釋了當時人們何以熱切擁抱地質學。

在十九世紀中葉的英國，羅斯金廣讀地質學著作，之後便自己用生花妙筆寫出有關於群山景致的慢動作戲劇。羅斯金的《論山之美》（*Of Mountain Beauty*）在一八五六年出版，就像萊歐的《地質學原理》在一八三〇年出場，都是歐洲景觀史上影響深遠的重要時刻。他在書的一開始就宣告：「山是所有自然風景的起點，同時也是終點。」而且在接下來的全書中，也不容任何人對他這項聲明有任何異議。萊歐是這個領域的導師，羅斯金則是戲劇家。在他的凝視下，風景虔誠奉上自己的形成史。羅斯金思索花崗岩的本質，那混雜著多種礦物與顏色的岩石令羅斯金想像形成的過程該有多激烈：「這幾點微粒都有各自的形狀、特點和功能，卻全都在某種激烈或獻身般的純化過程中合而爲一，無法再分開。」他認爲，玄武岩在形成過程的某個階段中具有「化爲液態及以內蘊的烈火向外膨脹的力量」。透過羅斯金散文中的視野，世人看到地質學變成了戰爭或天啓末日，山頂俯視的景象變成了戰場的環景，在那裡，岩石、石塊和冰用難以相信的緩慢速度和無法想像的驚人力量交戰了一個又一個世代。在當年（今日也仍是），閱讀羅斯金的岩石論述就等於是在他的提醒下想像這些岩石在形成中涉及的作用力。

美國在一八二〇到八〇年之間也出現了一批傑出的風景藝術家，其中最重要的是丘區（Frederick Edwin Church）。他們從美國那動人心弦的自然景致中獲取靈感，且顯然受到羅斯金、透納（J. M. W. Turner）和馬丁（John Martin）等三大英國巨匠的影響，都懷著獨特的美國式願望，在歌頌上帝所選之地時，都表達出對自己國家地景的敬畏及驕傲。爲了這個目的，他們創作出不少描繪美國荒野的巨幅油畫，色彩通常極度絢麗：

沙漠州的紅色巨岩堡壘、安地斯連綿的山脈殿堂、洛磯山脈熠熠發光的天空和鏡面般的湖泊，或者是尼加拉瀑布霧氣翻湧的壯景。他們的巨型圖畫凸顯了人的微小與短暫，往往只在畫布一角看到一兩個極小的人影，在宏偉風景的襯托之下顯得渺小。這些藝術家也都精通植物學和地質學，所繪的圖畫中有一些包含了非常多景觀細節，以至於首次展出時，畫廊還提供歌劇用雙筒望遠鏡，以便參觀者看到畫中令人稱奇的地質精確性——提醒世人地質學和山岳形象是如何密不可分。

◆ ◆ ◆ ◆ ◆

要呈現地質演進的過程，油畫是恰當的媒材，因爲油畫顏料本身就存在著地景：顏料是用礦物製成。十五世紀油畫顏料首度問世時，法蘭德斯的畫家—（其中的佼佼者是范艾克兄弟）嘗試把亞麻籽油和各種天然顏料混合在一起，發現這樣所創造出來的物質不僅顏色更鮮明，而且在變乾的那段時間也比傳統的蛋清更有可塑性。當時他們用來混入油中的許多顏料都來自礦物。燒剩的煤炭被用來呈現肌肉的陰影，十七世紀法蘭德斯和荷蘭的畫家尤好此道。黑堊和煤屑則用來製造棕色調。當時有些畫作會在背景刷上層層淺藍色以表現遠山，比方說出於克勞德（Claude）或者普辛（Poussin）的作品，這些淺藍色是來自碳酸銅或者銀的化合物。荷蘭大師在畫天空景致時非常喜歡「漸淡」的效果（模擬卷層雲的稠度，讓天空有雲一樣的質地），所使用的顏料是玻璃粉末與灰燼調和而成。「赭石」，或稱紅土，被用來塗在臉上和衣物上形成胭脂色澤，或者在灰泥牆繪製濕壁畫時用來打底稿。所以說，地質學和油畫的歷史關係密切，而在風景油畫中，地球本身就被徵召去表現自己。

中國的唐宋年間，玩賞「文人石」風氣鼎盛，在其中我們可以發現媒材和訊息之間有種更密切的巧合。早在浪漫主義改革西方世界對於群山與荒野的感知前七個世紀，中國和日本的藝術家就已經開始讚頌野地風景的精神性了。十一世紀中國畫家暨畫論家郭熙在他的《林泉高致集》中提倡野地風光於人之性靈大有裨益。他這麼寫道：「塵囂韁鎖，此人情所常厭也；煙霞仙聖，此人情所常願而不得見也。」東方對荒野的這種推崇正是「文人石」風行的原因。這一顆顆石頭被水、風、霜之力雕刻成千奇百怪、趣味橫生的形狀，再被人從洞穴、河床和山坡上採出，然後安放在小小的木頭底座上。文人雅士把這些石頭擱在案頭或者書房裡，就像我們現在擺個紙鎮，如此大費周章是因為這些石頭表現出形成過程中的歷史與自然力。每塊岩石表面的每個細節，每一道刻痕、溝槽、氣泡、稜脊或孔穴，都淋漓表現出亙古歲月。每塊石頭都是可以在手上把玩的小型宇宙。文人石不是景觀的暗喻，本身就是景觀。

這些文人石有許多都存留至今，並在博物館裡供人觀賞。如果你好好端詳，看得夠細夠久，你會失去尺度感，以爲大自然雕刻出來的那些渦紋、洞穴、山陵與低谷都大到足以讓你在其間穿行。

・・・・・

應該要說明的是，並不是所有人都對十九世紀地質學的突飛猛進大感振奮。當時民衆普遍覺得，地質學就像其他科學一樣，以某種方式取代了原本的人性思維。科學性質的調查及方法論已經被引進到人文研究的核心，地質學以極其冷酷無情也最無可辯駁的方式，向世人證明人類並不比宇宙間任何聚合成塊的物質更爲重要或者更不重要。這門科學侵蝕了文藝復興時期人類以自己爲萬物尺度的世界觀。地質學展現了時間的荒涼浩瀚，這比任何論據都更能證實人類的微不足道。一旦理解山岳何以頹壞、傾倒，就無可避免會意識到人類的心血是何等的不穩定且有時而盡。如果山尚且無法抵擋時間的摧殘，城市或文明又能有什麼勝算？丁尼生（Tennyson）在詩集《悼念集》中爲「靜止」吟賦輓歌，「群山暗影耳，變動不居／形移式易，而無所屹立／其形溶若靄霧，憶昔爲固土／雲聚成具體，復歸於散。」語文學也顯示語言跟所有事物一樣，永遠變動不居。即使是單字，字義也會因年代而異。除了變化本身之外，沒有什麼會歷久不變。

然而大致來說，地質學的發現帶給世人的還是鼓舞多於威脅。羅斯金在解釋大地的各種力量之餘，也籲請大眾在解讀地景時，不僅要留意地景的存在，也該注意地景的消逝——大災變或者無止無休的侵蝕作用從群山上減去了什麼。在羅斯金的作品中，在想像中的山之上還有山，這山於悼念無常（可能有過及曾經有過）的幻想曲中，冉冉從人的眼前升起。羅斯金就像法力無邊的普洛斯彼羅，召喚過往群山的魂靈，讓它們在現今的天際線及山稜上升起。他教導世人，未馴的大自然是曾經存在的某種更驚人的東西留下來的遺跡，他稱之爲「造物之初的壯麗形式」坍毀後的斷瓦殘垣。即使是馬特洪峰，那股雄渾氣勢把成千上萬慕名而來的登山客吸引到策馬特峽谷，羅斯金還是指出那不過是一座大型雕塑，是大地的狂暴能量在一塊大岩石上鑿挖、雕刻和削刮出來的成果。如同繆爾後來在美國所做的，羅斯金教導他的許多讀者，地質學的過去在任何地方都昭然若揭，只要人知道**如何**去看。

羅斯金也相信山會移動。對於我們心靈之山的幻化成形，他最重要的貢獻或許就是這一點。在《論山之美》出版之前，羅斯金花了幾年時間遊走於阿爾卑斯山的低坡小徑上，時而素描繪畫，時而觀察沉思。他總結心得，認爲山稜上看似隨意的崎嶇是一種幻覺。事實上，只要是夠勤、夠有耐心的雙眼就能看出山岳所展現出來的組成基本形態是曲線，而不是粗淺觀察往往誤以爲的斜角。山岳的本質就是彎曲，山脈的形狀與排列都像波浪。「青山延綿起靜浪」，山脈是岩石構成的波浪，不是水浪。

除此之外，羅斯金還說山脈就像水力波浪，也有動起來的傾向。山脈被巨大的力量往上拋，而且至今還在移動中。但是正如赫頓所指出的，人類的壽命太短暫了，對山岳的移動只能想像無法目睹。山岳不是靜止的，而是在流動：岩石由山頂滾落，雨水從側面沖刷。對羅斯金來說，就是這種永不止息的移動，使得山岳成為所有自然景色的起始也是盡頭。他寫道：

在這世上幾乎所有的年代裡，人們都曾經仰望黑壓壓的山裡那些荒涼凶險之處，或厭惡或驚懼。他們瑟縮後退，彷彿令他們不安的群山就是死亡的恆久形象。然而實際上，山是生命與幸福之源，遠比平原上所有明亮的纍纍果實更加豐饒……

◆ ◆ ◆ ◆

羅斯金直覺認為山會移動，這出乎意料在二十世紀期間被證明是正確的，在西方對山岳過往歷史的諸多想像中，這是最後一個意義重大的轉折。一九一二年一月，地球科學界發生了一則小插曲，如今這插曲已成傳奇：一名叫魏格納（Alfred Wegener）的德國人在法蘭克福站在一群著名的地質學者面前，告訴大家大陸會移動。他明確說明大陸主要是由花崗岩所構成，並「漂流」在大洋海床那密度更高的玄武岩之上，就像一片片漂浮在水上的油花。魏格納對著眼前越來越聽不下去的群眾說，三億年前，世界上的大陸塊確實曾經是一整塊超級大陸，一塊烏爾大陸，他稱之為「泛大地」（意思是「所有的陸地」）。這大陸在多種地質力量的扭扯之下分裂成許多塊，然後這些碎塊陸續漂移，犁過下方的玄武岩床，到達目前的位置。

魏格納提出世上的山脈並不是地殼冷卻起皺所創造出來的（這個理論在二十世紀初再度流行起來），而是漂浮的大陸撞上另一塊大陸，受到撞擊的區域因而變形。他舉個例子，在表面上把俄羅斯跟西伯利亞隔開的低矮烏拉爾山脈，就是兩片移動的大陸板塊互相衝撞所造成，由於衝撞發生於很久以前，所以在衝擊區域造山運動的成果已經大多被蝕成平地。

至於證據，魏格納說，只要仔細端詳地球儀就會發現，分散的幾塊大陸只要稍微挪動，就能像拼圖一樣湊成整塊。把南美洲向非洲滑動，它的東海岸會扣合非洲的西邊。中美洲也可以把象牙海岸包起來，北美洲可以填在非洲上方，這些加起來，你就已經有半個超級大陸了。同理，印度斜斜的西部沿海剛好貼合非洲角平直的那面，就像馬達加斯加正好能夠塞進非洲東南海岸的缺口。

魏格納還有更確切的證據證實自己的主張。他耗費多年時間研究馬堡大學收藏的大量化石，推論出在他提出的大陸板塊接合處，都可以從岩石中找到同款化石，例如非洲西海岸以及巴西東海岸都有一致的煤礦沉積與化石。他在文章中寫道：「這就好像我們把撕裂的報紙按照邊緣再拼起來，然後檢查印刷的線條是否吻合相接。如果是，毫無疑問就應該導出結論，這些碎片原本就是如此接合。」

魏格納並不是第一個主張大陸曾經彼此相連的人。十六世紀的地圖繪製者奧泰里爾斯（Ortelius）也注意到大陸的拼圖結構，從而主張它們曾經連在一起，後來由於激烈的洪水和地震而分開來。當時世人都不相信他。觀察力無遠弗屆的培根（Francis Bacon）一六二〇年在他的《新工具》（*Novum Organum*）一書中提到大陸可以拼合，「就像從同一個模子上切出來似的」，但是他似乎也並沒有再多想。然後到了一八五八年，一個叫史耐德—佩萊格里尼（Antonio Snider- Pellegrini）的法裔美國人爲此寫了一整本專著《創物揭秘》（*Creation and Its Mysteries Revealed*）來說明大陸之前是如何連成一塊的。

然而當時還是十九世紀中葉，世人還沒有準備好接受這麼翻天覆地的地質學理論，符合這個理論的其他知識也付之闕如。十九世紀地質學的主軸是相信世界上幾個大陸之間本來都有巨型陸橋連結，但是後來這些陸橋崩解入海。這些陸橋解釋了爲什麼不同的陸塊上會有相同的物種，聽起來比大陸移動說更有道理。

因此在一九一二年，魏格納的主張違反了當時盛行的看法。如果他的理論正確，那麼十九世紀地質學的很多基本假定都要作廢了。尤有甚者，魏格納當時在地質學這塊領域是侵入者與妨礙者，他主要的研究領域是氣象學——他是氣象氣球研究的先驅，還是研究格陵蘭的專家，曾經帶領數支北極探險團隊，有多次成功的經驗，也有一回不幸失敗。一個氣象人員怎麼可以這樣出手一擊，就拆除了十九世紀地質學的這些複雜宏偉的成就？

反對魏格納理論的聲浪就像多年前反對波納特理論一樣，既劍及履及又滔滔不絕（「完全是可惡的胡扯！」當時的美國哲學協會主席振振有詞道）。但是魏格納這位堅忍的先知以一貫的冷靜面對早期的這些敵意。一九一五年，他出版了《陸海起源》，該書詳盡解釋了他的理論，而且以其獨特的方式重新呈現地球的歷史，發人深省的程度直追波納特的《地球之神聖理論》或者赫頓的《地球的理論》。一九一五到二九年間，魏格納三次增補《陸海起源》，納入地質學的最新進展，但是地質學界的建制派仍刻意忽視他。一九三〇年，他再度帶領氣象考察探險隊去格陵蘭。在他五十歲生日的三天之後，他和他的隊伍被北極嚴酷的暴風雪困住，氣溫降到華氏零下六十度，他跟隊員失散了，凍死在一片雪白的荒野中。風雪稍歇之後，他的同伴發現他的屍體。他們用冰磚為他築起一座陵墓，上頭立了一根六公尺長的鐵十字架。一年之內，冰磧塚連同遺體就沒入了下方的冰河深處——毫無疑問，這種埋葬方式魏格納一定也會首肯。

一直要等到二十世紀六〇年代所謂的新地質學問世，世人才明白魏格納當年最起碼也對了一半。由於深海球型潛水器的進展，人們得以對大洋底部進行更系統化的探索，於是發現幾座大陸確實都移動過，而且也真的是從一塊遼闊的烏爾大陸上旋開，但是大陸並非如魏格納所想的那樣獨自漂浮在玄武岩海上，像冰山浮在水上。實際上，人們發現地球表面是由大約二十塊地殼裂片或者板塊組成。大陸不過是被抬到海面上的一片片板塊。

新地質學家為這些板塊命名。有非洲板塊、科科斯板塊、北美板塊、那士加板塊、伊朗板塊、南極板塊、磧第富加板塊、澳洲板塊、阿拉伯板塊和牢不可破的中國板塊。這些板塊或受半液態地函內的對流及環流的牽扯，或被自身的重量拉扯，環繞著彼此移動。在大洋底部，這些板塊相接之處不是形成中洋脊，就是形成隱沒帶。如果是中洋脊，兩個板塊的邊界不斷被地函的運動推開。岩漿上升到縫隙中，冷卻下來形成海底玄武岩。中洋脊因此從周圍的洋底升起，就像板球上的縫線。如果是隱沒帶，兩個板塊相撞後，浮力較小的板塊滑到另一塊的下方，岩石也被往下推進地函，並熔化回復成為液態，在地殼中造成超級高溫的傷口。這些隱沒帶形成了海溝，像是

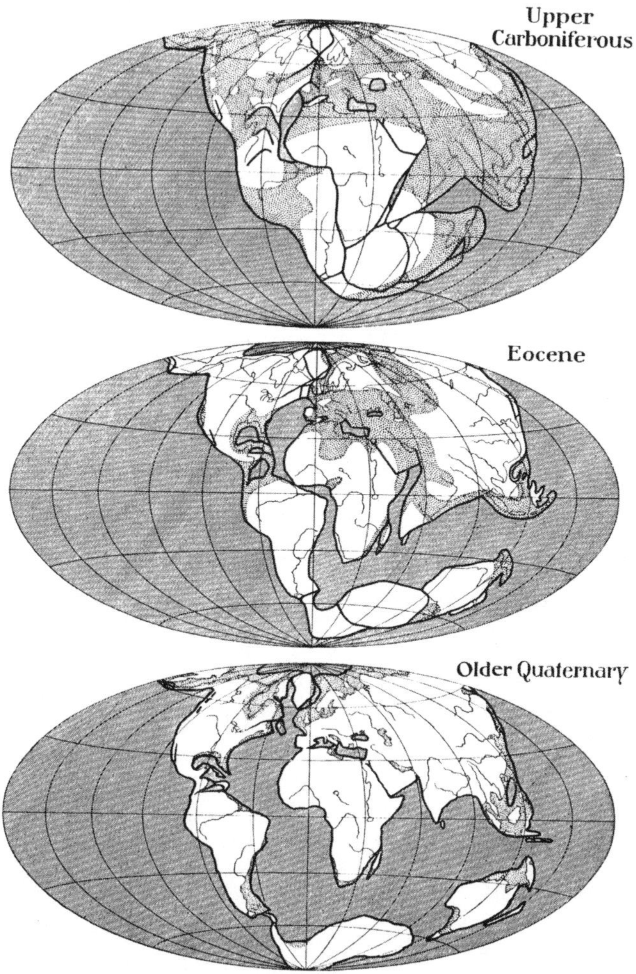

根據魏格納的大陸漂移理論復原的世界地圖，分三個時期。插圖引自魏格納所著《陸海起源》（*The Origins of Continents and Oceans*, trans. J. A. Skerl, 3rd edn, London: Methuen & Co., 1924）

阿留申海溝、爪哇海溝和馬里亞納海溝。在這些海溝的底部（馬里亞納海溝比聖母峰的高度還要深），氣壓大到若你突然出現在那裡，身體會瞬間被壓縮成罐頭。

世界上的大部分山脈都是由大陸板塊互相推擠衝撞所造成。例如說，當亞得里亞板塊（背上馱著義大利）被推向歐亞板塊的時候，阿爾卑斯山脈就形成了。最古老的山岳是現在最低矮的那些，因爲侵蝕作用有的是時間來縮低高度。比方說，烏拉爾山脈被磨鈍搓矮的山稜就說明了年代久遠。蘇格蘭的凱恩戈姆山脈之所以呈現圓形也是同樣的道理。也許有人會感到驚訝，但喜馬拉雅山脈名列地球上最年輕的山脈，直到六千五百萬年前才開始形成，那時印度板塊向北移動並且慢慢撞上歐亞板塊，先在下方頭一低，然後往上撞出八千多公尺的高度，直入雲霄。與地球上德高望重的山脈相比，喜馬拉雅山還處於青春期，有著尖尖的龐克型山稜，不同於那些被磨得光禿禿的較老山脈。

就跟青春期的少年一樣，喜馬拉雅山也還在繼續發育。聖母峰成爲世界第一高峰只用了不到二十萬年的時間，以每年長高五公釐的進度早熟發育。給聖母峰一百萬年的時間（以地質學而言只是一眨眼），這座山的高度差不多就可以加倍。只不過這個情況當然不可能發生，地心引力無法容忍這樣的構造，總會因壓力而支持不住：山體太重把自己壓垮，或是被大地震搖裂，每逢幾百年聖母峰都會被這麼折磨一下。

◆ ◆ ◆ ◆ ◆

這些年來我登山時每每震驚於地質時間之深沉。有一回，豔陽天裡我爬在蘇格蘭盛產雲母的本勞爾斯峰山腰上，發現了一大塊方形的沉積岩，岩石背面青苔綠草叢生。我後退幾步，從旁邊細看，這一大塊岩石是由幾百層薄薄的灰色岩層組成，每一層都比床單更薄。我估計每一層都意味著一萬年的時間——一百個世紀被縮減在三公釐厚的岩層中。

在兩面灰色岩層之間，我注意到一線薄薄的銀色岩層。我把冰斧的鏟頭推進岩石裡，試圖撬開岩層。石塊應聲而裂，我得以把手指伸到岩石厚重的頂蓋下方，手指一提，岩石鬆開來，就在那兩道灰色岩層之間，那一公尺見方的棕色雲母在陽光下灼灼閃耀——也許這是幾百萬年來照在它上面的第一道陽光。就好像是打開了一口銀子都快溢出的箱子，也像打開一本書時發現內頁夾著一面鏡子，又或者像打開地板上的暗門露出一窖裝滿時間的寶庫，深得令人目眩，以至於我可能就一個倒栽蔥，跌了進去。

註1：儘管正如溫徹斯特近來所指出，一九九一年一項民意調查結果顯示，有一億個美國人相信，在過去一萬年當中的某個時間點，上帝按照自己的形象創造了人類。科學研究目前認為地球大約有五十億年歷史，最早的人類估計出現在兩百萬年前。作者註

註2：德索敘爾（Horace-Bénédict de Saussure）的四卷著作《阿爾卑斯山間的旅程》（*Voyages dans les Alpes*, 1779-96）既是地質學的開山之作，也是最早的幾本野地旅行書之一。作者註

三 追逐恐懼

阿爾卑斯的魔法仍然繼續施展誘惑
引人向上，繼續向上，直到哀悼痛失的
早期殉難者名單越來越長。

——哈瓦格爾，一八八四年
Francis Ridley Havergal

我往上一看。眼前整面高聳陡峭的岩壁斜斜向上延伸至亮晃晃的天空，山壁上一道道垂直雪溝劃出的條紋。那就是我們的路線。我眼睛順著岩壁向下看。坡度毫不留情直降大約兩百公尺，落到以弧形繞開山壁底部的小冰河上。這條冰河凸出的表面看起來很堅硬，像塊老舊金屬泛著銀光布滿坑洞，這些坑洞是上方懸崖落石撞擊出來的。再往下，冰河陡降了三十公尺以上，河面在那邊轉為一種濃重的灰色，上方平滑的冰雪裂開形成冰隙和冰岩。我可以看到遠遠下方冰河體內裡有微光閃閃的藍冰。如果我們摔下去，最後就會掉到那邊。

那天早上我們太晚離開小屋。走到外面，東邊山另一側的天空已經開始泛白。那表示當天會很炎熱，另外還有一個不應太晚出發的好理由是，暖和的氣溫會讓被冰緊緊抓住的岩石鬆動，造成冰河的裂隙迸開。我們既要趕時間又沒帶繩子，便在冰河上小跑步趕完越來越陡峭的三公里路，相信久久不散的寒冷能讓雪橋保持堅固。最後再加把勁走上一道長長的雪坡，以之字形前進以減緩陡度，雪坡盡頭就是我們這座山的側翼，也就是我們登山路線的起點。

主要的問題是碎石，山坡上布滿了小石頭和岩石碎片。爬山的人不喜歡碎石的原因有兩個。首先，爬在你上方的人很容易把碎石踩下來砸向你。第二，你踩的每一步都不安全。腳一踩到碎石堆，碎石就從下方的岩石上滑落。

我們穩穩沿著山壁爬了差不多三十分鐘，岩石的狀況很差，水平面很破碎，處處是裂縫。我試著把自己拖到一大塊岩石上，不料岩石卻朝著我鬆脫，就像滑開的抽屜。一些岩棚像窗臺般覆蓋濕雪。我雙手越來越濕也越來越冷。我們揹在身上的登山裝備不時鏗鏗鏘鏘撞上岩石。這種聲響、我們的呼吸，以及岩石擦過岩石所發出的刺耳磨刮，是四周僅有的聲音。

這時傳來一陣呼喊。「石頭！石頭！」我聽到上方傳來的法語，是女性的聲音，一路往下朝我們迴盪。我抬頭去看聲音是從哪裡來的。

當你處於危險的時候，時間並不會停止或者慢下來。一切都發生得跟平常一樣快。只是，如果我們平安脫險，事後不免細細回想這段危急時刻，一絲不漏，因而對這些時刻了解得更完整也更精確。對此類記憶，我們是以停格的方式檢視。而在那一刻，我記得有一道小細流在我眼前幽幽流下岩脊，記得我防水外套布料的交叉織紋，以及一朵藏在岩石凹縫的阿爾卑斯小黃花。還有一個聲音——就在我俯身抱頭防備撞擊時，腳下碎石鬆動發出的嘎吱聲。

一開始只有兩塊岩石，從山壁咚咚往下朝向我們而來，一度還在半空中互撞。然後，上方的空氣突然間似乎活絡了起來，隨著落石不停發出聲響。先是每塊石頭躍下岩壁時的劈啪聲，然後是石頭劃過空氣的轟轟聲，再一次劈啪聲。岩石在下落過程獲得動能，跳得越來越遠，爆裂聲的間隔也就一次比一次長。

在我們上方高處，兩位法國登山客從他們兩腿之間往下瞄了一眼，看是不是自己碰落了岩棚上的岩石，波及幾塊岩石易位，然後又推動其他岩石，於是突然間就有一堆大大小小的岩石嘩啦嘩啦沿著山壁而下。他們沒辦法看清楚下面是不是有人，中間擋著一塊突出的大岩石，無法看到整片山壁。但是他們當時覺得似乎不太可能有人在他們下方往上攀登。他們是第一批下山的，由於山頂上有一段路線很難攀爬，只好折返。他們爬到的最高點那邊有一道無人橫越的冰河，而且時間也晚了，在那之後應該沒有人會蠢到試圖往上走。不過爲了謹慎起見，他們無論如何還是大喊了幾聲，就像面對空蕩蕩的高爾夫球場也照例要高呼「前方注意」一樣。

一塊塊岩石落下朝我滾來之際，我還是繼續盯著上方。在學校，有個高我幾屆的男孩教我遇到岩崩永遠不要抬頭看。他告訴我們：「為什麼呢？因為岩石砸在臉上要遠比砸在頭盔上更難受，臉別露出來，永遠不要露出來。」他曾經帶我們在威爾斯走了一整天的O形路線，然後，當我們筋疲力盡走回停車場登上小巴的時候，他居然扛上繩索，在晦暗的暮色中回頭大步往山裡走，一直爬到什麼都看不見為止。一年後，他和一位朋友在阿爾卑斯山死於落石。

我聽到那天跟我一起上山的繩伴托比向我呼喊。我看過去，他安全地躲在一塊突出的岩石下。我聽不清他在說什麼。突然我感到一記重擊，身體被向後一扯打了個轉，就像有人狠狠抓住我的肩膀，把我扭過去面向他們。並不痛，但是那一擊幾乎把我拉離原來站定的位置。那塊岩石擊中了我背包的頂袋，然後彈開朝著底下遠遠的冰隙而去。

就在這時，一堆岩石從我身旁飛落，也許有十幾塊。我再度往上看，有一塊正直直朝著我落下。我本能地往後一靠，背拱起來躲開岩石，試圖保護我的胸部。但是手指怎麼辦？我心想，如果岩石擊中指頭，指頭會被壓扁，我沒辦法爬下去了。這時我聽到面前傳來一聲劈啪，有股力量猛拽我的褲子，接著托比大叫了一聲：「你沒事吧？那塊石頭直直穿過你了。」

那塊岩石從我前面落下，從我兩腿之間掠過我的身體，沒擊中，但是擦身而過之際猛然扯了一下我的衣服。

我再度往上看，眼見最後一塊，也是最大的一塊石頭，朝著我落下來。我又一次直接位在落石的路線上。落石在我上方大約一公尺處撞到一塊岩石彈開，旋轉飛向空中。我眼睜睜看著它朝我而來，越來越大，越來越深，到後來差不多有我的頭那麼大。這時落石再度撞擊到岩石發出尖銳的爆聲，然後往我左側橫飛，呼呼擦身而過。

我回過神來，發現自己正緊緊抓住面前的岩石，以至於我的指尖都發白了。我四肢顫抖，似乎快承受不住自己的重量，心臟也劇烈跳動。但一切都結束了。我再一次向自己保證，今後絕對不會再到高山上來。「我們下山去吧。」我大聲朝著托比喊。

我小心翼翼地越過冰河走回去，垂頭喪氣，身體因爲腎上腺素還在發抖。當我們一步步試探軟雪下有沒有冰隙時，聽到了直升機典型的霍普霍普霍普聲爲這個山谷帶來節奏感。我開始大聲唱起電影《金甲部隊》裡直升機場景的插曲，「垃圾人」版本的〈衝浪鳥〉。唱了一會兒我停下來，告訴自己要鎮定。你這會兒人可不是在越南，你是在阿爾卑斯山，不過是跑到山上來嚇自己的傢伙，而且還眞嚇到了。直升機不是來載你的。

還眞不是。直升機在冰河上一路發出轟隆巨響往東邊飛，飛向齊納爾洛特峰（Zinalrothorn）的山頭，有別的人在那邊斷送了性命。

◆ ◆ ◆ ◆ ◆

夜已深，我回到峽谷後睡不著，就從我們的帳篷裡走出來，在營地四處走走，小心地跨過一條條營繩。一些帳篷裡還亮著手電筒，襯著黑漆漆的冷冷草地，看起來就像橘色的愛斯基摩小冰屋。天空清朗，山脈高處斜斜的雪坡把月光反射到峽谷裡，好像用鏡子在打著信號。

我一邊走著一邊回想白天的經歷。晚上我和托比在酒吧打發時間，喝了好幾大杯的生啤酒，慶祝我們白天僥倖脫險。酒吧裡面煙霧瀰漫，坐滿了登山客，穿著笨重的塑膠靴子，咚咚地往返於吧檯與餐桌之間，在音樂聲中大聲嘶吼他們的故事。我們坐在那裡聊起早上的整個事情：如果最後落下來的那塊大石頭沒有彈到旁邊，萬一我被擊中，你能夠抓住我嗎？我會不會把你也拉下去？更有經驗的登山家可能會覺得那沒什麼，只是在鼓起來的脫險檔案夾裡再添上一筆，之後便不當一回事繼續向前。可是我明白這件事我不會忘記。我們還聊到，這種恐懼在事後多麼令我們回味無窮。就跟登山家常做的那樣，我們也聊起爲了一座山賭上生命實在很奇怪，但是登山經驗的核心就是冒險，以及隨之而來的恐懼。

在《阿爾卑斯山上的旅程》一書中，德索敘爾扼要地寫到阿爾卑斯山上的岩羚羊獵人，眾所周知這些人從事的是危險四伏的行業：在冰河上險惡的冰隙間追捕獵物。因爲岩羚羊喜歡陡坡，他們得冒著摔死的危險爬上去，同時阿爾卑斯山還會有突然湧現的暴風雨，一遇上也有致命之虞。然而，德索敘爾在書中寫道：

正是這等危險，這等希望與恐懼的交替，這等因內心所感而不停勃發的激動，使得獵人興奮不已，這一切也激勵了賭徒、戰士、水手，甚至在一定程度上也激勵了阿爾卑斯山上的博物學家，這些人的生活在某些方面也和岩羚羊獵人頗為相似。

儘管隔了好幾個世紀，我讀到這段的時候，還是覺得再眞切也不過。就如德索敘爾所說，承擔風險本身就有回報，這使得人的心中能常保「不停勃發的激動」。希望，恐懼。希望，恐懼——這就是登山的基本節奏。在山上，生命越接近自身的滅絕，似乎往往，就會活得越熱烈：在瀕死的瞬間，活著的感受會空前鮮明。

當然，德索敘爾的岩羚羊獵人和我有顯著的區別。對那些獵人來說，冒險是不得不然——他們的工作就帶有危險。然而我的危險卻是自找的。我追求這樣的危險。事實上，我還得付錢買危險。這是發生在人類冒險史上的巨大轉變。一直都有人在冒險，但是很長一段時間以來，冒險是出於別有用心的意圖：科學上的進展、個人榮耀、財務收入。不過，大約在兩個半世紀之前，恐懼開始變成一種時尚。人們意識到，冒險本身就有回報，會帶來肉體的振奮感及喜悅，今日我們將之歸因於腎上腺素的效應。這麼一來，冒險，即精心安排的恐懼，就變得令人嚮往，成了一種商品。

◆ ◆ ◆ ◆ ◆

一六八八年夏天，正是歐洲的多事之秋。在鹿特丹，奧蘭治的威廉三世正調集一支令人生畏的艦隊，打算進攻英格蘭，發動後來眾所周知的「光榮革命」。那年夏季洛克（John Locke）也在荷蘭，他被流放了，正考慮如何處理他那本反暴政的小冊子《關於政府的兩篇論文》（*Two Treatises of Government*）。威尼斯人正在亞得里亞海岸和鄂圖曼帝國交火。而在北義大利，一名叫丹尼斯（John Dennis）的英國人剛剛越過了阿爾卑斯山脈，這人後來以劇作家、美學家的身分及教皇亞歷山大取笑的對象而聞名於世，而此刻他正坐在義大利旅館燒得劈啪作響的爐火前，要草草寫封信寄到英國給一個從來沒有靠近過任何山岳的朋友。

雖然丹尼斯未來要靠搖筆桿子來獲取金錢及名聲，但他還是覺得要把經歷過的事情形諸於文字非常困難。他寫道：「向你描述羅馬或者拿波里很容易，你起碼見過一些相似的地方。但是要把一座山放在你面前是不可能的事，幾乎沒有路徑通往那片景象，更別說要讓眼睛爬上去。」丹尼斯面對的是旅遊作家的亙古難題：若某樣東西跟讀者之前見過的任何東西都不相似，要如何去說這個東西像什麼？他首先專注於描述山的外觀，照例埋怨群山充滿敵意，自己到了這個年紀已經力不從心，然後把他朋友的注意力拉到「懸空的岩石」、「深不可測的懸崖」和「呼嘯的急流」。

然後，當丹尼斯試圖描述他到達路線上一處狹窄到帶有危險的地方，心中有何種確切的感受在擾動時，使用的語言出現了些許不尋常：

毫不誇張，我們是走在毀滅的邊緣上，一個踉蹌，不只生命，連殘骸都會蕩然無存。這一切感覺讓我的心出現各種波動，簡單說，是歡暢的恐懼、駭人的愉悅，而與此同時，我開心到了極點，為之顫抖。

丹尼斯發現走在「邊緣上」，跟橫死只有一個踉蹌的距離，這帶給他一種不尋常的愉悅，超乎他所有的預期。世上沒有語彙足以描述他的經歷，他不得不運用不自然的矛盾邏輯來自行發明。他求助於「悖論」——允許相等與相反的感受一起作用，說他感覺到「歡暢的恐懼」以及「駭人的愉悅」。

我們在此看到了最早寫出人類在高山上嘗到了歡暢恐懼的當代回憶錄。從我們這個腎上腺素的時代回顧他這段描述，更能讀出其中的別出心裁。丹尼斯或許不是第一個發現臨高暈眩原來也有其愉快一面的人，然而，就是他和一些像他那樣的人，從大多都還不為人所知的高山遊歷歸來，把他們的新體驗告訴世人，奠定了基礎，未來人類都將如此回應高山：去追求高度、追求恐懼。丹尼斯捕捉到臨高暈眩會有的快感，此一體悟將在往後的三百年中發展並且增強，演變成我們這個時代對危險的熱切追求——人們綁上橡皮帶從高空吊臂上縱身一躍，或者綁上繩索從山腰往下跳，還有人不綁任何東西就跳出飛機。

◆ ◆ ◆ ◆ ◆

大約在十八世紀中葉，丹尼斯那恐懼中埋藏著歡暢的體悟開始散播開來，受到認可。有人倡議將之納入學說，而這從此改變了人類對荒野景觀的理解與面對恐懼的最新態度。這套學說從此持續默默地主導我們所想像的人類與荒野的關係，以及我們對於勇敢與恐懼的概念。這套影響深遠的學說名為「崇高」（Sublime，字義是高聳或昇華），指在混亂、激烈、巨大災變、宏偉規模和無規律中萌生的愉悅，換句話說，是一種違背先前新古典主義的美學。一種對各式荒野景觀的強烈情感（有一段時間是英國所特有的），對海洋、冰冠、森林、沙漠，尤其是對高山的痴迷，從騷亂中產生了。

一七五七年，有個前途看好的愛爾蘭年輕人出版了一部標題很長的短篇作品。柏克所寫的《論崇高與美之源起》一書試圖闡明人類心靈中的激情會被他筆下所謂的「可怕之物」所喚起。柏克感興趣的是人類精神對事物的反應，比方說洶湧的激流、黑暗的地窖或山壁，這些事物由於太大、太高、太快、太模糊、太強或者太怎麼樣，人們一時無法了解，而受到吸引，心生恐懼，同時也莫名愛上。柏克說，這些都是崇高的景象，是狂亂的、懾人的、無法控制的，會在觀者心中激發一種喜悅與恐懼交融的飄飄然。反之，美則受視覺上的規律、勻稱和可以預期所激發。所以，舉例來說，古希臘的阿提卡雕塑是美的，或者說帕德嫩神廟那樣平衡典雅是美的，而雪崩或河水氾濫則是崇高。套用柏克的生理學術語，美對身體的「纖維」能夠產生放鬆的作用，而崇高卻會拉緊這些「纖維」。他寫道：

任何事物，只要能夠激起痛苦和危險的意念，也就是說，只要帶有任何恐怖感，或者與可怕的東西有關，或者運作方式與恐怖相似，都是崇高感的來源，而這樣

的崇高會引發心靈所能感受的最強烈的感情。

柏克這篇論文的核心是這些崇高景象會引起恐懼，而恐懼是一種激情。他寫道：「只要別逼得太緊，就會創造出愉悅。」（就這點而言他是正確的，任何經歷過眞正的恐懼且歷時超過一瞬間的人都知道，那會迫使你全神貫注。）所以，如果有一個人正單手吊在山壁上，他當下不可能感受到崇高。但是如果你離瀑布或者懸崖夠近，能夠想像那種自我毀滅的可能性，心中就會有滔滔奔騰的崇高感。似乎會受到傷害，又很清楚知道傷害不可能發生，兩者合起來，就引發了歡暢的恐懼——不太可能發生的事情裝扮成可能發生，在我們面前大肆招搖。英國醫師暨哲學家哈特利（David Hartley）在一七四九年簡潔寫道：「如果景色中有一面峭壁、一道瀑布、一座雪山，剛萌芽的害怕與恐懼會放大、激化其他的所有想法，同時由於隱約感覺到安全無虞，害怕與恐懼都會逐漸轉變成喜悅。」

柏克精采的文章爲七十年前丹尼斯努力想要明確表達的生嫩經驗，提供了語言的形式和知識的加持。柏克一爲「崇高」編好碼，也就是準備好一整套用語和思想，讓知識界任意引用，而這些很快就滲透到一般人的想像中。在《論崇高與美之源起》出版後，森林就不再只是黑暗陰沉，山脈就不再只是冰封雄偉。某些形容詞如崇高、莊嚴、可畏等，從此和高山、海洋、深淵等名詞結合，變得密不可分。歐洲各地的哲學家和美學家都把驚人的注意力轉向探究「崇高」，這個概念開始以一種合宜的無序失控蔓延開來，滲透到古典美學井然劃分的門派中。

柏克並非崇高概念的開創者，大約西元三世紀，希臘的修辭學者朗基努斯（Longinus）就寫出他的專文《談崇高》（*Peri Hupsous, or On the Sublime*）。之後到了一六七四年，伯爾勒（Boileau）將《談崇高》譯成法文，人們對「崇高」的興趣重新燃起。但是朗基努斯和他智識上的後繼者關注的是「崇高」的文學效果，討論的是語言，而不是景觀，要如何做到高尚、宏闊或激勵人心。柏克的貢獻是他把這既有的對雄偉壯觀的興趣，轉移到十八世紀最新的愉悅經歷中，也就是自然景觀。他那本著名的小書給了世人一組新的鏡頭，讓人們知道如何觀看以及欣賞荒野。他爲之前晦澀不明的敬畏心理提供了歸處（海洋、沙漠、高山、冰冠），以及名字（崇高）。

崇高說席捲十八世紀，不但改變了一般人理解以及書寫風景的方式，也改變了世人與風景相處時的行爲。之前，人們會儘量避開荒野，如今卻到荒野中尋求激烈的經驗。荒野成了讓人暫時不安或者提供險惡幻覺的地方。「我必須要有急流、岩石、松樹、荒林、高山、崎嶇的小徑，可以讓我跑上跑下，還要有令我驚嚇的懸崖峭壁。我之所以喜歡險峻的地方，有個奇怪的原因是，置身其中我會暈眩，而我偏偏熱愛這種暈眩，只要我能安然無恙。」盧梭在一七八五年如是說。法國作家康布利（Jacques Cambry）會等海上的劇烈暴風雨吹襲到布列塔尼海岸時，才出門去站在海崖的邊緣。他心醉神馳地寫道：「你會覺得可以感受到地球在顫抖，本能地想逃。你的身體及精神都會陷入震驚、恐懼和無法解釋的激動。」

「崇高」爲十八世紀的觀光旅遊提供了新的動力。越來越多遊客不去參觀傳統的旅遊名勝，而是選擇把假期花在從懸崖頂端到冰河再到火山，也就是從壯麗的景象到另一個壯麗的景象。山岳的「遺跡」和古代的「遺跡」競爭景點的地位。維蘇威火山的遊客人數在十八世紀六〇和七〇年代激增，遊客不再只是恭謹地待在室內低頭凝視古物上的細節，心裡想著這個塞子或那只大碗在古羅馬家庭主婦的日常作息中有什麼用途，而是伸長了脖子仰視山岳，一臉情難自禁的驚訝。有些人甚至選擇要離頂峰更近，選擇了攀爬。在霞慕尼這個夾在白朗峰的尖峰和冰河之間的小鎮，當地人拖著熱切的外來客，把他們帶到蒙特維冰河（Montanvert）去看冰陸交界的奇景，嚮導因此成爲賺錢的行業。英國爲了尋求「壯麗崇高」以及略遜一籌的「風景如畫」，開發出湖區、北威爾斯和蘇格蘭等地的山岳景點。包含海岸美景和蘇格蘭內陸荒野的古蘇格蘭之旅變得特別熱門。第一代古蘇格蘭之旅的遊客中，最著名的當數約翰生博士（Dr. Samuel Johnson），他在一七七三年前往「蘇格蘭西部群島」遊歷。

⋅⋅⋅⋅⋅

約翰生博士高一百八十二公分、重一百零一公斤，令人生畏的龐然身軀本身幾乎就是「崇高」的體現。他一到蘇格蘭東北海岸的布肯（Buchan），就先去參觀斯塔法島（Isle of Staffa）上的芬格爾洞（Fingal's Cave），並且坐船划過平靜海面，穿越哥德式教堂般的穹頂。之後，他與包斯威爾（Boswell）穿過鄉野，去看布肯的布勒岩洞，這是當地著名的另一個岩石奇景。約翰生博士本來想去中國看長城，蘇格蘭始終只是拙劣的替代品。然而即使如此，他還是對布勒岩洞印象深刻。他這樣描述：

岩石呈垂直管狀，一邊和高高的海岸相連，另一邊陡峭高升，懸在海面之上。頂部開闊，從圈起的岩石下方的裂口可以看到一灣顏色深暗的海水湧入洞裡。外表看上去像一口龐大的水井，四周圍著一堵牆。

許多參觀布勒岩洞的遊客都心滿意足地站在穩當的大崖壁上賞景。他們可以安全無虞地從那裡看著怒濤拍岸吞沒裂口，以及在面海懸崖上築巢的管鼻鸌滑翔往返出擊捕獵。

不過有些遊客膽子更大，會忍不住走到岩石拱頂的上方。那並不真的危險。在岩脊縮到七、八十公分寬的地方，腳下的地面雜草叢生、崎嶇不平，靠近邊緣處是破碎的岩石。於是當你低頭看自己雙腳，你會看到海水在拱頂下湧動，感覺似乎拱頂本身也隨之前後蕩漾，可能會把你拋下去淹死……不過人們之所以走在那上面，圖的也就是這一點：欺騙自己的心靈，去想像自身的毀滅。換句話說，布勒岩洞的岩脊正是感受崇高的理想場所。

包斯威爾焦慮的是，約翰生博士堅持要走過去。包斯威爾慢吞吞往前蹭，表示「往前走很恐怖」。而約翰生博士不改一貫的作風，邁著大步跨過去，不猶豫也不拖拉。對體型這麼笨重的男人來說，他算是相當靈巧，就跟他寫作一樣，他對自己在地面上的每一步都很有把握。後來，約翰生博士以沉著的措辭形容這回的橫越：

> 布勒岩洞並不寬，對走在上面的人來說，看起來很窄。若有人敢往下看，會知道自己腳一滑就會從可怕的高處墜落到其中一邊的石頭上，或是另外一邊的海裡面。但這種並不危險的恐懼，只是想像力的消遣，是自願擾亂自己的心靈，允許自己不安，只要程度比愉悅還輕。

布勒岩洞（Buller of Buchan）

約翰生博士和丹尼斯有一點極爲不同：約翰生博士是自願選擇驚嚇。在丹尼斯和約翰生博士相隔的那九十年裡，人們受到崇高論的影響，開始尋求恐懼。

話雖如此，對於高山，整個十八世紀都還是僅止於遠觀欣賞。對大多數人來說，山岳雖有吸引力，但那和實際把腳踩上去是兩回事，只要從遠方安全地凝視就好。山上處處有確切可見的危險，是落石、雪崩、暴風雪和懸崖等災難的舞臺，也因此而成爲體驗崇高感的可靠場所。你可以在峽谷深處仰望參天高峰，在那裡想像若從其中一座摔下來，或者困在雪崩中，會是何等光景。某位德國旅人在一七八五年寫道：「瑞士的自然奇景中，最讓我震撼的是阿爾卑斯山的駭人構造。對這樣的景象，你會充滿敬畏，而且想把這份令人愉快的恐懼感跟所有朋友分享。」雪萊喜歡炫耀他兒時在阿爾卑斯山上經歷的危險。他自吹自擂道：「我從少年時代就熟悉山岳湖泊，以危險爲伴，嬉戲於懸崖邊上。我曾經踩在阿爾卑斯山的冰河上，也曾經住在白朗峰的眼皮下。」這些都只是吹噓，在現實中，雪萊小心翼翼地遠離那些邊緣，然而他渴望扮成冒險家，這顯示出那個時代越來越擁戴這種大膽無畏。

十八世紀的旅人如此熱愛高山，但是，也沒經過多少年，山岳風光就幾乎像舊帽子一樣失去新鮮感了。一八一六年，拜倫在法國境內的阿爾卑斯山避暑，對有些遊客的嫌棄很憤慨，給朋友寫了封憤憤不平的信爲高山抱屈：

在霞慕尼，就在白朗峰的眼前，我聽到另一個女人（也是英國人）對同伴叫嚷說：「你見過比這更鄉下的地方嗎？」彷彿那是倫敦的海格，或漢普斯特德，或者是布朗普頓，或者海耶斯。居然嫌這些地方「鄉下」！看看這些岩石和松樹和急流和冰河和雲朵以及高高在這些之上終年白雪皚皚的山頂，而她說「鄉下」！

在拜倫的憤慨中，也在那個英國女人對眼前風景裝模作樣的敗興中，可以看出十九世紀的旅遊有股無所不在的追求：竭力避開有人走過的路線。從峽谷中仰望高山一旦無異於看著海格或漢普斯特德或布朗普頓或海耶斯，霞慕尼峰那極盡嶙峋的景象一旦在遊客眼中顯得索然無味，就得要找出感受高山的新方式，重振「歡暢的恐懼」中的崇高感，顯然高山景象本身已不再能提供這種感受了。

答案當然是踏上高山，讓自己冒更多險。一旦你置身高山，走馬看花的旅行就會轉變成更需認眞以對的活動——或許一個踉蹌，就會摔下山去。

◆ ◆ ◆ ◆ ◆

在十九世紀的前兩年，柯立芝養成他稱之爲「一種新型賭博」的習慣，自承已經「癮頭不小」。不過柯立芝的個性很容易上癮。他對交談上癮、對思想上癮，而且更要命的是，對鴉片酊上癮。有一段時間，他對臨高暈眩也上了癮。他要的就是刺激，對能夠擴展或者提高大腦感知的各種經驗，只要能擴大感知面或磨利感知點，他都有無窮好奇，不論這樣的經驗是由峭壁還是鴉片所引發。

柯立芝的賭博以如下方式運作：選一座山，任何一座山。爬到山頂，然後，不「四處穿梭」，直到找出路徑或任何安全的跡象，也就是不找好走的下山路，而是任意亂走，然後看到「第一個有可能下山」的地方就走，而且「完全碰運氣，看這樣可以往下走多遠」。活脫脫的俄羅斯輪盤，山頂是槍膛，下山的路是有子彈及沒子彈。

一八〇二年八月二日，柯立芝賭出了麻煩。他身在湖區，爬上斯卡菲爾（Scafell）的山頂——九七三公尺，英格蘭的第二高峰，如果從錯誤的角度攀爬，這座小小的岩峰會變得非常險惡。當天的氣候很不穩定，南方的火紅天空暗示暴風雨將至。這時候應該要下山了。柯立芝自己也承認當時「太自信，太不以為意，沒四周觀察」，就決定賭一把，往山頂平臺的東北角前進。他選的這個方向糟糕到無以復加：走那條線會把他帶向現在廣為人知的「闊臺」（Broad Stand），由陡峭岩面和下斜岩棚構成「巨人臺階」。然而，他下定決心遵守自己訂的遊戲規則（「碰運氣，看這樣可以往下走多遠」），於是開始往下走。

剛開始還算好走，他從一面岩棚跨到另一面岩棚。但是很快地，岩棚相隔越來越遠。柯立芝只好隨機應變。面對一道兩公尺的垂直岩壁，先用雙臂吊著自己，再摸索著跳到下一面岩棚。這給他重大的打擊：「手掌和手臂肌肉的伸展，落地時腳的撞擊，使得四肢抖個不停。」這也迫使他找出下山的路徑。一旦往下跳就沒有回頭路了，只能孤注一擲。柯立芝繼續從峭壁往下移動，但是情況很快就變得更險峻：每往下一跳，「四肢就更麻」。

然後，突然間，他發現自己無法前進了。他在一片寬大的岩棚上，上方是一面爬不上去的岩片。風開始在他的耳中呼嘯。往下三公尺半是一面非常狹窄的岩棚，「如果我往下跳，難保不會往後倒，當然也就一命嗚呼了。」怎麼辦？絕對沒有別人會像柯立芝那樣做：

我四肢全都在顫抖——我把背往後一倒，臥地休息，然後開始按照我的習慣嘲笑自己真是個狂人。我看到上方兩側都是峭壁，更往上還有火紅的雲朵往北方翻湧飛去，我嚇呆了。我躺在那裡陷入幾乎是先知般的出神與欣喜之中——並大聲讚歎上帝，為祂賜予我的思考力與意志力，只要這些都還在，沒有任何危險能制伏我們！

啊，上帝，我大聲呼喚——我現在是多麼冷靜，受到何等庇佑——我不知道要如何繼續往前，要如何回到山下，但我還是冷靜、無畏、充滿信心——如果眼前現實是一場夢，如果我正熟睡，那我受到的是何等的折磨！多麼可笑！當思維與意志蕩然無存，留給我們的是黑暗與渺茫，以及讓人不知所措的恥辱與痛苦，徹頭徹尾擺布著我們，還是奇妙的歡樂，拖著靈魂以許多形狀悠遊於空中，甚至如歐椋鳥在風中飛舞。

柯立芝困在山壁上，一場暴風雨逐漸迫近，岩石將變得更滑也更不安全，但他並不驚慌。不，他往後一躺，心裡想著他天賦的思維堅不可摧。在身體面對著極端的危險時，柯立芝退回他思維的堡壘當中，從那裡往外望，從那裡看起來這一切岩石、暴風雨和往下的高度都似乎只是幻象。換句話說，他在想像中讓自己脫困了。

確實，等到柯立芝擺脫他思維的「出神狀態」，便注意到左方一公尺左右沿著岩棚有一條細長的岩石裂口，他可以從這道岩縫向下攀（如今是名聞遐邇的「胖子難關」）。他卸下身上的帆布背包，「就如同在兩道牆中間滑行，一點也不危險，毫無困難」，然後逃出生天，告訴世人這則傳奇，雖然說那天剩下的時間裡他一直感覺自己「心情繃緊又憂慮」。

柯立芝從「闊臺」下攀向來被視爲攀岩的鼻祖。對柯立芝而言，他的脫困證明了思維足以凌駕現實。他當然錯了。他當時能脫困，和思維沒有絲毫關係，而只是運氣夠好，找到了脫困的出路。不管你如何殫精竭慮，就是無法透過思想將峭壁與岩石化爲烏有。在柯立芝之後，許多人都已經發現了這一點。一九〇三年，在柯立芝驚險下山的一百零一年後，發生了一場知名事件，四名登山客在試圖從霍普金森堆石地標下方的陡峭岩面往下攀時喪命，同樣也是在斯卡菲爾。他們被葬在沃斯代爾岬（Wasdale Head）的教堂墓地，每塊墓碑都刻著同樣的莊嚴墓誌銘：「一度他們有如天使高踞神無所不在的無瑕空中，下一刻他們墜回故土，化爲無知無覺。」

◆ ◆ ◆ ◆ ◆

柯立芝的攀岩揭開高山冒險活動迅速崛起的世紀。追求主觀恐懼及眞實恐懼的渴望，逐漸取代過去著重崇高感的那種更穩重的樂趣。在享受涉險的戰慄時一定要「處於安全境地」（按照盧梭的說法），這樣的前提已漸漸被人拋到腦後。出門登山冒險的人越來越多。在一八二九年出版的瑞士旅遊指南中，英國出版家也是旅行作家莫瑞（John Murray）興致盎然地描述阿爾卑斯山上，「人走在四分五裂的冰河上時，可能會陷入突然張開吞沒他的可怕冰隙中，或者就算僥倖逃過瑞士山峰上密密痲痲的險境，也還有斷崖等著他。」史塔克（Mariana Stark），一八三六年一本阿爾卑斯山指南的作者，在書中奉勸女性登山客「朝斷崖外深深望去，看得越深切越好」。史塔克解釋道，如此一來，你的幻想中將會充滿恐懼，「讓你得以沉著面對眼前的高度」。令人屏息的美景、高海拔與孤獨，這些當然都是高山新魅力中的重要元素，但更不可少的元素是危險。山上提供了一個環境，那裡四處是誘人的危險，讓你透過對抗大量的危險與困難來試煉自己。

這種以冒險爲考驗的想法，主導了十九世紀對於恐懼的態度。越是深入十九世紀，會發現冒險的概念跟自我中心及自我認識的概念越糾纏不清。在當時的日記、傳記和遠征紀錄裡，某些野外風景的主題與態度一再出現。其中最重要的是勝利與挫敗、奮鬥與獎賞。在這些書中，自然通常被描繪爲敵人，或者情人，有待征服或令人傾倒，端視你如何看待自然。雖說對野外荒涼之美的戒慎仍揮之不去，但果斷站在第一排的，是將危險、嚴苛的荒野大地當成試煉場的態度。在荒野的舞臺上，燈光將極盡照亮一個人的自我。穿越阿爾卑斯山的雪地，或者在南極凍土地帶跋涉，會揭露你是由什麼質素構成，以及那些質素是否適當。一八四七年十一月《布萊克伍德的愛丁堡雜誌》（*Blackwood's Edinburgh Magazine*）的社論談到北極圈探險，準確地描繪出那種心態：「顯然上帝的設計是在人的面前放上重重困難，以鍛造他身爲萬物之靈的能耐。」

重點是，面對荒野的危險與絕美不僅能顯示一個人的品質，也能積極改善個人品質。且讓我們讀讀羅斯金一八六三年從霞慕尼寫給父親的信，他如此開場：

危險是否會影響道德，這個問題極為難解。然而，我確實知道也發現一點：如果你來到一個危險的地方，然後掉頭離開，即使這麼做可能很對也很明智，你的品德還是會微微受損，你變得稍稍軟弱、無活力、陰柔，未來可能會容易激動犯錯。反之，若你堅持迎向危險，即使那顯然既魯莽且愚蠢，但你經此一役會成為更強更好的男人，更適合每一種工作和考驗，不過就是危險可以創造這種效果。

羅斯金把陰柔跟無活力、軟弱和犯錯畫上等號，令我們不無厭煩地想起在那個時代勇敢無畏和男子氣概這兩個概念是何等緊密交織。但是他這個觀點也有鮮明的維多利亞時代色彩，相信克服危險能使人成爲「更好」的人。尼采，一個對恐懼的形上論述比羅斯金更爲有名的學者，在之後得更簡潔有力：沒把你殺死的，會使你更強大。冒險，也就是嚇自己，是自我改善的強大手段，當然先決條件是你得活下來。自我改善對於維多利亞時代晚期的人，尤其是熱衷於登山的中產階級，是極具吸引力的理想典範。史邁爾斯（Samuel Smiles）的那本《自助》（*Self-help*），在一八五九年一出版立刻就成了經典。史邁爾斯的想法很簡單，而且從表面上看也很民主。只要有野心加上努力，任何人都能有所成就。他在序文中宣稱：「偉大的人在生活中並不屬於特定的階級或出身。最窮的人有時也會登上最高的地位，而一個人若沒有碰上最難克服的困難，反而是阻擋他前進的障礙。」

史邁爾斯的基本信念是，困難會激發出一個人最好的品質，「造就人的，並不是舒服，而是努力。不是便利，而是困難。逆境的作用其實是甜蜜的……向我們顯示我們的才幹，喚出我們的能量……如果沒有必要遭遇困難，生活或許會更容易，但是人們的價值就差多了。」這個信念距離刻意的自我考驗只有一步之遙——爲了最大限度的改善自我，一個人必須尋求困難。按照史邁爾斯的說法，阻礙最少的路徑總是通往低處。反之，面對挑戰並克服困難的人，終究會變得更好。

史邁爾斯爲了把他的想念植入讀者腦中，四處物色隱喻，最後選了登山。他寫道：「只要有困難，不管怎樣，一個男人都必須迎頭面對。碰到困難會訓練他的實力、磨練他的技能，激發出他日後的鬥志……攀向成功的路也許陡峭，可這正證明了他具有登頂的能量。」史邁爾斯這套透過困難自我修煉的信條有項優點：沒有階級之分，任何人都可以成爲任何人，但是，最徹底接受的還是維多利亞時代的中產階級，許多這樣的人紛紛到高山上的危險競技場去接受考驗。

正當蒸蒸日上的大英帝國帶來更多穩定、繁榮與舒適的同時，維多利亞時代的人民變得越來越喜歡冒險。可以說，中產階級需要一道通往危險的活門，讓他們在養尊處優的城市生活中累積的過剩精力有個地方可以釋放，而阿爾卑斯山正是個這樣的地方，那裡有程度不一的各式冒險，每個人都能找到自己所需。「所謂冰河上的危險，想像成分超過了眞實。」巴德克（Baedeker）的瑞士旅遊指南在「冰河」一節中如此向讀者保證。確實，對大多數遊客來說，那正是關鍵：可以盡情想像阿爾卑斯冰河上以及冰河緩緩流經的山上發生的各種可怕意外，只不過那並不常發生。不時有人喪命的事實對那些活著的人來說是一大鼓舞，因爲這至少讓人看到死亡的可能性，而死亡的可能性正是登山經驗的基本成分。

維多利亞中期有多熱衷於尋求臨高暈眩，可從史密斯（Albert Smith）的名就略窺一二。這位桀驁不馴的諷刺作家和企業家，從一八五三年起就把個人大秀「攀登白朗峰」搬進倫敦皮卡迪利富麗堂皇的埃及大廳。史密斯寧願一直坐著，然而在一大隊嚮導與無數酒精的慫恿之下，還是順利在一八五一年八月登上白朗峰（史密斯那趟探險的液體補給包括六十瓶家常酒、六瓶波爾多葡萄酒、十瓶聖喬治、十五瓶聖傑、三瓶干邑白蘭地和兩瓶香檳）。他回來後在倫敦到處吹噓他的成功，然後在一八五三年三月展開他那場大展，對著大眾詳細講述他如何爬上山，大廳上隨處是漂亮的女帶座員，身上穿著傳統的巴伐利亞裙，牆上貼著瑞士山區小木屋的圖樣（就別管白朗峰位在法國了），舞臺的後方掛起一卷卷山景的透視畫，還有一隻毛茸茸的聖伯納牧羊犬，以及模擬阿爾卑斯山區景致的最後亮點——一對岩鈴羊在拼花地板上飛奔而過，還在表演過程中拉屎，引發一陣忙亂。當史密斯以他渾厚的嗓音講述攀爬的驚險歷程時，一支樂團在樂隊池演奏起《霞慕尼波卡舞曲》（*Chamonix Polka*）和《白朗峰瓜德利舞曲》（*Mont Blanc Quadrille*）。

換句話說，那是俗濫的阿爾卑斯盛會，但是讓觀眾有機會感同身受那樣的冒險。史密斯用澎湃激昂的音調向屏氣凝神的觀眾描述他如何攀登莫德拉科特峰（Mur de la Côte）：「你開始迂迴往上爬，底下除了一片冰雪深淵，什麼都沒有。腳一滑或者拐杖一個撐不住，就沒有活命的機會。你會像一道閃電從這面冰封的峭壁滑到另一面，最後跌到上百公尺下方的冰河深淵，碎成好幾塊。」觀眾「噢」的一聲，身體一震。在一點也不陡峭的皮卡迪利，觀眾能夠讓自己處於虛擬的危險，能夠置身於白朗峰的岩石冰壁之間達一兩個小時，然後等到燈亮，他們站起來披上外套，驚魂未定地離開現場。他們覺得刺激，是因爲他們只需旁觀，不需要參與（而且這種刺激感還很持久，直到現在，每部災難電影、每場災禍報導都還是以這種刺激感爲賣點）。

史密斯這套融合異國風味和恐怖情調的大雜燴大投觀衆所好。當年這大秀連演了六年，場場爆滿，收益超過三萬英鎊。狄更斯讚許道：「史密斯憑藉著自己的能力和幽默，融化了（白朗峰）永凍的冰雪，就連最膽怯的女士都可以在一天之內爬兩遍……絲毫無體力耗盡之虞。」根據《泰晤士報》的報導，一八五五年的夏天，大不列顚舉國沉浸在「白朗峰熱」當中。越來越多遊客來到阿爾卑斯山區瞻仰這至高無上的白朗峰，也有越來越多的人想方設法要登上山頂。

• • • • •

一八五〇年是十九世紀的中點，一八五九年則是轉折點。就在這一年，史邁爾斯那本極具影響力的書問世了，達爾文的《物種起源》也在同一年出版。達爾文最打動世人、運用最廣的概念是「適者生存」（該詞實際上並沒有出現在《物種起源》，而是由同時代的哲學家史賓塞創造出來的新詞），正是這個前提，讓「以冒險為考驗」的想法從一八六〇年之後出現新的優勢。因爲山提供了一個實驗場所，使得汰擇加速發生，而且世人都能見識到運作的過程。高山之所以既可怕又迷人，是因爲即使是最細微的判斷錯誤，都可能帶來嚴重後果。在城市街道上，腳一滑可能只是扭傷腳踝，然而到了山上，可能就會讓人跌進裂縫或者墜崖身亡。沒有在正確的時間掉頭返回，並不代表會比較晚吃到晚餐，而是摸黑失溫凍死。掉了一隻手套，美好的一天會急轉直下，就此變成災難。

在山上，任何事都被放到極大。汰擇的壓力無所不在，而且結果更立即可見。因此讓一個人置身於山上，他的能耐與適應力就會昭然若揭。而那些最弱小的——好吧，最弱小的就只能閃開了。馬莫瑞（Alfred Mummery）在一八九二年讚許獨攀時怒吼道：「一個人只要稍有大意或能力不足，適者生存的法則完全有機會把他給淘汰掉。」在美國，同樣的生存主義也深植人心，尤其是在阿拉斯加，那裡的酒吧擠滿淘金客與伐木工，爲狠辣陽剛的達爾文思想提供了肥沃的溫床。歌詠阿拉斯加淘金熱的詩人瑟維斯（Robert Service）就這個主題寫了一首強硬的小詩：「這就是育空法則，唯有強者才能茁壯；弱者肯定滅亡，適者才能生存。」美國西部及其拓荒邊境傳奇從此變得極度陽剛：武士駕著裝甲車在高速公路上開戰、傳統的身體崇拜，以及呼嘯的荒野。

成功的登山客或探險家究竟需要具備什麼質素？有人可能馬上會回答男子氣概——這個非常維多利亞的概念到了二十世紀會變形爲「大男人主義」。登上一座山讓人得以確認自己的力量，是膽量與能力的證書，機敏、自給自足、男子漢的保證。汀達爾（John Tyndall）回憶自己第一次攀登魏斯峰（Weisshorn），說得彷彿是在奪走女子貞操。他寫道：「我壓碎山上最高的那朵雪花，魏斯高高在上的魅力就此消逝。」H・B・喬治（H. B. George）在十九世紀即將結束之際談起高山旅行，斷言是「想要去探索並制伏地球」的那股動力，「使得英國成為世界上偉大的殖民者，並且帶領英國人深入每塊大陸的蠻荒秘境。」

此外也包含愛國心。史蒂芬（Leslie Stephen）宣告：「英國男人的本色，是樂於整天漫遊於岩石與雪堆之間；也樂於在問心無愧的情況下竭盡全力。」①不過，因置身大地而顯露出來的素質中，最可貴的是韌性與自制的結合，如今我們稱之為堅毅。堅毅就是不論多久都堅持一步步向前的能力。追隨前人的腳印不停踏步向前。知道何時該挺身而出，發揮自己的功用。而且最重要的是，絕不抱怨。換句話說，迎向前去，投入其中。丁尼生在他的詩作〈尤利西斯〉中有一行是這麼寫的：「去努力、去追求、去尋找，永不放棄。」他經常這樣呼籲。大英帝國時代的子民從小就在心中埋下堅毅的理念——寄宿學校的系統大量炮製出一代代所謂的堅毅男孩，一般都認為這是支撐英國取得軍事勝利的道德要素，也支撐了英國向外探索、建立帝國的熱忱：讓地圖上插滿英國旗幟。

高山對登山者的要求也是堅毅。一八四三年富比世把阿爾卑斯之旅描述成「或許是普通公民所能遇上的，最接近軍事行動的體驗」。汀達爾在爬到魏斯峰最後那幾段雪坡時已經體力耗盡，但他牢記英國男人聞名戰場的特性，繼續前進，「主要就是不知道何時放棄的素質，甚至到了任何希望都不再能鼓舞自己時，仍然爲職責而戰。」史蒂芬寧可把自己想成極地探險家，他寫道：「在嚴冬中朝著小屋費力前行，全然就是在玩命，不過那一刻你可以體會北極探險家朝著極點前進的感受，他整趟行動唯一的依據是他留在身後的那艘船。」那冰天雪地和高山岩壁在許多方面來說都如此一成不變，如此全然缺乏人類特點，因此成爲人類重新任意想像自我的完美場地，不管是把自己想像成生死交關仍不停戰鬥的士兵，或是冷靜無畏的探險家。

於是，對很多十九世紀的登山客來說，置身山區跟玩角色扮演遊戲也就相差無幾。高山提供了虛構幻想的王國，一個替代現實的世界，你可以把自己改造成想要的角色。正如史蒂芬爲歐洲阿爾卑斯山命名時所說的，高山是「遊樂場」，成年男人可以在那裡大玩危險遊戲。那是娛樂的競技場，同時也是供人再造自己的競技場。話雖如此，不論你如何想像自己或者眼前的山，這片大地都仍有可能要你的命。

◆ ◆ ◆ ◆ ◆

我曾經幾乎有一整年沒登山，被困在劍橋郡的書桌上不停工作，完全不得休息，滿心渴望著垂直高度。僅有的寬慰是望著一座座散落在地平線上的深色教堂鐘樓，以及學院裡往空中越旋越高的白色尖塔。一月底的某一天，我終於受不了，踏上公車到尤斯頓火車站，在那裡跟一個朋友搭上前往蘇格蘭高地的臥鋪火車。

我們醒來的時候，火車正發出轟隆隆巨響穿越一處結冰的峽谷。積雪倚臥在軌道兩旁深深的剖面上，犁雪機拉開白色大地夾克的拉鍊。峽谷在火車前方劃出一道圓弧，當我從走道的車窗探出頭去，風冷冷地吹在我臉上，我可以看到軌道上兩條發亮的鋼索一路帶著陽光前往遠方會合。

我們在火車站搭上便車前往凱恩戈姆峰的停車場，然後朝北山坳那黑白相間的山壁走去。待在野外的感覺很舒服，有一陣陣柔和的大風朝我們吹拂。山坳頂峰上方高高的空中，一隻烏鴉頂著氣流飄浮，翅膀挺直，形成一道剪影。我們到達山坳的山腳時，挑了一道狹窄、近乎垂直的九十公尺高溪溝，打算順著那溪溝攀到高原上。我們可以從那高原出發深入山區腹地，或者打道回府，全看天氣狀況而定。

即使有冰斧與釘鞋相助，要爬上溪溝還是緩慢又困難。來勢洶洶的南風把平臺上的積雪搜刮一空，拋入面北的溪溝，那估計有幾百噸之譜，像一道厚厚的白色河流，滔滔不絕沖向我們的膝蓋。我停下來喘口氣，略微想了想，這雪還眞妙。山坳中四處是風，打著奇妙的旋，帶動一束束的雪在空中拍打飛舞，跳出精心編排的動作。溪溝左右兩邊的岩稜覆上一層厚厚積雪，每道懸岩都掛著藍色冰柱所構成的筆直吊燈。

一小時後，等我們爬到高原時，天氣開始嚴重惡化。雪很大。能見度降到三十公尺，氣溫也驟降。眉毛變得很重，就好像有一股力量正在把兩道眉毛從我額頭上拉走，我舉起一隻戴了手套的手，才發現眉毛上覆滿了冰。我們跪在溪溝起點的一公尺外，想把登山繩盤好。在冷空氣中，繩子像鋼索一樣剛硬，兩端在風中硬挺挺地拍打，那風在幾小時前還顯得調皮可親，現在已經成了颶風。我記起在這個地區的旅行指南上讀到的警告：在凱恩戈姆高原上，最高瞬間風速的紀錄是每小時兩百八十三公里，足以掀翻一輛車。

毫無疑問，這時我們已回不了頭，甚至連站起來都辦不到，一陣強風就會把我們吹落懸崖。我們也無法回到溪溝下面。我們用雙手和膝蓋爬行了幾百公尺，那裡有一排雪已經被吹起來結成了冰，我們花了一小時草草劈出一個雪洞。接下來的十二小時，兩個人一塊兒蜷縮在洞穴裡發抖，把手埋在對方的腋窩裡取暖，等待風勢減緩。那一整夜，我作夢都想著沼澤地帶的氣溫和平坦地勢。

在劍橋待久了，我已經忘記凱恩戈姆山有多難對付。浮現在我腦海的，都是這些山峰最親切美麗的狀態：雪與冰所構成的優雅鯨背，在青銅色冬陽中投出的影子。現實完全不是這麼一回事。只要涉及高山，想像和實際之間的落差（出人意料的發展），可能會大到足以致命。

・・・・・

在十九世紀這一百年間，湧向阿爾卑斯山和其他山岳的旅客日漸增加，死亡率也升高了。反對登山的聲浪從一開始就沒斷過，例如莫瑞就在瑞士導覽《手冊》中宣判攀登白朗峰的人「心智不健全」。不過這類警告大部分都無人在意，還是有越來越多人誤蹈布爾渥利頓（Edward Bulwer-Lytton）稱之爲「突如其來的危險」中，包括雪簷崩塌、意外落石和雪崩之類。

在羅斯金寫信給父親提及危險對有助於提升道德的兩年後，也就是一八六五年，馬特洪峰發生了一場著名山難，登山運動的危險被宣揚到駭人聽聞的程度。當時三個英國人（一位勳爵、一位牧師和一個劍橋的年輕學生）及一位瑞士嚮導在創下首登紀錄開始下山，途中從一千兩百公尺高的陡峭山壁墜落到下面的冰河。另外三位同行的登山客倖免於難，原因是他們和墜落隊友之間的繩索斷了。救難隊到達冰河後，發現三具屍體赤裸殘缺。死者所穿的衣物在墜落過程中被扯掉。瑞士嚮導柯洛茲一半的顱骨都沒了，所戴的念珠深深嵌進他下顎的肉裡，救難隊不得不用摺疊小刀挖下來。至於道格拉斯這位勳爵，現場除了一隻靴子、一條皮帶、一副手套和一管外套袖子之外，屍骨無存。

這場馬特洪峰山難傳開後，登山活動的黃金時代蒙上了黑影。尤其是在英國，國民對這樣明顯的白費性命既恐懼又著迷。不列顛貴族的藍血居然灑在追求高海拔上，許多人因此理所當然認爲未來還有更多血要流。狄更斯偏好端坐家中神遊北極，認爲那樣付出心血才明智，在他看來登山根本荒唐可笑，於是在倫敦城到處鼓吹他的觀點。他毫不同情地吼道：「自吹自擂！爬到那樣的高度……對科學進步的貢獻，就跟一群年輕紳士跨坐在聯合王國所有大教堂尖塔頂的風見雞上一樣多。」當時的幾份報紙果然也像風見雞，不過幾個月前還極力讚揚登山客的勇敢無懼，現在風向變了就改口憂心地質問英國人爲何如此醉心於「走向深不可測有去無回的深淵」，或者乾脆譴責登山，斥之爲「墮落的品味」。

社會大衆對那些殞落的生命倒是著迷多過於恐懼，毫不意外對山難細節表現出冷酷的興趣。而且，對許多人來說，死在山上的行爲顯得高貴莊嚴。巴特勒（A. G. Butler）爲幾位墜亡者寫了一篇輓歌，把他們捧成半神的地位，並把登山活動比喻爲宇宙戰役：「他們力抗大自然，就像往日力抗諸神，／巨人泰坦；也如泰坦般墜落／從他們寄予希望的峰頂一落而下……」別管死亡那些慘不忍睹的細節了（毫無摩擦直直墜落那恐怖的幾秒鐘，骨頭與器官在衝擊下變成一團膠狀物），在巴特勒的詩句中，墜亡者的命運轉變成先祖的壯舉。登山不只是狄更斯所譴責的那種學生笑鬧作戲的昇華，而是史詩事蹟：迎戰所有敵人中最頑強的精銳，也就是大自然，爲此冒上任何風險都在所不惜。

馬特洪峰山難是登山冒險史上的關鍵時刻。如果當時不以爲然的意見蔓延開來，變成社會的正統意見，那登山活動也許就不會像後來那樣蓬勃發展。不過最後流傳至今的，終究是巴特勒誇張的盛讚，而不是狄更斯的輕蔑鄙視。登山活動日漸風行，連不爬山的社會大眾也越來越迷戀山岳與冒險，阿爾卑斯山區小村莊的墓地葬滿了絡繹不絕前來登山的外地客。懷伯爾這位山難倖存者後來爲馬特洪峰山難和登山活動撰寫了一則墓誌銘：「想爬就去爬，但要記住，如果沒有謹慎小心，勇氣和力量都會化爲烏有，瞬間的疏忽大意會毀掉一生的幸福。做任何事都不要匆忙，每一步都要看清楚，從一開始就想好最後可能會如何收場。」懷伯爾遵照自己的指示，度過長長的暴躁人生，許多人都沒他那麼謹慎或幸運。

◆ ◆ ◆ ◆ ◆

人在山上有許多種死法：凍死、摔死、餓死、累死，死於雪崩、落石、落冰，以及高山症這種無形攻擊引發的腦水腫或肺水腫。當然，墜落永遠都可能發生。地心引力永遠不會忘記或者疏忽職守。法國作家克勞岱爾（Paul Claudel）說得很好，我們沒有翅膀可飛，但始終有足夠的力量墜落。

如今每一年都有幾百人在世界各地的山區遇難死亡，還有幾千人受傷。歷來光是白朗峰就奪走一千條人命，馬特洪峰五百人，聖母峰大約一百七十人，K2（喬戈里峰）一百人，艾格峰北壁六十人。一九八五年，光是瑞士的阿爾卑斯山區就有接近兩百人死亡。

我在世界各地都看過山難死者。他們集體葬在山區小城的墓地或基地營的臨時公墓裡。在高山上，死者的遺體常常無法運下山，或甚至連遺體都找不到，所以很多死者只以物品或象徵代替：用螺絲把名牌整齊地釘到岩石表面、名字刻在巨礫上、石頭或木材粗略做成的十字架、玻璃紙包起的花束，還有一貫的悼詞與之相伴，這些悼詞頻頻執勤，且每次值勤時的力道及哀切都不曾或減：**此處躺著……於此處墜落……紀念……**所有壯志未酬的生命。

對於山難死者，我們很容易惋惜或頌揚。但應該要記住的（常常被遺忘），是死者拋下的人。那些父母、子女、丈夫、妻子和夥伴，都把所愛的人輸給了山。所有裂了一塊有待補回的生命。經常上山冒巨大風險的人，應該被當成極度自私，或不憐惜愛著他們的人。我最近在一場酒會上遇到一位女士，她的表弟在前一年墜落身亡。她對此感到憤怒又困惑。爲什麼他非得爬山不可？她開口問我，但並不想得到答案。爲什麼他不能就去打網球，或者釣魚呢？讓她更憤怒的是死者的弟弟還繼續在爬山。她說，她的姨母和姨丈失去一個兒子已經夠淒涼，可是另一個兒子卻還繼續投入讓他哥哥喪命的消遣。或者，至少一星期前還在登山，結果摔下山跌斷兩條腿。她聽到這個消息的時候很高興，她說，因爲她猜想他從此就不會再爬山了吧，這樣他的命就保住了，沒辦法再——那麼自私了，她餘怒未消地咬緊牙關嘶聲說道。我後來聽說，他雙腿恢復了，石膏拆除不到一個月，就又上山了。

遇到這樣的情形，難免讓人覺得是某種邪術或催眠術在作祟，登山之愛變成了某種類似洗腦的狀態。這是登山活動黑暗面的一個例證，提醒人們登山潛在的高昂代價。不可否認，人沒有必要把自己的性命賭在山坡上或崖壁上。登山並非天命，不一定得發生在一個人身上。

現在我充分體認到，死在山上並沒有什麼內在的高貴可言，反而有種令人深惡痛絕的浪費。我大致上已經不再冒險。需要綁繩索以策安全的路線，我已經不太爬了。我發現，待在高山上而且冒的險比，隨便說，在城市裡過馬路更小，是絕對有可能的。而且我現在也更容易害怕，恐懼的門檻已經大幅降低。那種血脈賁張、令人反胃、隱約激發性欲的眞實恐懼，近來會更快控制住我。五年前我會高高興興沿著懸崖邊緣走，現在則會敬而遠之。② 像大多數登山客一樣，現在對我來說，高山的吸引力更多源自美麗而非艱險、源自享受而非恐懼、源自驚歎而非痛苦，以及，源自活著而非死去。

然而事實是，很多人仍舊禁不住誘惑而到山上冒險，仍舊死於山間。法國境內的霞慕尼可能是登山愛好者人心目中最偉大的聖地，是我所知道僅有的一個旗杆上裝著鋼釘倒刺以免有人攀爬的地方。那是人口密集的小鎮，公寓、教堂和酒吧全擠在阿爾卑斯山區的一道峽谷裡。看到小鎮坐落的位置總是讓我驚訝。從日內瓦陡急的山路蜿蜒而上，你不會想到那裡還有足夠的平地可以建一棟房子，更不用說是小鎮了。可是居然就有這麼一個小鎮，就位於山谷之中。鎮上四面八方都是岩石斜坡，沾上冰河水，把人的視線帶往白朗峰閃閃發光的銀色峰頂，以及聳立於每一道天際線上的鐵紅色岩石尖頂。

霞慕尼每年夏天的登山季中，平均每天都有一人死亡。他們無聲無息地死去，不會有死者的朋友在酒吧紅著眼睛緊盯著某些空位，也不會有氣喘吁吁在炎熱的街道上呆呆走著一臉哀戚的父母。唯一的線索是小鎮上空縱橫交錯的救援直升機螺旋槳發出的轟隆聲。每回有直升機飛越，酒吧的人都會抬起頭來，簡略判斷一下是要往哪邊飛。

有一年春季，我在傑昂冰河（Glacier du Géant）上健行。那是霞慕尼東南面山間的一座高海拔冰斗，分布在法義交界。越過這座冰斗，你就從一個國家走到另一個國家，寬度差不多有八公里。沿途你會穿過寬闊到足以容納一整排房子的冰隙。望進去，你能看到冰河的橫切面：一層層多彩的冰，靠近表面的是白色，往下是漸層的鈷藍色、深藍色，有時是海綠色。這些冰隙底部的冰層是由幾世紀前的降雪構成。

在你周遭，在這片耀眼冰河之外的，就是白朗峰山脈有名的尖峰，黃褐色的岩塔與岩尖，上千公尺高聳入雲。在晴朗的天氣裡，冰斗的配色，紅岩、藍天、白冰，像三原色本身一樣明亮清晰。這些尖峰大部分都有名字，有的叫「大修士」（Le Grand Capucin），罩著棕色岩袍，嚴守沉默的修道紀律。還有「巨人牙」（La Dent du Géant），斜斜向上，像根染上咖啡鹼色的犬牙，或者說是兩百公尺高的巨人牙齒。人們會攀上這些尖峰。沿著冰河走，你常會看到上千公尺的高處，岩壁的裂縫裡插著一個小紅點或小白點。

那天我們從義大利橫越冰斗到法國。才剛開始橫越，我就發現離路跡九十公尺左右，好像有叢耐寒的野花從冰河裡冒出來。這似乎不大可能，那裡沒有土壤供花朵生長，只有冰。我走幾步過去，想看個究竟。

那是一小球綠色的黏土或者橡皮泥，約拳頭大，一半埋在冰裡，上面插了十二枝綢緞花，纏在短短的鐵絲花莖上。花瓣的緞帶原來應該很鮮豔，但經歷風吹日曬，所有花朵都變成了深棕色。有張塑膠夾小卡片吊在其中一根花莖上，像產科醫院裡嬰兒戴的那種身分牌。我用冰斧斧尖輕推卡片。濕氣已經滲入塑膠夾，把墨水暈開了，但是還能辨識出幾個模糊的法文字跡：**雪莉……死亡……山……永別**。

我納悶她發生了什麼事。是如何死的，在哪裡？是誰在哀悼她？是不是全家人都來到這裡爲她種下了這小小的花園？之後我走回原來路徑，繼續朝法國前進。

我們順利越過冰河。兩天後我回到家，答錄機裡有某個認識的人死於山難的消息在等著我。他當時剛攻上本尼維斯峰（Ben Nevis），正在峰頂較爲平坦的地面收繩，一個異乎尋常的小小雪崩把他從懸崖邊緣推回到他才剛爬上來的三百公尺之下。他才二十三歲。一架蘇格蘭山岳搜救隊的焦黃色直升機把他的遺體從奧塔穆林（Allt a' Mhui-linn）運出來，那處峽谷一直延伸到本尼維斯峰和卡恩莫迪格峰（Carn Mor Dearg）包夾的馬蹄形花崗岩上。

聽完留言，我手持電話站在那兒，前額抵在涼涼的牆上。自從某年除夕夜我們一起去爬愛丁堡的峭壁「亞瑟座」（Arthur's Seat）之後，我就沒再見過他。那回我們喝醉了，笑著走在愛丁堡下雪的街道上，看著雪花飄進每一盞街燈照下來的橘色光錐中。在那之前，我們從「亞瑟座」陡峭的那一面挺進，花了大概一小時，有時直接爬上結冰的崖壁，有時也試圖橫越。我還記得當時我們肩並肩，離地有三公尺，從冰冷的岩石上向外傾斜，去尋找下一個抓點，由於地心引力的作用，我們的頭髮整束向後立起。

註1：希特勒堅信山岳的神秘力量，以及登山者努力不懈、堅忍刻苦、體格超群的形象，非常投合法西斯主義，兩者彷若雙胞胎似的具有強健與陽剛的美學理念。二十世紀三〇年代，第三帝國資助了幾支年輕的德國登山隊（以「納粹老虎」聞名於世）不斷去嘗試挑戰越來越危險的路線，最著名的是艾格山的北壁（德文別稱 Mordwand，字義爲死亡之牆）。實際上許多人都爲此喪命。登山者也是尼采最喜歡使用的比喻，他寫道：「磨難——巨大的磨難訓練我們，你們不知道嗎，正是因爲這種訓練，才創造了迄今人類所有的崇高品德。這樣的強硬，是每一個登山者必須具備的質地。」作者註

註2：我最近才發現自己的膽小程度，還無法與普魯斯特相提並論，他曾經公開說過，光是從凡爾賽旅行到巴黎，就飽受登高暈眩與高山症的混合折磨，凡爾賽只比巴黎高八十三公尺。作者註

四　冰河與冰：時間之河

炎熱的一八六〇年夏天，霞慕尼的冰河持續活動，彷彿裙撐一般發出沙沙聲。從冰海冰河（Mer de Glace）往上眺望，除了附近幾處尖峰所形成的優美宣禮塔，阿爾卑斯天空下一覽無遺，一隊隊男男女女正手腳並用在廣闊的冰河上攀爬。男人一身深色毛呢，女人穿著寬鬆的黑色連衣裙，薄紗從她們的帽簷上垂下，以免曬到阿爾卑斯的陽光，這些陽光從腳下的冰反射上來，烘烤著鼻腔內側與眼皮下方。無論男女都穿著防滑登山靴，個個緊抓著長一公尺多的登山杖，杖的末端有金屬尖頭。

每個小隊都有霞慕尼嚮導，負責指出冰河可觀之處，以及確保沒有人會因爲太勞累而走失，或掉進冰河大張的裂縫中（儘管如此，還是不時有人出狀況）。在冰海冰河的低處，冰裂得最厲害，滿懷冒險精神的隊伍沿著險峻的冰河岸一路往上，兩側都是藍色深淵，若朝著深處大喊，會聽到自己的聲音變成莊嚴男低音傳回來。沿著冰河再往上，通往巨人山坳（Col du Géant）的方向，太陽把冰雕琢成動物園，布滿魔獸及其他奇異造型。一個遊客寫道：「像古老神殿裡殘缺不全的雕像，也有的像一彎新月，像展翅的巨鳥，像龍蝦的螯爪，像長有茸角的鹿。」巨礫，比房子還大的巨礫，據當地人聲稱，是天上的閃電從周圍的山上劈下來，散落到冰河表面，這種說法逗得每年夏天都回霞慕尼的遊客大樂，他們開始留意自己最喜愛的石頭在一年間朝下游漫步了多遠。如果連續幾天都是好天氣，冰河表面會被陽光曬融，只有岩石下方的冰被緊緊扣在厚厚的極寒臺座上。膽子大的遊客就在這些岩石的遮蔭裡吃起午餐——名聞遐邇的冰河餐桌。膽子更大的遊客甚至爬到岩石的平頂上用餐。

這些遊客對冰河裂縫的興趣不小。女遊客中比較勇敢的會慢慢移到裂口邊緣，有時腰間繫上繩索，但更常由嚮導用強壯的手臂護著。一到邊緣，她們會望入冰隙，看到渾濁的白雪在深處逐漸轉變成半透明的藍色，或者，如果光線從不同的角度射入，會形成濃重的綠色。裝備較好的人會拿出天空藍度計測量冰牆的色調，他們之前已經用這個儀器測量過天空令人讚歎的蔚藍，或是從登山杖在雪上戳出的洞流瀉出來的暗淡藍光。

稍晚入夜後，這些人會坐在英格蘭旅社（Hôtel d'Angleterre）的爐火旁，輪流講遊客命喪冰河的故事。比如一個法國新教牧師在格林德瓦冰河（Grindelwald）上滑進寬度只夠勉強容納一個人的冰隙，有個嚮導綁上繩索垂降下去找他，發現牧師的遺體姿勢尷尬地躺在「宏偉寬敞、拱頂精緻的大型冰廳」。又比如不過一年前有個年輕女子慘遭一大塊冰給砸死，那冰是從森林冰河（Glacier du Bois）由水凍成的拱門上脫落下來，那拱門是冰河末端的醒目地標，遊客眾多。

若有人不想大費周章爬上冰海冰河，波松冰河（Glacier des Bossons）是不錯的選擇，這冰河有一部分伸展至峽谷邊緣，另一部分往下穿過可擋住冬季雪崩的濃密松樹林斜坡，幾乎直抵霞慕尼—瑟沃斯路（Chamonix–Servoz road）。夾帶淤泥的水形成了強勁溪流，從冰河底部往下竄到路的北面，一路切出細細的水道，最終再匯入隆河的藍色水源。

這裡，就在路邊，奇景隨處可得。到此地見識過的人都會同意，並不需要把自己累個半死。穿著馬褲的霞慕尼人會一一指點冰河如何推倒年代久遠的松樹，將之撕碎成引火的細柴，彷彿那些只是樹苗。當太陽高掛發熱，可以聽見冰如何發出嘎嘎聲，就像暴風雨中船上的桃花心木那樣呻吟；在冰河鼻附近，冰河如何裂成上千個立體冰塊。

很多波松冰河的遊客都留意到，冰河的所在位置不合常理到令人害怕：冰河緩慢而劇烈地往下切入峽谷，比該有的海拔低了好幾級。當地農民不得不在這凶殘、近乎難以忍受的冰堆陰影下爲生活奔波，估算冰河可能的移動路徑，在蓋農舍和住宅時設法避開。即使如此，冰河還是危害了許多當地人，因爲他們每天都喝融化的雪水，導致腎臟淤積，造成下巴後方的甲狀腺腫大。

對遊客來說，這些當然都不是問題。他們相當享受地鑽入阿爾卑斯山的灌木叢中，尋找又小又酸、在冰壁的陰影中如炭爐般發光的草莓，或者發現幾簇深藍色的歐龍膽就長在冰河側面的幾步外。但歸根究柢，他們想要享受冰河移動的奇觀所帶來的愉悅恐懼感，那才是誘使他們遠赴霞慕尼旅遊的動機。然而，當馬車夫揚起鞭子，遊客的馬車轆轆奔向日內瓦、火車站，以及沒有冰的英國時，這些感受也很快就被拋到腦後。

並不是所有人都醉心於冰河。早在一八三〇年代，有個不滿的遊客就在帝國飯店（Hôtel Imperial）的簽名簿寫上一首四行詩：「給我塔爾托尼製作的糖霜，／給我收走你這冰海冰河，／我寧可吃他的冰和蛋糕／也不要再越過那片結冰的海。」簽名簿的那一頁都被翻爛了，因爲這首打油詩本身已經變成景點——傳言寫詩的男子隔天在雅丹（Jardin）一帶遇上雪崩失蹤，這首小詩正是他的遺言。

即使沒有那位男子的死亡傳言，那頁簽名簿仍會引人注意，因爲在那整本連頁邊留空都寫滿感嘆句的簽名簿上，這首小詩是很不尋常的感言。帝國飯店的來客簽名簿就像霞慕尼的任何旅館，是獻給冰河和峰頂的「紀念文集」，迴盪著「壯麗」與「崇高」，就像群山環繞的露天劇場在白天的裊裊餘音。大多數的遊客，不管是登山者、散步者或只是看熱鬧的人，心中都久久迴盪著對這些雄偉冰河的深刻讚歎。巴德克那本《瑞士手冊》從一八六三年以來一直是每位瑞士旅客的隨身秘笈，他在序言中堅定地寫道：「冰河，是阿爾卑斯世界最引人注目的特產，最純淨的天藍色巨冰令人歎爲觀止。瑞士再沒有其他事物是如此突出又同時異乎尋常地美麗。」話雖如此，這股痴迷是多麼古怪，人們竟然會熱切覺得自己應該愛慕這些巨大冰塊，應該到上面去玩樂自娛。

不過，冰河是那個時代的超級謎團，當時人們在機械化與物質主義的圍攻下，格外渴求神秘的事物。冰河的歷史和運動原理仍未完全解開。沒有人真正知道這麼龐大的物體是如何在地表上移動，甚至無法斷定冰河上的冰究竟是液體、固體，或某種難以分類的混合物質，既可以像液體一樣流動，也會像固體一樣裂開。一八四〇年代之後，有個事實已確認無疑：在地質年代的某一時間點上，冰河的面積遠比目前更加廣闊。整個歐洲都有磨平的岩床，上面有一條條溝痕，彷彿被一股不可思議的強大力量犁過，若果真如此，那這股力量也會拉動不平整的大塊岩石劃過地表，這些岩石離可能的原始位置常有幾十公里遠。

◆　◆　◆　◆　◆

我在二十二歲時，是一支天山遠征隊的成員。天山是一列高聳遙遠的山脈，從中國向西綿延到中亞的吉爾吉斯和哈薩克兩個共和國。我們搭直升機前往山區，一架鏽蝕斑斑喀啦作響的老鳥短暫降落把我們放下，然後又起飛消失在霧中。

中國在我們東邊，位於這列優雅山脈的後面。哈薩克在北面，被一列更龐大、更險峻的山脈給擋住。我們慢慢走向基地營，那裡有幾座帳篷和小棚屋，在英尼切克冰河（Inylchek）的黑色冰磧上擠成一團。

英尼切克是世界上的第三大冰河，相當深，其中約有八十公里推推擠擠地穿過天山。冰河的形狀像大寫的Y，兩條上臂有幾十條冰河支流慢慢注入，也有車子大小的冰塊沿著較小的冰瀑莊重地緩緩滑入。我在英尼切克的冰磧上住了幾星期，入夜後，躺在帳篷內，我可以聽到冰河流動所演奏出來的全套音效。有類似岩板從另一片上方滑過時發出的嘶聲，這種冰河移動是由龐大結構的微小變動所帶動。還有呻吟聲，在冰塊與冰塊分離時從冰河深處傳出。那使我想起富比世一八四三年對白朗峰冰河的優美描述：「一切都還停留在移動的前夕。」

比起冰河的節奏，我們在營地附近的動作——雙手在翻起來的岩石上俐落發牌，日落後跺著腳保持溫暖，都快到顯得不莊重。不過，有時候大地會突然劇烈變動，此時高山就會露一手自己的花招：一大塊冰從冰瀑脫落時發出了刺耳尖叫，或雪崩的爆裂與急衝。

有一回，在白天，遠遠的東方傳來一陣和緩的重擊聲和一番低沉的咆哮。我們往上看。在那樣的距離，無論什麼事都以有氣無力、慢吞吞的速度發生。感覺上似乎過了幾分鐘，雪崩才滾到托木爾峰（Pik Pobeda）的山壁。是大型雪崩，我生平所見最大的一次。幾萬噸的雪和岩石無聲無息滾落，撞上山壁底部的冰河，雪崩的粉末和碎片像一張白色的地毯鋪展開來，朝左右兩側翻騰了有八百公尺長。二十分鐘後，冰河上空那層雪霧都還盤桓不去。我們嘀咕了幾句，希望當時正在托木爾峰北壁的西班牙探險隊平安無事，能夠回來跟我們繼續打牌。

乍看之下，冰河顯得死氣沉沉且無趣乏味，荒涼與空洞的特質是僅有的吸引力。天地彷彿被寒冷、稀薄的透明空氣凍成了一張靜物照。十八世紀的旅客經常拿冰河來與沙漠對比，但是冰河就像沙漠，會在你近看的時候對你敞開一切。古希臘哲人赫拉克利特斯（Heraclitus）說，你無法兩度涉入同一條河流。如果他稍微往北方走到緯度高一點的地方，也可能會這樣描述冰河。這些冰也處於那個古老的弔詭之中——永恆不變的流動狀態。

在英尼切克冰河，每次我離開冰磧踏到冰上，總有些什麼已經變得不一樣了。冰河在一天當中的各個時段，都有不同的個性。在寒冷的早晨，是清爽的白色。在中午，陽光把冰的表面雕成微型的脆弱冰樹林，每一棵樹都只有十幾公分高，一整片具體而微的銀藍色森林從冰河往上往下延伸幾公里。到了傍晚，濃豔明亮的陽光把巨大的暗褐色岩石照成黃褐色的野獸，使得融水匯成的池子在冰河的凹陷處有如黑色漆器一樣閃爍發光。有天晚間我走出去站在冰河上，又大又沉的雪花正隨風飄動，我頭燈的光束射過去，彷彿我正以曲速航行穿過深邃的外太空。

黃昏是我在冰河上最喜歡的時段。太陽總是很快落下，瞬間就掉到整排山峰的後面。良辰苦短，當陰影在岩石下方迅速加深，而氣溫也陡然下降，一天就會在四十分鐘左右結束。往下走到冰河旁邊一站，你能感到冰河要封艙過夜了。如果你把手放在冰的上方四、五公分處，你會感覺寒氣從冰上湧出，像大理石。在寬廣的融水池裡，冰在水面下以之字形凝結，然後變成厚重的鋼板，鎖進更深的水中。我有一次彎下腰去仔細觀察凹處的一池淺水，看了幾分鐘，看到冰呈鋸齒形從邊緣往裡爬，然後在中間完全密合，就像嬰孩囟門閉攏，或者像微型的冰河時代。

◆ ◆ ◆ ◆ ◆

冰河旅遊並不只是十九世紀的風尚。早在一六六〇年代就開始有報導慢慢傳回倫敦，提及在中歐發現的奇異景觀，「冰凍有若水晶的赫爾維蒂山（Mountains of Helvetia）」。在最早的報導中，有篇姆拉爾特斯（Muraltus）所寫的投書，載於倫敦最高學術機構「皇家學會」一六七三年二月九日出版的《哲學會報》上。這篇報導還附上了下格林德瓦冰河的簡略插圖，呈現一大批冰峰正往下攻入陡峭的峽谷。姆拉爾特斯先是信心滿滿地開場：「冰山值得所有人一看。」然後繼續道：

冰山本身……很高，且新生的冰一年年擴延到旁邊的草地，發出裂開的巨響。冰裂開時，會產生不小的洞穴，這種現象隨時可見，但在盛夏特別頻繁。酷熱的天氣裡，獵人把捕獲的獵物掛在冰山上保鮮……陽光一照，冰上可以看到各種顏色，就像透過稜鏡所看到的那樣。

當年倫敦人對冰山的印象想必是：這片移動的山，一陣陣地開始壓迫周圍的地勢，並發出「巨響」昭告世人，又把陽光析分爲組成的原色，並毫無預警地裂成碎片。可以確定的是，倫敦人所知的冰，應該是像泰晤士河冬天所結的那種冰，通常都厚到能讓馬車從蘭貝斯（Lambeth）直接駛向對岸的黑衣修士橋（Blackfriars）。但那是可控制的、方便使用的冰。人們可以在邊上搭帳篷，也可以劃著八字形滑到結冰的河中央，用靴子把水晶般的冰磨得嘶嘶作響。跟不好惹的冰山比較起來，倫敦的冰是非常不一樣的野獸。冰山動輒「發出可怕的巨響，把自己裂出巨縫……嚇壞左鄰右舍」。

到十八世紀初，冰河在英國已經闖出名頭。一七〇八年十月十一日，威廉．波納特（William Burnet），當時的索爾茲伯里主教之子（與湯瑪斯．波納特非親非故）就親身見識過，並給當時皇家學會的秘書，即著名歷史學家史隆（Hans Sloane）博士寫了一封信，後來史隆把信登上同一年的學會議事錄。他寫道：「我當時決心要親自去看看瑞士的冰山。於是我去了格林德瓦，距離伯恩兩天路程的一座山，在那裡我看到了，就在兩山之間，一條冰的河流，又分成兩條支流，從山頂流到山腳，成堆成堆的脹起，其中有些比聖保羅教堂還要大。」

波納特就像他的先輩丹尼斯，面臨如何將眼前景象描述給從未看過的讀者（倫敦的科學行家），並讓他們了解的難題。他在選擇隱喻的時候，是根據他的讀者，也就是皇家學會成員這些都會人的經驗，而要讓他們了解一樣東西的規模，沒有什麼形象比「聖保羅教堂」更傳神、更容易理解。一七〇八年，距離這座芮恩（Wren）設計的大教堂完工僅剩兩年，之前已經施工了三十三年，每個倫敦人都看過這座優雅的灰色圓頂在倫敦貼近地面的天際線所劃出的高聳弧形，對這座建築物的均衡勻稱讚歎不已。因此，波納特的讀者對格林德瓦冰河的樣貌就有生動的想像：「一條冰的河」，而冰塊的尺寸比芮恩的大教堂還要大。在之後的幾十年間，把冰河比成冰凍的河，便成為形容冰山最常運用的明喻，這比喻如此貼切，因此立刻就被納入公眾的想像力當中。

不過，儘管波納特寫得如此傳神，但除了看看之外，他也沒做什麼。他沒有想到要去走近那些冰，去實際觸摸。一直等到三十年後，才有另一個英國人用自吹自擂、大搖大擺的姿態，真的把腳踏到冰河上，並把過程寫入家書中。

◆ ◆ ◆ ◆ ◆

一七四一年夏天的某一晚，在日內瓦和霞慕尼之間的小鎮薩朗什（Sallanches），六月的陽光正剛開始爲小麥田和黑麥田鍍上閃亮的金，一旁的草地上搭起幾頂白色帳篷。一對馱馬用繩子拴在外面的木樁上，背上的馱籃鼓鼓地裝滿了東西。三個男人持槍守在一旁，盯著越來越暗的天色，密切留意當地人的動靜——每隔半小時，這些人就會變多。他們都來這裡看一個年輕人，而這人會偶爾撥開其中一頂帳篷上重重的帆布門簾走出來，在營地周圍轉上一圈。他頭上纏著阿拉伯頭巾，穿著中東黎凡特君主那種寬大的長袍，腰間懸掛一把短劍，短劍的弧度和他誇張的拖鞋相映成趣。他的朋友跟著他走，在見到旁人目瞪口呆的表情時一起大笑。守衛已經習慣雇主古怪的行徑，一語不發，只留神有沒有不安分的手滑進馬背兩側的鞍囊。

那個冒牌蘇丹是波考克（Richard Pococke），既是旅遊迷也是雄心勃勃的牧師。他的旅伴是溫達姆（William Windham），老溫達姆諸子中排行最長、性格最乖張的一個。老溫達姆是諾福克（Norfolk）一支望族的族長，該族可以追溯到十五世紀，世世代代都以威廉·溫達姆爲名。他在盛怒之下將長子送到日內瓦，希望他在那裡學會一個有志於政壇的家族所培養的年輕紳士應具備的禮貌與修養，但是小溫達姆到日內瓦之後除了嫖妓、打架和探聽有什麼樂子之外，一事無成。

就是這個溫達姆興致勃勃要來看霞慕尼的冰河，依照倫敦城裡的二手傳言，那些冰河簡直太驚人了。但即使是近在咫尺的日內瓦人，也只有少數人曾經造訪冰河。那個城市裡的喀爾文教徒大多相信，上帝認定霞慕尼那些不信神的鄉巴佬理應受罰，於是降下冰河這種遲緩又持久的天災。沒人願意陪溫達姆踏上冰河，直到他遇見波考克。溫達姆後來出版了此行的遊記，書中形容波考克是一位紳士，「最近剛來日內瓦，之前航行到黎凡特與埃及，細細緻緻地走訪了這些國度。」

這兩人帶足了武器、裝備與補給，在三名日內瓦隨從的陪同下在一七四一年六月七日騎馬前往霞慕尼。他們從日內瓦騎了四里格（約十九公里）到達邦納維爾（Bonneville），從那邊順著阿爾沃河（River Arve）前行，沿途「飽覽各式宜人美景」。在當地的第一晚，他們在薩朗什的田野上紮營，而正是在那裡，波考克把自己打扮成大老爺（衣服是埃及之行帶回來的，其他戰利品還包括薩卡拉的一具裝有木乃伊的木棺，以及一座古埃及女神伊西斯的石雕），在當地蔚爲奇觀。

他們想要登上冰河的消息在山谷裡傳開來，快到霞慕尼的時候，一行人騎進下午時分白朗峰長長的蔭影裡，一位當地父老前來看他們，勸阻這趟愚行。但是雖然第一眼看到的冰河讓他們覺得沒勁——溫達姆失望地寫道，冰河的兩端「看起來就只是白色岩石，或山上流下的水所形成的巨型冰柱」，但兩人並不打算中途而廢。正如溫達姆後來所說，「憑著我們的體能和毅力，下定決心要攻上這座山。」

爲了增強高海拔上的體能，溫達姆和波考克在水壺裡裝滿兌水葡萄酒，留下那幾個日內瓦人守衛營地後，開始登上冰河的邊緣，途經「幾塊冰，每塊都跟房子一樣巨大，我們最初以爲是岩石」，然後一語不發匆匆穿過雪崩沖出的狼藉通道，從巨大的冰塊和斷裂的樹幹可以想見該地經歷的摧殘。經過五小時偶有危險的艱苦攀爬，他們登上高處的岬角，站在那裡，從裝著兌水葡萄酒的酒壺拔起壺塞，舉杯慶賀，並俯視眼前這片歡躍的冰洋。

溫達姆把這趟探險的經歷寫下來，刊載在皇家學會的議事錄及英國和歐陸的幾份學術雜誌上，他的冒險新聞就此傳遍全國。波考克卻一點也不在意自己也有一份，在旅行追憶錄第二卷中甚至沒有提及此事。他一七六五年在愛爾蘭中風過世，但是被世人緬懷的時間將比他的壽命要長得多，一來是因爲冰海冰河上緩慢移動的大石頭上有他的名字（是由迷上他的當地人一槌一鑿刻上去，以紀念他們最擁戴的帕夏爵爺），再來是因爲他在愛爾蘭阿德布拉肯（Ardbraccan）播下黎巴嫩雪松的種子，由此長出來的樹木至今依然挺立，在這片泥濘光禿的區域出落得蓊蓊鬱鬱，又意外地筆直。

「我極端茫然，不知道該如何讓人正確了解。我見過的東西中，沒有任何一樣跟這有絲毫相似之處。」溫達姆如此描寫冰河，就如同比他早三十年的波納特，他必須「讓人了解」一種跟任何東西都不相像的景物，一種連稍微貼切些的隱喻都無法找到的景象。他最後是透過描述另一幅畫面，迂迴地形容了一番：「過去的旅行者對**格陵蘭**四周海域的形容似乎最接近。你應該想像成你的湖泊被強風掮亂，然後突然之間就凍結了。」把這兩個景象相提並論是聰明的選擇，善用了那些從普利茅斯向西航行，然後轉北朝前方未知世界而去的少數旅行者所寫的遊記。這些人遊歷歸來，也帶回大海冷到發僵，空氣嚴寒到人呼出的氣都會結凍，然後鏗噹一聲掉在甲板上的故事。

溫達姆筆下激動不安的結冰水體，成爲後世對冰海冰河甚至是全世界冰河的標準描述。溫達姆是第一個將冰河當成伺機待發的力量來思索的人，他浮誇的遊記也讓越來越多歐洲人理解高山是截然不同的世界，是自然元素輪迴轉世的天地：水變成冰，冰變成水，而雪卻能無視阿爾卑斯的陽光，生生世世躺在那裡。在溫達姆返英後三年，法國工程師馬泰爾（Pierre Martel）也走了一趟相似的冰河之旅，也同樣絞盡腦汁想形容眼前的景象，但和溫達姆相比，卻「想不出更貼切的描述」。溫達姆的隱喻，一如大部分的隱喻，主宰了馬泰爾對世界的解讀。

一七六〇年，德索敘爾把阿爾卑斯山當成新世界，一種所謂的「塵世樂園」，並開始進行有系統的探索。德索敘爾當然讀過溫達姆的信，也參觀了冰海冰河上的波考克岩石，當他設法描述冰河的外表特徵時，便以靈巧的形式運用溫達姆描繪的圖像。他寫道，冰河看起來像「突然結凍的大海，不是在暴風雨時刻，而是在風勢減弱時，波浪雖還很高，卻已變鈍、變圓滑」。貝德克在他每個版本的瑞士指南都不忘引用這段話，所以維多利亞時代成千上萬個觀賞過冰河奇景的遊客心靈也就此凍結不動，再也無法以其他方式來感知冰河。在遠遠的一百多年前，溫達姆激發了冰河旅遊者的想像，再用一個隱喻把這些想像給凍結。

雖然一七五五年約翰生博士廣集博採的辭典中還未收錄「冰河」這個詞條（還未正式從法文引進英文），但這片時髦、無序的冰海卻從那一年開始以概念抓住許多英國人的想像。對英國人來說，冰河的外表和活動方式似乎滿足了某種強大的文化需求。溫達姆和波考克一開闢好路徑，一批又一批的旅客就相繼踏上狂喜的朝聖之旅，前往冰河與白朗峰，即白色山峰，無疑是舊世界的最高峰，而且當時咸認只低於安地斯山幾座傳說中的高峰。

一七六五年，庫睿之家是霞慕尼唯一可供旅客住宿的地方，到一七八五年，已有三家規模不小的旅舍可容納每年夏天來看冰河的一千五百名旅客。霞慕尼是突然崛起的新興市鎮，當地人因此大發利市。他們做的蜂蜜，一種金色的純淨液體，被遊客買了帶走，名聲遠遠傳到巴黎的美食家耳中。村民會在家門口鋪上毯子，擺出當地的天然寶藏，大部分是化石與水晶——一根根煙灰色和透明的石英礦石、樹枝瑪瑙、厚實的瑪瑙項鍊、晶球和小塊的電氣石，此外當然還有岩羚羊角，以及帶有凸紋像菊石般從顱骨向上旋出的公山羊角。

雖然歐洲各地都有遊客來觀賞冰河，人數最多的無疑還是英國人，最狂熱愛慕冰河的也是他們。一七七九年冬天歌德在瑞士之旅中也來到霞慕尼，目的是「實地在冰上走一走，好好思索眼前的這些巨型冰塊」。他「在形如波浪的水晶峭壁上走了差不多一百步」，然後退回「陸地」（「較堅實的較不恐怖」，一世紀之後，某位維多利亞晚期的旅客將會驚魂未定地在旅館留言簿上留下雙關語①，顯然在冰上之旅中受足了驚嚇），還爬上蒙特維那塊可以看到冰海冰河絕景的岩石露頭。在那裡，他碰到一個自稱布萊爾（Blaire）的英國人，這人「在現場就近蓋了間小屋，他和客人都可以透過窗戶一覽無遺這片冰海」。「對冰河奇觀是何等矢志相隨！」歌德在他的旅行日記裡如此記載。

◆ ◆ ◆ ◆ ◆

英尼切克冰河南邊的岔路或許已經有數百人徒步橫越。那段路很不好走，冰河中央有幾百座冰丘聳立，上面沒有任何岩石可以充當扶手或欄杆，只有堅實冰塊平滑的

冰海冰河，葛儒納《瑞士的冰山》（*Die Eisegebirge des Schweizerlandes*, 1760）一書中的版畫。請留意圖右下角的遊客。

凸面。綠色融水匯流成條條溪流，氣勢洶洶從冰丘底部四周咆哮而過，倏忽消失於這些溪流在冰河上鑿出的寬大黑洞裡。精緻的藍色冰脊將一座座冰丘串連起來，丘頂圓滾如屋脊上的筒瓦。我們就像走鋼索的人，雙臂平伸保持平衡，一腳絲毫不差地放到另一腳前面，小心翼翼越過這些冰脊。走到無路可走的時候，我們就用繩索垂降到溪谷，跳躍過河，然後用冰斧和釘鞋爬到下一座冰丘的高處。這段冰河只有大約三公里寬，但花了我們七小時才橫越。我們摸黑在山腳下銳利的岩石上搭起帳篷，上方是光潔有如白盤的月亮。我時睡時醒，因稀薄的空氣和墜落的憂慮而難以安枕，醒來時發現帳篷內結滿了霜。

翌日天空一片蔚藍，冷空氣被陽光無形地燒著。這種天氣很危險，皮膚只要露出來，半小時就會曬紅，接著起泡，再過一夜就變成水泡。我們戴上手套，頭纏上幾公尺的紗布包巾，眼睛罩上冰河護目鏡，從冰河北側往下走幾公里，一路無語。約莫到下午三、四點，我們抵達一座上萬平方公尺的大冰湖，在岸邊紮營，把營釘敲進四周的藍冰裡，再用一片片冰磧壓住外帳。一列鋸齒狀小冰山在湖面上緩緩漂浮，酷似周遭的山峰。

搭好帳篷後，我們躺在湖邊暖和的岩石上，撿頁岩疊起小塔。其他人都安歇了。在下午的那個時刻，空氣靜止悶熱。我能看到一波波厚實濃稠的熱浪從岩石往上蒸騰。冰山都停止移動。水的表面是鐵砧色，也像鋼鐵一樣平靜。看起來要是我潛入湖中，也會被彈回來，滑過湖面，就像在冰上打水漂。只能沉在湖底的陽光透露了湖水的深度，讓肉眼清楚掌握這面湖的尺度。我坐起來，抱著膝蓋，雙眼望入水中，感覺似乎過了數小時。我坐在那裡的時候，時間似乎暫停了。陽光彷彿凝結了這片風景與湖泊。只有我上方幾公里處的雲朵不停幻化變形，保持著各種可用來測量時間的動作或節奏。除此之外，此刻我可以屬於任何時代。對我來說，那一刻沒有任何東西比這耀眼的冰和深色岩石所構成的場面更永恆、更固定——這幕一直永存不滅，且也只能繼續如此。這片風景的存在高於我也超越我，我只是剛好在那兒，只是一個全然無關緊要的旁觀者。只是如此。

就在這時候，雨突如其來下了，重重墜落的雨滴濺到我們所坐的淺灰色岩石上。雨水劃開了空氣、碰撞上石頭，並拔起湖水，讓整面湖變成一畦鳶尾花田。

◆ ◆ ◆ ◆

在次經《便西拉智訓》中有一段詩文，每個敬畏上帝的英國人讀過都會背脊發涼。詩中細述天譴如何以冰凍死寂的形式降到罪孽深重的大地上：一種「北方的硝石」攫取了世界，將之化爲冰天雪地。「寒冷的北風一吹」，詩句冷酷、凶猛地開場：

整個水面都凝結成冰，彷彿使水穿上了盔甲。

天主如火一樣，吞沒山岳，燒焦曠野，焚毀青草。

世界末日世的冰無堅不摧，以激烈又殘酷的威能毀滅天地，一如啓示錄的天火。

這場僞經版的全球性冰河災難，在十九世紀漸漸被認爲確實發生過。地質科學揭露了冰河期在地球歷史上至少曾經發生過一次，而物理科學也表示這情況將來可能再次發生。十九世紀下半葉，人們逐漸接受一個概念：人類所生存的年代，前後都有冰河期包夾。這個概念如此可怕、絕對（對綠草如茵、氣候溫和的英國來說更是如此），以致世人過了數十年才吸收理解。唯有把這樣的災變理解爲神授的滌罪，一場以冰寒施行的淨化，這恐懼才得以緩解——至少基督教徒可以。

一八一六年那個多災多難的夏天，雪萊遊覽薩伏伊（Savoy）冰河時，並沒有那樣的宗教防護層保他一路舒適安逸。「有誰**會**想，又有誰**能**在這神奇的峽谷中當無神論者！」柯立芝在他的《霞慕尼河谷日出前的讚美詩》（*Hymn before Sunrise in the Vale of Chaumoni*）前言裡如此發問。雪萊於七月中抵達霞慕尼，在旅館的住宿登記簿上署名

「Atheos」，即無神論者，便是對柯立芝傲慢提問的回應。

初來乍到的那一晚，雪萊去波松冰河走了一趟。在阿爾卑斯山區見到的所有物質形態中，冰河似乎觸動他最深。他寄給小說家朋友皮考克（Thomas Love Peacock）兩封長篇、寫滿沉思的信，在信中思索了他的山間經驗。他這些對冰河的想法很值得大段引用。這兩封信後來都發表出來，英國許多人都讀過，且因爲這兩封信驚人地預示了未來冰河時期的景象，於是久久縈繞在十九世紀下半葉的公衆想像中：

（冰河）不斷流向峽谷，以緩慢但無可阻擋之勢摧毀周遭之牧場和森林，千萬年來持續遂行破壞工作。此等破壞，一道火山熔岩在一小時內即可達成，然冰河所造成之破壞更難補救，因冰河退去後，即使最耐寒的植物也無法生長……冰河不斷移動……從發源的地區拖著所有東西一同向前，包括山岳的殘餘、巨型岩石和無邊無際的沙礫與石堆……森林裡的松樹，一端與森林接壤，卻從底部被大規模推倒壓裂。在離冰河裂隙最近之處，幾根已無樹枝的樹幹遭連根拔起，卻依然屹立於之前的土壤上，如此景象令人犯怵……

若形成這些冰河的降雪不斷增加，山谷的熱氣又不足以妨礙如此大量的冰永遠存在，結果便昭然若揭了：冰河必然將越來越大且持續存在，至少在冰河溢出這座河谷之前會是如此。

我無意追隨布封那崇高但陰鬱悲觀的理論，他認為我們所棲身的這顆星球，在將來的某個時期會被極地及地球高處所產的冰雪侵占，變成一團冰霜——

就這樣，雪萊大肆鋪陳他那場地球將轉變成大型冰墓的噩夢。他寫的時候就多少意識到未來可能會發表，使用的語言不時有誇張之虞，但筆下無疑帶著冰河引發的不安。只要時間夠長，他認爲地球上沒有任何東西能夠阻止這些不斷移動的冰河從安身的環境向外湧出，漫過山谷，和冰帽合而爲一，把世界冰封起來。而時間，就如同我們所看到的，地質科學已經發現，時間向來都不虞匱乏。

地球未來會凍結的說法在一八一六年的夏天顯得格外可信。就在前一年，印尼的坦博拉火山噴發，火山塵和餘燼所組成的霧霾被信風帶到世界各地。餘燼的顆粒在歐洲和美洲上空結合成各種高聳的形狀，有時還演出舞動的燈光秀，就像極地探險家經常提及的那種。雖然白天的溫度比往常要冷得多，但透納畫筆下那種日落一到傍晚依舊熱烈燃燒。全球氣溫下降了至少攝氏兩度，農作物歉收，成千上數人死於饑荒，或者凍死。沒有夏天。甚至陽光也被隔斷——大型太陽黑子憑肉眼就能看到，而倫敦人就站在街上隔著小片煙燻玻璃瞇著眼睛抬頭看。

也就難怪雪萊會在那年異常寒冷的七月，在冰河上看見世界末日啓動背後的動力。那年拜倫和雪萊一起在歐洲度假，他也意識到在「冰河那寒冷躁動的巨塊／日復一日前行」的移動方式中，有某種可怕又無法阻擋的東西。被拉到空中的灰燼之幕激發他在腦中想像出類似的凍死幻象：冰使地球變得荒涼，不再是人的家園。就在那年夏天，他在名詩作《黑暗》（*Darkness*）中如此開場：

我作了場並不全然是夢的夢
明亮的太陽熄滅了，然後星星
在永恆太空的暗處漫遊
無光，無路，而這冰封大地
在無月的大氣中盲晦蕩晃暗去

雪萊和拜倫對世界的想像一下子就陷入冰凍狀態，毫無疑問有些人會斥之爲詩人窮極無聊的猜想。然而，隨後的科學發現將會證明，這個想法不是強說愁，而是驚人的精準預言。

冰河時期的概念當時並不是慢慢滲透到文化意識中，而是橫空出世，就像未排入航班的郵輪突然停在碼頭上。冰河時期之所以成爲大衆常識，主要歸功於阿加西茲（Louis Agassiz）這位滿腹空想、難以捉摸的瑞士科學家。他在一八三〇年代末期投身冰河學這門剛萌芽的學科之前，是已有名望的古生物學者。爲了精進研究，他在伯恩高地上搭建了簡陋的實驗室——坐落在恩特拉冰河（Unteraar）頁岩石磧上的小木屋。小木屋本身也是他冰河活動實驗的一部分，在岩床上不斷往山下移動，他計算過，以每年一〇六公尺的平均速度往前，一直到一八四〇年春季某天，於無人在內時突然倒塌了。（那年夏天，阿加西茲到達實驗室時發現了一堆廢墟，四分五裂的屋體開始朝各種離奇的方向移動。他只好到別處另覓遮蔽。）

正是在這片伯恩高地上，阿加西茲開始總結他關於冰河規模的驚人結論。他在給一位英國地質學家的信中寫道：「自從看到冰河，我的內心也進入寒冬，希望整個地球表面都被冰雪覆蓋，世間萬物全凍死。」這可不是隨便吹噓。一八四〇年，阿加西茲出版了《冰河研究》（*Études sur les Glaciers*），或者叫《冰書》（*The Ice Book*），謠傳那是他以慷慨激昂的創意在一夜間寫就的作品。同一年，他在英國四處講學，傳授他這個激進的新理論，大意是說歐洲，很可能還有世界大部分地區，在一萬四千年前還覆滿厚厚的冰層。他認爲，阿爾卑斯冰河已經大幅蔓延，北極圈的冰帽也逐步向南侵略，不停挖掘、摧殘、整頓、弭平東歐平原，凡遇高山峽谷之屬，均以冰河填平。布封那崇高但陰鬱悲觀的理論被證明為眞，至少往回追溯是眞有其事。

阿加西茲的立意是科學，但是他的風格正如他的性格，很戲劇性，這點可以從他一八四一年為《愛丁堡新哲學期刊》（*Edinburgh New Philological Journal*）寫的一篇文章中讀出。他宣稱地球突然陷入：

即使南北兩極也很難產生的氣候，一種冰冷至任何生命都將凍僵的嚴寒氣候，突如其來出現了。在寒冷的全能威力之下，沒有地方可庇護動物。無論動物逃至何方，即便躲入先前許多動物用以藏身的山間獸窟，或棲身於森林的灌木叢中，不論是何處，均將屈服於此一滅絕元素之強大威力之下……冰殼旋即覆蓋地球表面，生物遺骸也遭冰封，而不久前這些生物仍於地球表面悠然呼吸……就這樣，地球上一切生物走到了末路。

對維多利亞早期還耽溺於崇高感的心靈來說，阿加西茲的想像相當驚悚，整個來說，是令人激動的可怕。寒冰衝入生命最後的藏身處追殺，消滅「一切生物」，並改寫大地。阿加西茲的見解一開始被斥為無稽，但他握有令人信服的視覺證據：刻有擦痕的岩石、尖利的漂礫和無法解釋的冰磧土，於是他的主張逐漸得到世人支持。阿加西茲赴格拉斯哥演講之後，一位蘇格蘭科學家在給他的信上寫道：「你使這裡的所有地質學者都成了冰河狂，而且這些人正在將大不列顛變爲冰屋。」

現在的我們很難理解冰河時期的概念何以能徹底改寫十九世紀的世界觀。這個概念幾乎影響了當時的每一門科學，自然史、化學、物理等，迫使人們重新思考人類學、自然史和神學的許多知識。更立竿見影的是，熟悉的風景突然間要以非常不一樣的眼光去看。在威爾斯的蘭貝里斯、湖區的溫德米爾、在凱恩戈姆或者在瑞士，都可以看到冰河時期留下的證據：山腹洞穴、U形山谷、巨岩和被冰河活動削尖有如刀刃的山稜。在《現代畫家》（*Modern Painters*）第四卷中，羅斯金提到阿爾卑斯山谷「依然可見古代冰河的遺跡……可以說，冰河的腳印便如馬跑過泥沙路所留下的清晰蹄痕那般容易辨識」。羅斯金的描述：將冰河比喻爲馬，堅硬的山岳比喻成泥沙路，使得古代翩然現身，遙遠的過去轟然塌陷到熟悉的現在。

冰河變成了大新聞。當時主要的文化評論家，如羅斯金、汀達爾（John Tyndall），紛紛討論冰河的重要性。相關的學術季刊刊載了冰河活動成因與其精確物理性質的各式論述。羅斯金以一貫的沉著，也許還帶著想一次了斷無謂歪理的期望，宣稱冰河是「一杯容量超大的冰淇淋，倒到山頂上，然後流下山麓」。

一八六〇年一幅三層的全景圖，上層顯示現代「亞當後裔」的世界，中層為冰河時期的「利劍」，以及下層活躍於第三紀和第二紀的爬蟲類與長毛象。伍德（W. R. Woods）所作石版畫，引自鄧肯所著《前亞當人》（*Pre-Adamite Man*, 1860）。

◆ ◆ ◆ ◆ ◆

一八四〇到七〇年代之間，媒體以大量篇幅報導冰河及冰河時期的眞相，導致冰河遊客大增，這些人無不興沖沖，想親眼見識這些一手塑造了地球表面的巨大冰塊。正如汀達爾所說，「今日這些嬌小的冰河和冰河時期的巨漢相比，僅是矮人。」這無妨，光是想像矮人如何膨脹成巨漢便足以令人心滿意足。蘇格蘭峽谷的遊客可以想像如今早已消融的冰河過去是如何雕塑這些峽谷，而去看阿爾卑斯山區現存冰河的遊客則能遙想當年冰河的規模，那封住整個地球的巨大冰之河。

讓維多利亞晚期的人深深懼怕的是（就像當年的雪萊），冰河時期可能再度降臨，而這回會是悲劇。一八六二年，物理學家湯姆生（William Thomson），他更有名的身分是開爾文勳爵（Lord Kelvin），向大衆宣告他相信太陽正因爲沒有能量可補充而逐漸冷卻中。不僅是太陽底下沒有新事物，而且太陽本身也一點都不新，每天都比前一天更老。由於緩慢而無法逆轉的熵減，太陽系會陷入所謂的「熱寂」。這無異於布封那套星雲假說捲土重來，除了這回正在冷卻中的不是地球，而是地球的燈籠和暖氣，也就是太陽。宇宙的脈搏正在以有限的瓦數減弱，科學已經證明，結冰的地球將會於未來的某個時間，在太空中摸黑轉動、暗去。

一八五〇年代以降，太陽物理學在健談的維多利亞人之間是熱門話題。開爾文的發現讓全球性的寒冬，也就是另一個冰河時期，成爲有歷史證據證實的預測（直到二十世紀初期盧瑟福發現放射性鹽之後，世人才對開爾文的說法起疑）。兩極本身，即「水晶大陸」，可望而不可即。但是在阿爾卑斯、高加索或喀喇崑崙的冰河上，維多利亞人有機會面對滅絕的恐懼，有機會認識將會摧毀他們的工具。他們感受到的悚然敬畏，和我們參觀軍火庫看到閃閃發光排列整齊的核子彈頭是一樣的，而冰河時期重新降臨，也確實正是他們的核子嚴冬。

◆ ◆ ◆ ◆ ◆

我第一次看到羅斯金所畫的《森林冰河》，是在瀏覽他三十九卷全集第二卷的時候，這個男人的勤奮令我目瞪口呆。那是一張驚人的素描。羅斯金認爲，要把冰本身的特性複製出來是不可能的，傳統寫實主義會被冰河的外表給擊敗。所以他試圖描述觀察者和被觀察者的關係。不去呈現冰本身的樣子，而是冰在他眼中的樣子，也就是去描繪感知。

一八四二年，羅斯金崇拜的大畫家透納完成了他最傑出的其中一幅油畫《暴風雪：汽船離港，在淺水中鳴笛，跟著引導出航》（*Snow Storm: Steamboat off a Harbour's*

《森林冰河》（*The Glacier du Bois*），根據羅斯金一張素描所製作的蝕刻版畫，一八四三年。

Mouth Making Signals in Shallow Water, and Going by the Lead）。乍看之下，畫中沒有蒸汽船，只有暴風雪。深色顏料在畫布上旋轉，一片濃稠的漩渦雲傾斜向上。要看上幾秒鐘，並借助標題的提示，才能看出那艘船。船上圓形深色的水車輪在大浪後方若隱若現，鍋爐透出的火光將一小片起伏的海面鍍成金色。一旦認出船，就會省悟那一道從積雨雲向下長長伸出的黑棕色並不是原以爲的風暴，而是冒著煙高高聳立的大煙囪。最後，在漩渦的正中間，有個地方豁然開朗——一抹藍色，暴風雨中的鳶尾花色調，狀若眼眸的微光透露的晴朗天氣。雖然沒有藍到可以做荷蘭人的褲子，但終究是藍天。

羅斯金畫的冰河明顯是在模仿透納的暴風雪油畫，有著同樣洶湧的漩渦和向心的能量。浪花——被風吹起的冰雪鬆散粒子，在水面沙沙作響，一隻紅嘴山鴉或大烏鴉正好飛到圖畫的黑洞邊緣，同在邊緣的還有一株粗硬的老樹幹，兩者顯然都會無可避免被捲進陽光下暗淡的漩渦中。連左下角的羅斯金簽名也在張力下被拉彎了，字尾被畫作的拉力扯進畫裡。在背景裡，群山側立，像一根根白色的刀，與冰河表面的峰頂相呼應。在這幅畫中，羅斯金所描繪的冰河，比我見過的任何畫家都更能捕捉到置身冰河的感受。他高明地調解冰河的靜止和激烈的力所構成的矛盾。在冰河上，你會在不動中意識到動，正如霍普金斯（Gerard Manley Hopkins）在阿爾卑斯的冰河中所觀察到的，有「活動被打斷的那種氣氛」。

我有一次掉到冰隙中，當時是走在瑞士一座積滿雪的冰河上，一邊吹著口哨。我只要走在冰河上就想吹口哨，當時吹的是門戶樂團的歌《穿越到另一邊》（*Break on through to the Other Side*）。我還真的穿越了。先是嘎啦一聲，然後感到腳下一空，彷彿機關活門忽地打開。

我直直往下掉，腹部那段卡在冰上，墜落時肺部受到推撞擠出一大口氣。我的下半身進入另一種環境，感覺很冷，遠比上面冷。我抬起因穿著靴子及冰爪而沉沉垂墜的雙腳，凌空踢了幾下，然後意識到這樣身體可能會卡不住而繼續往下掉，於是放鬆讓腳垂落，腳趾向下，冰面上的雙臂則伸開撐在雪上。那時我腳底感受到下方的深不可測，一陣可怕的暈眩感緊緊攫住我。我十三歲時也有過一次相同的感覺，那時我在科西嘉海外幾公里的一艘遊艇上，從船邊跨入海中，海圖顯示附近有一條一千兩百公尺深的海溝。海水清澈，泛著微藍。弟弟跟我擲了兩枚銀色的一分錢硬幣下去，我們戴著水肺面罩，在水中觀察亮晃晃的硬幣慢慢往下翻轉，感覺似乎持續了好幾小時。突然間，我一陣驚慌，唯恐自己就要失去浮力不由自主跟著硬幣往下翻落。最後我只能讓父親把我從水裡拉上來。他雙手托住我腋下，一個流暢的動作就把我舉上去，在海水中拖出一道白色尾流。

我的隊友用蠻力把我從冰隙中拉出來，就像從游泳池拖出一具屍體。我躺在雪地上氣不接下氣，嚇得像是犯了氣喘。那一夜，我安全地躺在阿爾卑斯小屋裡，四周的其他登山者在睡夢中不時翻身，我卻在薄薄的床墊上輾轉難眠，不由自主回想白天發生的事，沉溺在以「如果」開始的條件句中。如果我掉進了冰隙，冰河將一切如常，彷彿我本來就不曾在那裡。冰河的內部機制會徹底毀去我的身體。如果我像那位法國新教牧師一樣，掉進大小有如「宏偉寬敞的冰廳」的冰隙中，經過幾個月，兩邊就會逐漸合上，空間從宴會廳變臥室，再變壁櫥，最後是棺柩。

・・・・

冰河兼具兩個對十九世紀的共同想像來說特別令人興奮的概念：強大的力量與浩瀚的時間。在《薩伏依阿爾卑斯山間行旅》（*Travels through the Alps of Savoy*）一書中，蘇格蘭冰河學者富比士關注的是第二個層面。他寫道：「冰河是一部無盡的卷軸，在無瑕的表面上刻出時間的長河，記下一連串事件，其年代之久遠遙遙超出人類能有的記憶。假設一座冰河的長度約莫是三十二公里，每年移動一百五十公尺，那麼如今在末端冰磧堆上的石塊，從原來的地點開始被冰河推走的時間，可以追溯到英王查理一世的時期！」所以，沿著冰河「閃著柔光的寬闊堤道」往下走，便是在時間上往回溯。掉進冰隙所接觸到的冰，是在美國南北內戰方酣時變得堅實。看到巨型的雪崩或落冰，正如出身貴族的英國軍人波特（Robert Ker Porter）一八一〇年代末在高加索山旅行時所目睹的那樣，就無異於親眼見證時代的崩塌——「幾世紀的冰雪，以漫無邊際的破碎形式傾瀉而下！」冰河和周遭的山岳，迫使人類的心靈以不同的方式與不同的速度去思考。

有一則關於馬克·吐溫的趣談。一八七八年，他和家人在瑞士旅遊，在爬上策馬特山谷高高的東側後，他們開始仔細考慮最輕鬆的下山方式。吐溫在《海外的流浪漢》（*Tramp Abroad*）中回憶道：

我打定主意要搭乘高納冰河前往策馬特。我沿著單調無趣的陡峭驟道往下走，然後在冰河中間盡可能占據最好的位置，因為貝德克爾說中間部分行進最快。不過，出於經濟的考量，我把比較重的行李放在靠近岸邊的位置，當作是慢速貨運。我等了又等，可是冰河毫無動靜。到了晚上，黑暗開始集結，而我們還是動也不動。我那時忽然想到，貝德克爾的指南中可能有時刻表，最好查一下出發時間。我很快就發現一個句子，真相瞬間大白。「高納冰河以每天略低於二·五公分的速度向前移動。」我很少這樣憤慨。我的信任竟被如此隨意辜負。我做了一點小小的計算：一天二·五公分，一年算九公尺吧，到策馬特估計有五百一十公

里。搭乘冰河到那裡所需的時間是五百年多一點！這座冰河的客運區，也就是中央部分的極速特快車，要到二三七八年的夏天才能抵達策馬特，而行李沿著緩慢的邊緣前進，要幾世代之後才送到……作為客運的運輸工具，我認為這座冰河是失敗的……

吐溫以他特有的打趣胡扯，諷刺了當代對大自然的普遍態度：期待大自然聽從人類的命令，與人類步調一致。又或者以科技任意作踐大自然，並使大自然的節奏變得無用。人類對速度的需要，導致我們看重所有流線型及具有動力的東西，而那樣的價值觀加劇了我們和自然世界的不同步。

但是緩慢與靜止也有其價值，有自己獨特的美學，值得不時抬出來提醒世人。某一年早春，我搭上小巴出北京城。車子往北駛過爲北京提供了大量用水的密雲水庫。水庫已結冰，一片接一片的銀冰。然後，車子往上深入打褶的大地，狹隘的山稜上有長城蜿蜒。三小時後，汽車轉彎駛離柏油幹道，然後轉了道髮夾彎，吃力地開上碎石路。

最後我們停了，停在一片幽暗的谷底。北方的山壁上高踞著一座低矮的瞭望塔，八百年來一直看管著周圍的土地。峽谷的邊緣有道冰瀑濺落，幾管濁黃色的厚冰，長度有一百公尺左右，夾著一縷縷垂落的潔淨藍冰。整面冰瀑看上去像一架哥德式的管風琴，管子和風道豪奢地向上向外放射。那天氣溫和暖，融化的水流持續從最低處的冰柱末端淌下。

我們綁上冰爪，每人抓起一對冰斧，在那片瀑布攀爬了一整天。休息時，我脫掉冰攀裝備往下爬，去探索瀑布躍入的那條結冰的河。從側面斜斜看去，冰呈現藍色光澤，隆起處閃著銀光。我跳下去踩在河上。

在岸邊塡滿石頭縫隙的冰，是暴雨急流常見的那種渾濁的白色。河中央有幾顆巨礫盤踞，若在夏天會造成漩渦和湍流，但此刻已被透明光整的冰包住。我往下望入那些冰，能夠看出冰的深度，中間有點點懸在冰中的白樺樹葉，還有像珍珠串般升起的渾圓白色氣泡。我聽到嘎嗟一聲，抬頭一瞥，只見一隻水貂從河一側的暗處竄出，輕快掠過潮濕的冰，飛奔穿越對岸幾塊平滑的石頭。水貂在石頭上留下了潮濕的爪印，像黑色的貼花紙，在乾燥的空氣中很快褪回原先的石頭色。

結冰的瀑布和暫停的河流從我腦中喚起的奇妙感受，是源於某種通常是極其洶湧的事物如今卻變得完全靜止。也許我們對速度的迷戀跟我們的世界末日感有關，我們內心潛伏著現代社會獨有的意識：末世若不是由冰（太陽消亡），就是由火（核災浩劫）帶來。我曾經為此納悶，儘管先前一直沒找到同道，直到我瀏覽戈蒂耶（Théophile Gautier）所寫的報導時，意外讀到一八八四年他寫的這一段：

真奇怪，對快速移動的狂熱渴望竟然在同一瞬間席捲各國。「死者飛快離去」，民謠裡有這樣的歌詞。所以如今我們是死了嗎？或者有沒有可能是毀滅末日正在逼近我們星球的某種不祥預感，使得我們執迷於大量增加往來的方式，以便在僅剩的有限時間裡，踏遍地球的整個表面？

◆ ◆ ◆ ◆ ◆

冰河緩慢無情、隨著歷史逐漸成熟，這些特性都令人畏懼，而且，至少對已適當做好準備的想像而言，被這些危險圍攻是令人激動的——無怪乎冰河會在十九世紀吸引如此大量興致勃勃的遊客。最主要的是，冰河提供了一個截然不同的空間。就像羅斯金為茨姆特冰河（Zmutt glacier）的讚歎：「整個景致如此缺乏變化，又寂然無聲；如此超然世外，不只是超乎人類的存在之外，甚至也超乎人類的思維之外。」一八二八年，莫瑞偕同妻子跋涉到塔勒弗爾冰河（glacier of Talèfre）的中心，在幾座二十公尺高的冰金字塔之間坐下來，啜飲著隨身瓶裡的白蘭地，開始思索眼前的壯闊景色：

置身於這些可怕又冰冷的孤獨之中，除了我們自己的聲音，聽不到其他聲響。死寂統治著周遭，打破這寂靜的只有遠方斷續傳來的轟然巨響宣告遠處的雪崩陷落，或者是雄偉的冰河破裂。在這遼闊的圓形露天劇場裡，四周有雪山高牆圍住，突出的山峰尖頂處處從牆頂穿出，永恆的冬天主宰一切，歷代累積的雪，岩石的毀壞與滾落，以及所有瘮人荒涼的宏大化身……

・・・・・

孤獨、死寂、不毛、貧瘠、殘暴——這些風景的特質都因浪漫主義而變得迷人。極地的荒野是這種風景的完美典範，但是十九世紀正如今日，除了最有決心又有充分經費的探險家之外，無人能接近兩極地區。而正是歐洲、南美洲和亞洲的冰河，提供了距離最近也最酷似南北極的體驗。過去曾有數以萬計的人前往欣賞冰河（正如他們現在依然會去，正如我也會去），也有幾十人為此送命。冰河對人類情感的召喚力就像冰河本身一樣，已累積了幾世紀之久。

註1：「較堅實的較不恐怖」，語出劇作家考夫曼（George S. Kaufman），原文爲I like terra firma; the more firma, the less terra。terra firma指陸地，而firma與firmer、terra與terror均爲諧音，故一語雙關。編註

五　海拔：峰頂與視野

如今我們出發朝峰頂前進。耳邊許多細語靜靜召喚著「上來」。

——繆爾，一九一一年

John Muir

「他們坐在那裡，有如雪中的佛像，我自己就見過十幾個。」沙夏（Sasha）告訴我們，他指的是屍體，登山者的屍體，大多數是在托木爾峰稜線上喪命的俄國人。托木爾峰即勝利峰，是天山山脈的最高點。沙夏並不是在危言聳聽。他知道他沒有必要那麼做。他一年中有四分之三的時間在莫斯科一所學院擔任數學講師，每年夏天有三個月（學校放暑假）則在天山攀登越來越難的路線。他一口無可挑剔的英語，戴著特大號厚厚的圓框眼鏡，總是穿著同一件單薄的羽絨外套和一條縫著補丁的吊帶褲。

我們抬頭看著稜線，那離我們大約八公里遠。在高海拔地區，壓力降低的空氣會產生透鏡作用，把遠方的景物拉近。我們站在冰河上，從這個位置能夠看到托木爾峰隆起來的龐大輪廓，那十一公里長的峰頂稜線上，每座積雪的冰塔和雪原都能清楚分辨。暮光在白雪上灑落一地粉紅，看起來分外恬美，像草莓冰淇淋。我們五個人站在那裡，在冷空氣中吐出縷縷白霧，腦中想著那些屍體。我想像他們隨意靠著雪堆，彷彿只是睡著，彷彿你可能可以搖醒他們。我想像他們沿著峰頂的稜線坐著，像堆石般標示出攻頂的路。

不過更有可能的情況是，他們的屍體已經被凍到扭曲，衣服在風吹日曬下已經粉碎，變成圍著身體的破布條，而他們的皮膚已經脫色，並從骨頭上剝離。

沙夏朝稜線打著手勢說道：「我記得聽過一個男人，他跟另外兩個人在惡劣的條件下爬到峰頂，雪很厚。他們看出另外一場大暴風雪正要從東面過來，於是馬上掉頭，沿著稜線上自己走出的路跡回去。五分鐘之後，他一隻眼睛看不見了。喀嚓一聲，一片漆黑。就像關掉燈。他的視網膜毀了。再走兩步，又是喀嚓一聲，另一隻眼睛也毀了。兩眼視網膜都因為壓力而剝離了。他們帶著他走了一會兒，但是沒了眼睛，他就是不肯下山。最後他就在雪地坐下來等死。」

沙夏聳了聳肩膀。「他還在上面。高海拔就是這樣。」

・・・・・

在高海拔地區，視力常常就是你僅有的一切。其他的感官都廢了。太冷了以至於什麼也感覺不到，太高了什麼也聞不到，你的味蕾變遲鈍，除了你自己的呼吸聽不到任何聲音。視力是最不可少的，你需要雙眼去認出暴風雨前導的那幾朵卷雲，或者在暴風雪中有條不紊地把一隻腳放到另一腳的前面，或者去觀賞眼前景象——你之所以冒著生命危險爬到這高空世界，爲的可能就是這片視野。

和海拔一樣，記憶會讓某些影像顯得格外生動銳利。我清楚記得七歲時外祖父給我看一張黑白照片，也許有十乘五英寸那麼大，照片裡是他爬過的一座阿爾卑斯山雪脊——伯連納峰的比安可格拉特稜線（Biancograt）。那道稜線如此鋒利，似乎把陽光都切成了兩半：一半被照得泛白，另一半則蒙上陰影。背景只有天空，頂峰的稜線縮窄成一支雪錐，雪錐尖上有片雲拖成一面白旗。我外祖父用小拇指點出那片白雲，告訴我那是風從山巔吹開的一大串冰雪結晶。在我看來，這座山峰彷彿來自外太空，把尖端伸入空蕩蕩的大氣中揮舞著冰旗。我無法相信外祖父曾經登上那座山。

小時候，夏天我們家大都會開車去蘇格蘭高地探望外祖父母，把那房子當作我們在山間那幾天的基地。我外祖父把他的登山裝備放在車庫，那裡面始終很冷，瀰漫著機油味。同樣放在裡面的還有他的滑雪板，很長一段時間這滑雪板都比我還高，板底下繃著海豹皮。外祖父跟我解釋，海豹皮上的絨毛會使得滑雪板在雪上只朝一個方向滑，當他爬坡的時候，海豹皮會阻尼他向後滑。他的滑雪杖是筆直的木製品，有金屬尖和藤製的圓形寬雪輪。一雙冰爪總是擺在滑雪板的旁邊，灰色金屬上了油，鉸接好，亮著尖牙，就像兩隻小小的怪物。然後還有他的冰斧，九十公分長，重得像船槳，木柄表面一層亮光漆，鋼斧因爲使用過而刮痕累累。

我外祖父在日內瓦湖東岸的蒙特勒長大，每天上下學路上都會經過一座碑，這碑是用來紀念一位英國人和他兒子，兩人從阿羅拉（Aroia）附近的一座山峰沿著下方草坡往下走時失足摔死。每年夏天，外祖父都會和家族的荷蘭朋友「大拉比」結伴爬山，大拉比這個綽號都還不足以表達他的魁梧。我外祖父在九歲那年登上他人生第一座三千公尺高峰，那是阿爾卑斯山脈密迪齒峰（Dents du Midi）。在峰頂上，他遇見了布魯士（Charles Bruce）將軍，一九二二和二四年聖母峰遠征隊的隊長。這位了不起的老將軍長年在英國陸軍服役，身上槍痕累累。他和拉比以及我外祖父輕聲交談幾句後，腳步輕盈地從陡峭的那一側下山了。我外祖父戰戰兢兢地從輕鬆的路線向上攀登，再三回味此番的邂逅。他總是把那次不期而遇視爲登山生涯的開端。

後來經過一些年，我對那把冰斧上的刮痕有了更多的發現。我外祖父攀登過喜馬拉雅山脈、北美及歐洲各地的高山。在土耳其的阿拉達山脈（Ala Dag range），有一條溪谷路線是以他爲名，當年戰爭期間他曾利用休假前去探險。他與我外祖母結婚後不久，就帶她去瑞士的瓦萊（Valais）地區登山度假。外祖母自己在那之前就在不列顛群島、委內瑞拉境內的安地斯山脈和西印度群島的火山群爬許多山。兩人在瓦萊待一星期，但才剛開始就碰上突如其來的暴風雨，兩人在圖爾特曼（Turtmanntal）的小木屋裡困了三天，僅有一顆大洋蔥可以果腹。外祖父囑咐我度蜜月時別再安排「這類小遠足」。爲了慶祝他七十歲生日，他和外祖母加入一支不丹山區的探險隊。沒想到天氣反常，大量降雪把他們封在四千多公尺高的峽谷內，最後印度軍隊只得動用直升飛機把他們運出來。我還記得在英國的那幾個焦慮的下午——茫然抿著茶，有一句沒一句地等著電話鈴響。

我外祖父對高山的尊崇從來不曾動搖。他認爲他找不出道理質疑登山，雖然他也有朋友在山上喪命以及嚴重受傷。其中一個朋友在喜馬拉雅山區七千三百公尺高的瑪夏布洛姆峰上遇到雪崩，被迫在某個冰洞裡度過一夜，因爲凍傷而失去十六根手指和腳趾。當時這個人二十一歲。事件發生五十年後，我見過他一次。我本能地伸出手和他相握，當接觸到他球根狀的手掌和原先應該要長著手指的發亮指根時，頗感震驚。

我有一回試著與外祖父聊他爲什麼熱愛登高，爲什麼窮其一生甘冒生命危險去努力攀上那麼多峰頂。他並不眞正明白我想問什麼，或甚至不認爲那是個問題。對我外祖父來說，高度對他的吸引力超越言語所能解釋，或沒有言語能夠解釋。話雖如此，峰頂與視野何以有如此的吸引力去支配那麼多人的想像？也許就像丁尼生以微帶不理解的語調所描述的那樣——雖然山不時闖入他的詩中，但他並非生來嚮往高處的人，寧願在懷特島（Isle of Wight）度過他的假期——「高處有什麼樂趣可言……不就是又高又冷？」

我們或許可以這樣回答丁尼生的問題：簡單說，就是探索空間——往更高處去——是人類心靈固有的渴望。法國的空間與物質哲學家巴徹拉德（Gaston Bachelard）認爲，對高度的渴望，是人類共同的本能。他寫道：「一個人類在他年輕時，在他起飛時，在他多產時，都想要從地球表面向上升起。跳躍是喜悅的一種基本形式。」確實，高度就等於優秀，這樣的思維深植於我們的語言當中，因此也深植於我們的思考方式之中。我們的動詞「to excel」（擅長）來自於拉丁文的 excelsus，意思是「升高」或者「高」。我們的名詞「superiority」（優越性）來自於拉丁文中比較級的 superior，意思是「在比較高的情況、處所或者地位」。「高尚」（sublime）一詞的原義是高聳、突出或升起。諸如此類。反之，許多貶義詞都與深度有關，例如：「低微」（lowliness）、「低劣」（inferiority）和「卑下」（base）等等，不一而足。我們用梯度來構建進步的模型。我們向上移動，或者向下沉淪。向上比向下更爲艱難，但那只讓人更加讚賞向上。任何語境都不會說向下進步。大多數宗教都在一條垂直的軸線上運作，天堂或類似天堂的狀態都在上方，反之則在下方。所以，登高是接近神性的某種基本方式。

在近代，山頂已經成爲成果與獎賞的世俗象徵。「登峰造極」就是到達最高成就。置身於「世界之巔」就是感覺好到無與倫比。無庸置疑，到達山頂的成就感在歷史上一直是渴望登上高位的關鍵要素。這並不令人驚訝，有什麼比攀登一座高山更能直白地比喻成功？峰頂提供了可見的目標，山坡引領人一路向上挑戰。當我們走上山或爬上山，我們越過的不只是實際地形上的山坡，也同時越過奮鬥與成就的形上領域。到達峰頂讓人鮮明感受到戰勝了逆境，征服了什麼，雖說這個什麼是全然無用的。這是人類想像賦予峰頂的意義，也就是說，那不過是一堆岩石或者雪，卻由於地質學上的意外而登上比其他景物都還要高的地位；空間中的一組座標；幾何學上的虛構事物；毫無意義的一個點——正是這些大大助長了攀登產業。①

然而成功的感覺並不是置身高處的唯一樂趣。高海拔的感官經驗也自有一種喜悅：狂喜並非源於競爭，而是內心的反應。即使是最熟悉的景象都會因高度而變得陌生。從塔頂俯瞰你生活了一輩子的城市，你會完全改觀。詩人濟慈，伏爾泰的朋友，就寫得很貼切。他寫到當人在高處時「一個嶄新的宇宙驀然出現在我們眼前」。從高山之巔細看大地上的種種景物時，景物看上去非常不同——河流彷若緞帶，湖泊是銀色刀鋒，巨礫則是灰塵微粒。大地把自己分解成抽象圖案或者意想不到的影像。

某年十月，我登上博拉山（Bla Bheinn）峰頂，那是天空島（Isle of Skye）的一座山。當日天氣晴朗，但是山最高的那一百二十公尺被裹在雲中。直到我走在雲中，才知道峰頂也覆滿了積雪。登上峰頂時，我停下來佇立了一會兒，被白雪和白雲團團圍住。

我從任何方向都看不到六公尺外的景物，很難分辨地面在哪裡結束，天空從哪裡開始，只能看到參差不齊的黑岩石從一片白中伸出。我站在那裡的時候，一大群雪鵐倏忽飛過眼前，黑色的翅膀內側與周遭的雪白形成驚人對比，一小群鳥像一隻鳥般在空中旋轉。黑與白，高山上的棋盤配色。

就在那時，圍繞著我的雲在須臾間散去，天空轉為清朗。海岸線在我腳下像地圖一樣從北到南展開，陸地的深色手指扣著大西洋的銀色手指。遠處籠罩在海上的雲層打開了一扇窗，太陽投下大片光芒，在海面上映出一座金色島嶼。然後，窗子又關了起來，我四周的雲緊緊圍向我，於是我轉身離開峰頂，開始往山下走。

如今這個時代，我們每天被飛機和人造衛星拍攝的影像狂轟濫炸，從高處鳥瞰的景象已不再令人驚奇。但是想像早期登上峰頂的人突然發現自己正在俯瞰世界時，會有多嘖嘖稱奇。對這些旅人而言，高海拔的廣袤視野感覺上很接近神的眼界。閱讀早期的登山記載，你會一再撞見那些成功的登山者把自己和希臘人所謂的 kataskapos（俯瞰者，天上的觀察者）相提並論，他們突然間奇蹟似地獲得了地圖繪製者觀看世界的視角。

◆ ◆ ◆ ◆ ◆

很長一段時間，諾亞是登高的紀錄保持者。諾亞方舟在洪水消退後停靠在聖經中亞拉臘山的確切地點與高度，一直都衆說紛紜。根據當時的探險日誌（也就是聖經《創世記》），諾亞並沒有實際到達山頂。但無論如何，他確實到達相當高的地方。威斯頓（William Whiston），十八世紀劍橋大學的宇宙起源論者，計算出諾亞方舟最後停靠的那座山的高度接近九千八百公尺，比聖母峰還高九百公尺左右。如果威斯頓的算術正確，而且諾亞方舟果眞如《創世記》所描述，那船上的人和動物將會迅速死於失溫、缺氧和其他極端高度的致命效應。閃、含、雅弗以及諾亞其他生育力強到難以置信的兒女，就沒辦法繼續前進、繁衍，這個世界也就沒辦法重新充滿植物、動物和人類。

所以或許威斯頓是估計得過高了。但是早期對高度的估計，就像早期的地質時間估計一樣，極爲混亂。這並不令人訝異。當時還沒有必要準確計算高度。幾乎沒有人在登山，而那些極少數的登山者也還不需要跟誰較量。比起測量高度，當時更需要測量海洋的深度或海岸線的長度。古羅馬的博物學者老普林尼（Pliny the Elder）宣稱世上最高的山高出海平面九萬公尺，足足多了八萬公尺以上。十八世紀之前，很多人都認爲西班牙特內里費（Tenerife）的火山峰是世界上最高的山，因爲這山位於主要的航海貿易路線上，從海中直直升起，相當突出。但其實它連聖母峰的一半都不到。

早期有些旅人不得已必須登山，例如那些穿越阿爾卑斯山隘口往返於羅馬的商販與朝聖者，這些人都經歷了噁心、暈眩和頭痛，顯然人體難以適應高海拔。早期有大量記載描述了如今被稱爲「急性高山病」的症狀，其中最生動的也許要數阿考斯塔（Jose de Acosta）所寫的日記，他在一五八〇年發現自己染上當地人稱之爲「puna」（高原）的病，無法走完安地斯山的旅程。他寫道：「一陣陣的體力不濟與嘔吐讓我大受驚嚇。我吐出一坨坨濃痰跟膽汁，有黃有綠，心裡想著，我恐怕連心臟也要吐出來了。」旅人用浸醋的海綿掩住口鼻，試圖對抗高山病，不過這個秘方對於緩和高山病的症狀或增進旅途的樂趣，似乎都收效甚微。

現存的證據不足，難以判斷歐洲在十八世紀以前是否普遍具有風景的美學鑑賞力。當時那些爬到山間高處的人，常常更關心生存的希望大不大，而不是景色美不美。美景的概念，雖然現在已幾乎是我們對風景的直覺反應，但在當年公衆意識中還未普及，或至少不是被高山激發的感受。事實恰恰相反，在十八世紀之前，不得不穿越阿爾卑斯山隘口的旅人常會選擇蒙著雙眼，以免自己被高峰的模樣嚇到。一七一四年哲學家柏克利（Berkeley）主教騎馬越過塞尼山（Mont Cenis），他記下自己當時「被最爲可怕的峭壁給嚇得魂飛魄散」。《瑞士記趣》（*Les Délices de la Suisse*, 1730）可能是最早的瑞士旅遊手冊，即使是該書的匿名作者，也對阿爾卑斯山脈的「驚人高度」和山上「長年積雪」感到驚駭，並寫道：「這些地球上的巨型贅物，對地表既無用途也無可觀之處。」他寧可宣揚小鎮的整潔，以及瑞士牛群的幸福健康。

◆ ◆ ◆ ◆ ◆

登高史公認的起點，是義大利詩人佩脫拉克描述他和精力旺盛的兄弟格拉多一起爬山。一三三六年四月，兩人登上海拔一千九百一十公尺的馮度山，沃克呂茲省一座不難爬的山。登上峰頂時，佩脫拉克對壯闊的高山景致大感驚奇：

我彷彿突然從睡眠中醒來，轉身凝視著西方。我無法分辨隔開法國和西班牙的庇里牛斯山脈群峰，我知道並不是因為中間有任何障礙，單純只是我們凡人的眼力不足。但是朝向右方，就可以非常清楚看到里昂地區的山，向左是馬賽的海灣以及拍上艾格莫特海岸的浪濤，儘管這些地方極為遙遠，都需要走上幾天才能到達。

佩脫拉克和格拉多在天色漸暗時下山，來到山腳的一家小旅館。就著燭光，詩人匆忙記下白天的見聞。佩脫拉克這次的登山在人類登高史上無疑是重要事件。不過，由於佩脫拉克堅持要把他的經驗轉化為宗教寓言，使其重要性稍有減損。他所描述的每種景物，上山所走的小徑、從峰頂眺望的風景、他所穿的衣服，都不只代表自己，相反地，在這本象徵符號遍布的遊記中，所有細節都帶著重大的意義。有些學者認為佩脫拉克根本沒有眞正去登山，那只是一個方便的虛構框架，用來吊掛他形而上的冥思，也讓他有機會描繪宗教訓誨。佩脫拉克總結道：「我們應該如何無畏艱難地不去站在山頂上，而將發自世俗衝動的欲求踩在腳下。」

要見證人類對山頂最早閃現的興趣，不只是作為精神象徵，而是作為人類目睹時會為之感動的實體形態，得把目光轉到十七世紀。那時，名聞遐邇的「壯遊」模板正剛開始鑄造。所謂「壯遊」，是指周遊歐陸諸城與各式地景以增長見聞的旅行。在十七世紀末及十八世紀，有錢（或遭貶謫）的年輕男子通常會踏上這樣的旅程。這些壯遊的旅人在歸來之後，對於風景，特別是對山上的風景，普遍都產生了新的文化態度，進而熱心宣揚起來。在選擇去體驗壯遊的第一代英國年輕人當中，有身後名噪一時的日記作家伊夫林（他的日記寫於一六四一年至一七〇六年，一八一七年被人從洗衣籃挖出，隔年首度出版）。

一六四四年十一月的某一晚，伊夫林和兩名同伴小跑步經過義大利北部山間的羅卡（Rocca）城堡外牆。教堂大鐘的鳴聲穿過晚間的空氣傳來，敲鐘人是方濟會修士，住在附近波斯納湖（Boisena）的一座小島上。幾星期前，伊夫林才剛穿越阿爾卑斯山進入義大利，對高山「奇怪、可憎和可怕的」外觀頗爲厭惡。他在那幾天的日記上抱怨阿爾卑斯諸峰，重述了十七世紀對高山的一貫厭棄：險峻山壁阻擾眼睛自由飽覽、形同沙漠，不孕育生命，且對任何人都毫無用處。

讓伊夫林驚訝的是，結束那樣令人不快的經歷後不久，他竟然發現自己開始對高處心盪神馳。當他騎馬前往更高的山區時卻收到山神的獎賞：高海拔最令人激動也最美麗的一點是，雲層反轉了，登山者發現自己忽然站在雲端之上。

> 我們穿過極為濃密厚實之深色雲層，那於稍遠處望去有若岩石，在我們將近一千六百公尺的上山路程中，始終追隨左右。那是乾燥的霧氣，濃密無邊，懸浮不散，同時遮蔽了太陽和地面，以至於我們彷如置身海上，而非雲間。直到我們穿越雲層，來到無比安詳的天堂，一切人類的交談彷彿都在我們之下。山這時看來更像巨大島嶼，不與任何土丘相連。除了在腳下有如巨浪翻騰的厚厚雲海，我們感知不到任何東西。偶爾瞥見遠處一些山峰穿出雲層，但想必離我們有幾公里

之遠。在一些雲海破口，可以看到下方國家的景物與村莊，而我必須承認這是我一生中所見最可喜、嶄新且全然始料未及的景物。

閱讀十七及十八世紀早期的遊記，讀者偶爾會遇上這樣的時刻，作者揭露了他和某一風景形態與生俱來的關係，短暫地擺脫世俗定見的桎梏，創造出新的感受方式。伊夫林在登高時體驗到的激動仍將屬異常，直到十八世紀中葉才迅速受到注目，成爲至今仍左右世人的正統觀念：因高之故而崇仰高。人類對此事的感受一旦出現轉變，要在登高時不感到愉快，便跟前人發現登高其實足以令人心神暢快一樣，都需要莫大的創造性。

◆◆◆◆◆

十八世紀期間，高海拔日漸受到尊崇。當然，教會總是要確保自己在外觀上和道德上都占據優勢。在義大利炎熱的山丘上和瑞士陡峭的峽谷裡，教堂、小禮拜堂十字架紛紛立起，俯視著下方的土地。在歐洲各地的城市裡，大教堂的尖頂熱切地往上延伸，渴望企及基督教天堂的高度。但是一種世俗化的新感受也出現了，根據這種感受，個人在登高時所發現的愉悅與興奮只屬於高海拔本身，而不是天堂的另一種說法。

這種對於高度的全新態度是心靈的劇烈變化，而且從文學到建築到園藝，幾乎每個文化領域都會感覺到。在十八世紀初，所謂「山間詩歌」是風行於世的小文類，在此類詩賦中，正如佩脫拉克在四百年前所寫，詩人會先描述身體走上山的行止，然後筆鋒一轉，寫起因峰頂的風景而激發的思緒。山頂提供更開闊的視野，對悠閒的觀光客也變得很有吸引力。正規化、體制化的觀景點和觀景站遍布歐洲各地，包括埃透納火山（Etna）、維蘇威火山和那不勒斯。遊客的眼睛從此得以在各色生命間來回悠遊：原本通常分散於不同空間與時間的事件、物體和生命，現在已能盡收眼底，同時體驗。高度使得綜覽全景成為可能。全景這個字詞來自希臘文，意思是「一覽無遺」或「宏闊的視野」。十六世紀的瑞士博物學家格斯納（Conrad Gesner）提到，站在阿爾卑斯的山頂，可以在一天中觀察到一年的四季。十七世紀法國大旅行家米松（Maximilien Mission）注意到從聖馬蒂諾修道院（Chartreuse St Martin）的原石陽臺高高俯瞰那不勒斯，能看到城市的整個輪廓——港口、防波堤、燈塔和城堡，然後視線可以沿著海岸向南移動，越過白色岩石羅列的扇狀海岸線，再往北看到烏黑龐大的維蘇威火山，濃密的煙有如一根根印度苦行者的魔繩，從火山口冉冉盤旋上升。

到了十八世紀下半葉，英國庭園受畫意運動的影響，一種刻意參差不齊的時髦設

埃透納上火山口的觀光客，胡埃所繪的《西西里、馬爾他和利帕里諸島風景如畫的旅程》（*J. Houel's Voyage pittoresque des isles de Sicile, de Malte et de Lipari*, 1787）

計漸漸取代了注重比例的啓蒙時期風格。啓蒙時期給英國的豪宅巨邸留下一套整齊俐落的園藝幾何學：井然有序的玫瑰花圃、車道以幾處噴泉為中心向外輻射，噴泉形式從聖洗池跳到池塘，重複但不失靈活。四方平整的草坪在兩行樹下俐落延伸，直到遠處看不見的矮籬。但是到了十八世紀後期，英國人開始覺得這些精心修剪的結果太過整齊、固定。許多比較時髦的地主選擇把修剪整齊的領地變成具有象徵意義的荒野。人工洞穴、瀑布、隱士、殘碎的方尖塔、幽暗的小灌木林和岩石假山，忽然之間這些野外元素都遠比修剪整齊、列隊成排的方正樹籬或宏偉壯麗、形狀一致的草坪更討人喜歡。這些地主委託專家來改造花園時，經常會要求做一座微型峭壁，或者類似的高處，以便登高一覽他們華麗蓬亂的莊園全貌。

希爾（Richard Hill）便是這樣的地主，他外號「大丘陵」②，這名號其來有自：他一七八三年繼承了舒洛普郡的鷹岩莊園，隨後迅速展開長達十五年的改建計畫。理查精心策劃了三公里長的湖泊挖掘工程，同時不忘繼續透過「有利可圖的算術」（當代人的秘稱）來賺錢，他兩個熱心的姊妹（名聞遐邇的「丘陵小姐」）搜集化石、貝殼和其他地質珍品，後來把這些收藏都鑲嵌在莊園岩洞的軟土牆上。希爾一家花了三年時間完成這項布置，完工後理查雇了一個隱士，要他住在山洞裡，而且（按合約規定）要「表現得像十六世紀修士布魯諾（Giordano Bruno）。

鷹岩莊園最珍貴的珠寶是一百二十公尺高的白色砂岩露頭「洞山」。在晴朗的日子裡，從洞山的頂點可鳥瞰英國十三個郡的全景。遊客湧入此地（至今仍如此）讚歎這奇景，並且感受臨高暈眩所帶來的小小戰慄快感。約翰生博士是洞山最早的登頂者之一，並留了篇老套的遊歷心得給主人。好心的博士莊而重之地寫道：

登上鷹岩峭壁的人很想知道自己是如何來到這裡，也疑惑自己該如何回去……他感受到的並非平靜，而是孤獨的恐懼，一種半是驚嚇半是讚賞的洶湧暢快。油然生出崇高、可怕與浩瀚等想法。

別忘了，這九十公尺高的峭壁可是位於平緩、綿羊遍布的舒洛普郡，不是在無法營救或撤退的阿爾卑斯山上。但是約翰生博士誇張的表達影響了那個時代的語言。那時已有些人開始到更雄偉的山間去尋求樂趣，而在這英國鄉野，至少可以找到相近的感覺。

對於高度，有種全新風格的感受正在形成，希爾山丘的大受歡迎正是這種感受的眾多表達方式之一。「何等的自然風景能將心靈提升到最高，而且產生崇高的感受？」一七六〇年代在愛丁堡講學的布雷爾（Hugh Blair）提出這樣的問題。「並不是明亮的風景、鮮花遍布的原野，或者繁榮興盛的城市，而是滄桑的高山……還有落到岩石上的急流。」十八世紀下半葉眞正提升文明心靈的，是高海拔。越來越多人開始體驗登高的樂趣，以及危險，攻頂本身就是目標的概念開始浮現。十八世紀末在坎布里亞，一個悶熱的夏天午後，柯立芝登上一座山頂，當暮色降臨，一場雷電交加的暴風雨就要穿越湖區而來，他得到山神的獎賞：閃電的鋸齒藍絲時閃時隱，雷聲則像遠遠傳來的定音鼓。他下山後興高采烈地寫道，當天所經歷的是「我在世間所見最令人激動的景象」。在阿爾卑斯山，一七八六年一個寒冷的日子，法國人帕卡德（Michel-Gabriel Paccard）和巴爾馬（Jacques Balmat）登上了白朗峰。巴爾馬從峰頂向山下幾公里外的霞慕尼村民揮帽致意，而帕卡德則因爲墨水在接觸到紙張之前就結了冰，無法在峰頂記下當時的溫度。第二年，一位體能過人的年輕英國軍官包弗伊（Mark Beaufoy）無聲無息地登上了白朗峰。當被問到爲什麼要這麼做的時候，他說自己「被每個人都必須登上地球最高點的渴望所打動」，彷彿那是人盡皆知的普世眞理。攻頂熱是會傳染的。

◆ ◆ ◆ ◆ ◆

瑞士，凌晨四點。天空清朗無雲，而且看得出來接下來白天會很熱。我們鑽出帳篷，走入寒冷黑暗的空氣中。帳篷搭在冰河一塊平坦的區域上。我們打開頭燈，每個人眼前都有一小束光錐可以視物。冰的微粒像浮游生物在光束中飄進飄出。雖然月光很亮，我們仍需要頭燈，而燈光的亮度破壞了我們的夜景。我關掉頭燈，看了看四周，先是全然的黑，然後就像沖洗相片一樣，影像在化學藥劑中逐漸顯現，四周山峰的形態清晰了起來。

我們西南方是幾座最主要的山峰，納德爾霍恩峰（Nadelhorn）與旁邊略小的蘭茲派茲峰（Lenspitze）。這兩座四千公尺高峰以一條長長的、鋸齒狀的岩稜相連，整片地塊看上去就像上千公尺高由冰和石頭構成的凍結波浪——被地質終止的一場海嘯。

黑暗中，在頭燈的強光照耀下，我們各自準備。穿上安全吊帶、打好繩結、冰斧繫上手臂。這不是我第一次想到中世紀備戰的騎士。大家奉行一套儀式，彼此像侍從那樣照料主人：帶扣和繩結都得檢查、再檢查，帶子拉緊，輕聲叨念著迫切的問題。感覺很激動，彷彿我們馬上就要去納德爾霍恩的峰頂大戰一場。

我們在半明半暗中緩緩穿越由谷底向四面八方延伸的冰斗。凝結的積雪在我們腳下嘎吱作響。我們一行人以繩索相連，拖在地上的繩子偶爾會絆到一塊塊的冰。南邊的遠處有兩隻螢火蟲：一支比我們更認真的隊伍頂著頭燈正直直爬上波浪的弧形內壁，冰斧和冰爪刺入九百公尺高幾乎垂直的冰壁一路往上。他們想要快速移動，趁著

納德爾霍恩峰（4327 公尺）在右側稜線的盡頭，蘭茲派茲峰（4294 公尺）在左側盡頭。

燙人的朝陽像火炬噴槍般把腳下的冰融成奶油之前，趕快到達稜線。氣溫非常低，也許是零下十度。我前額冒出的汗水立刻結成冰，我感受到那帶來的刺痛——一抬起手，皮膚就感覺到一層脆脆的薄冰。全身的其他部位也同樣結了冰，保暖頭罩變成鋼盔，手套成了護甲。

首要之務是以穩定的速度穿過冰斗，然後從對面爬上更陡峭的雪坡，一路到達高處隘口「風軛」（Windjoch），那裡以猛烈的西北風聞名。走了兩小時後，我們到達了隘口，果不其然，強風在黑暗退下時呼嘯了起來。我們穩穩地爬上東北邊的稜線，四周天色已亮。岩石在清晨的光線下看起來很滑，每塊岩石上的薄薄冰膜都閃著微光。我們快要到達冰岩混合的小圓錐峰頂時，高處微風徐來，環繞著我們的空氣已經變熱了。

我們在那邊暖洋洋地躺了大概半小時，雙手扣在腦後。我擦掉臉上的鹽晶，環視四周。在我們南邊有一座大山，面向我們的山坡上布滿了圓頂雪堆。更後面是天空，當時除了一大片幻化變形中的積雲，其餘一片湛藍。我極目遠望，看著那片雲緩緩爆開，一座座光滑的浮雕從雲中心某處湧出，使得複雜的表面變得更加複雜。我很確信，如果我鬆開一隻手伸出去，應該能夠拂過雲的表面，摸到每片雲旋、每道稜線、每座峽谷。之後，我轉身俯瞰凌晨摸黑穿越的冰斗。悄無聲息。這巨盆彷彿是由虛空與靜寂所形成，有那麼一刻，我想要縱身躍下。

登高有一個即使是最虔誠的平地迷也無法否認的效果：你可以看得更遠。從蘇格蘭西海岸的山頂，你可以極目遠望大西洋，看見地球的曲度，可以觀察海平面幽暗的邊緣在兩端彎曲。從高加索厄爾布魯士山的最高點，你可以向西遠眺黑海，向東直望裏海。從瑞士阿爾卑斯山的峰頂，你開始以罕見的激昂談論這個世界：義大利就在我左邊，瑞士在我右邊，法國就在正前方。你的地形測量單位突然變成了國家，而不是縣郡。確實，在晴朗的白天，唯一能夠限制你遠望的，是你視力的極限。否則你就是全景的、衛星的，可以看到一切的「我」，對麥克魯漢稱之為「浩瀚、吞噬距離的視覺空間」感到既驚且懼。而那是永難忘懷的感受。

巨大的高度帶來更巨大的景致，這是峰頂的視野賦予你的力量。但是從某方面來說，這樣的視野也會摧毀你。你的自我感由於眼界擴展而變得更強大，但也同時遭受到攻擊：在山頂上，時間與空間的無邊無際使你顯得無足輕重。旅行探險家威爾森（Andrew Wilson）一八七五年在喜馬拉雅山上就強烈地感覺到這一點：

夜晚，置身於這些巨大的山岳之間，四周都是冰峰，而冰峰是天堂的主人，像星星一樣閃耀，難計其數。你仰望偉大的天體在深不可測的空間深淵中熊熊燃燒，

你會以難以忍受又近於痛苦的方式，理解到實存世界的浩瀚無垠。我是什麼？跟這綿延的高山相比，所有這些圖博人是什麼？跟任何一群偉大的恆星相比，高山和這整個太陽系又是什麼？

這是人類的高海拔悖論：高海拔會提升同時也會抹煞個人的心靈。那些爬上山頂的人，一半是愛著自己，一半是愛上自我消弭。

◆ ◆ ◆ ◆ ◆

對於峰頂的崇拜，在十八世紀持續增強，至十九世紀的前幾十年達到最高峰。德國浪漫主義畫家弗瑞德里克在一八一八年完成油畫《雲海上的旅人》，拜賀卡產業之賜，今日幾乎是人人皆知。弗瑞德里克所繪的旅人在當時是，至今也仍是大登山家的典型形象，在浪漫主義藝術中無所不在。對現在的我們來說，畫中人物看起來不合情理，甚至可說有點荒謬：小小的岩崗從他腳下的雨雲中隆起，站姿離譜地老套：一隻腳抬高，一個捕殺大型獵物的獵人抬起腳踩在獸屍下陷的胸膛上。但是這幅油畫作爲概念的結晶——站在峰頂是令人讚賞的，讓人顯得高尚——多年來在西方的自我覺知上具有巨大的象徵力量。

弗瑞德里克（Caspar David Friedrich）《雲海上的旅人》（*The Traveller above a Sea of Clouds*）

就在弗瑞德里克畫出他那個典型人物的兩年前，濟慈開始擔心自己是否江郎才盡。他認定高處或許可以放鬆他的心靈，於是想要寫作的時候就想像自己站在高處，可說是數綿羊入睡的浪漫主義版本。這方法奏效了，或者最起碼給了他一個寫作的主題：

我踮起腳站在小丘上
……我凝視片刻，頓感輕盈自在
有若墨丘利那副揮動的雙翼
在我腳後跟輕晃：我
無慮無憂
而諸多樂事於眼前展開……

高度，至少以人所想像的形式，疏通了濟慈認爲受到阻塞的心靈，再次證明「山頂」不僅僅是外在有形的制高點，也是精神上的制高點。③雪萊也深受高度諸多特性的觸動，公然宣稱：「風、光、氣，喚起我劇烈的情感。」空氣是雪萊詩中突出的要素（就像水之於拜倫）。氤氳而縹緲，他寫的作品一次次地回到「高空」，回到所謂

「大刀闊斧劈開天空的群山」、所謂「白貂般的雪」和所謂「冷空」。他的詩自動昇華爲氣態，歡騰旋入虛空中。一八一六年，他坐馬車沿著霞慕尼—瑟沃斯路前行，第一回抬頭仰視阿爾卑斯山脈時，被徹底征服了。幸運的是，他雙手並不需要控韁，可以任意盯著眼前群山。他在一封著名的信裡描述他當時的反應，寫道：「我從不知道——我之前沒有想像過山是什麼樣子。當山突然出現在我眼前，這些高高聳立的山峰如此巨大，激起了我出神驚歎近乎痴狂的豐沛情感。」

借助於後見之明，我們不難看出高度爲何能迷住浪漫主義的藝術家，諸如弗瑞德里克、濟慈和雪萊等人。高度的概念完全投合浪漫主義對個人的讚揚。峰頂正是讓人凸顯自己、受到注目的地方，讓人可以傲視群倫。山頂也爲浪漫主義的自由理想提供了代表圖像：有什麼能更鮮明地體現自由與開闊？「人類並不是生來就該一窩蜂擠在蟻丘裡……他們越是聚在一起，就越是腐化彼此。」盧梭如此寫道，他這個觀察在都市化加劇的十九世紀顯得格外有力、貼切。城市充滿了商人和小偷，然而高山之上！——高山上缺乏罪惡。山頂成爲無所不在的象徵符號，代表被城市束縛的心靈獲得解放，以及想要擺脫疏離、墮落城市的浪漫主義田園嚮往。在城市人群中你可能是寂寞的，但是在山頂你能夠找到清靜。

而且，當然了，浪漫主義鍾愛的冥想正是在山頂上，在獨自一人時既能盡情沉涵，又能受到激勵。在浪漫主義的文獻中，我們一再發現旅人聲稱高海拔激發了一波波崇高思維。「能滿足峰頂上哲學家靈魂的，是何等偉大的奇觀！」塞納庫爾（Pivery de Senancour）在一八〇〇年如此宣告。稍早二十年前德索敘爾更是著迷：「山頂上的哲學家靈魂在滿足於偉大的奇觀（高山）時，所生的感受能以何等語言重述，心中的想法又能如何描繪？高山似乎主宰了我們的地球，發現了地球活動的起源，也至少指出了影響地球進化的主要動力。」浪漫主義在關於高度的想像中混入一種吸引力的新元素：幾乎可以保證一個人會經由登高受到啓迪，也就是精神上或藝術上的頓悟。④山頂和觀景點成爲冥思與發想的場所，你不只在有形的層面上，也在形而上的層面上看得更遠更深。從維多利亞時代的家庭在北部丘陵（North Downs）上野餐、俯瞰倫敦，到登山家先驅艱難地爬上處女峰頂，所有登高旅遊的人都有一部分是受到一個信念的吸引：他們會同時收到遠景及內在的獎賞，地景與內景都會展現在他們眼前。

• • • • •

一八三六年，達爾文不無自信地宣稱「每個人都應該親身體驗高處的壯闊風景所傳遞給心靈的那種勝利感與驕傲感」。從一七一四年大主教柏克利途經「可怕的懸崖」所感到的厭惡，進步到這勝利感與驕傲感，變化何其之大。在一百多年間，高度開始代表大量迷人的特性。高度等於逃脫，等於避世獨處，也等於精神上與藝術上的頓悟。高度也被認定具有物理上的純淨屬性，人們認爲高山上的空氣更新鮮，也更乾淨。「高山的氧氣確實具有德性。」汀達爾在一八七一年如此宣示。一八五〇年代以降，歐洲的阿爾卑斯山區設立了數不清的高山療養院，供罹患肺結核或哮喘的病人居住，吸收山區的陽光，呼吸山區的空氣，然後在晚餐桌邊高談闊論。這些人包括曼斯菲爾德（Katherine Mansfield）和史蒂文森（Robert Louis Stevenson）。我的曾外祖父當年被診斷得了慢性支氣管炎，醫師建議他搬到瑞士。那裡的空氣沒幫上忙，他一九三四年去世，葬在一座可以仰望群峰的山區墓園裡。但就因爲這層緣故，我的外祖父在瑞士長大，也在那裡染上對山的熱愛，然後再把這份熱愛傳染給了我。

到十九世紀最後那二、三十年，世人一聞登高便自然而然肅然起敬。對那些不願意冒險或負擔不起爬上山坡的歐洲居民來說，置身高處的經驗能通過多種形式獲得。印有風景照片與版畫的書籍、探險日記和廉價版的浪漫主義詩歌，這些二手體驗都至少給待在家裡的人提供了關於高度的事實與感覺。在早期歐陸山景油畫家諸如羅薩（Salvator Rosa）和德蒙佩爾（Josse de Momper）的帶領下，德洛瑟伯格（Philippe de Loutherbourg）、透納、卡森斯（Alexander Cozens）和馬丁（John Martin）等十九世紀畫家紛紛在畫布上塡滿險峻的景致，運用變形的比例、非比尋常的視角和混斷的地平線，使觀者失去平衡，將他們拉進頭暈目眩的畫面中。一八二〇和三〇年代，在倫敦萊斯特廣場「圓形大廳」或「全景河岸」中，觀眾可以在中央的環形平臺上漫步，四周是三百六十度展開的白朗峰地塊散點透視圖——阿爾卑斯山全景。參觀者待上一兩個小時後，腦中就會充滿怵目驚心的山景幾何圖形：冰雪的閃光，以及岩石的黑色條紋。阿爾卑斯全景畫的企圖是超越寫實主義，而且也成功做到了——參觀者都經歷到嚴重的迷向，甚至罹患高症。一八五〇年代後，火車快到被某個遊客稱之爲「歡快之速」，往返策馬特所需的時間從六十六天縮減到十四天。綽號「遠足界拿破崙」的庫克（Thomas Cook）發揮了創業精神，把大眾帶去眺望馬特洪峰。對於每天只能看到英國城市低海拔天際線的人來說，那是何等令人振奮的衝擊。

這種共通的情感遺產一代代留了下來，並且傳播給無數人。那些在山上喪生的人和那些參加庫克行程前往阿爾卑斯山的人，以及那些只是閱讀山岳記述的人，或者只是忘形凝視名山的人，其實都是同一類人，只是投入的程度不一。這些人都感受到高海拔的魔力，也都扮演著高海拔分派給他們的角色。尋求大眾關注的登山家和尋求提升的大眾，近乎完美地結合起來。一種新的高山病漸漸攫住長久以來對高山抱著敵意的大眾想像。這種高山病的反胃來自人「不在」高海拔上。羅斯金就約略提過這種反胃，坦承處於完全平坦的大地上，他感覺到「有種噁心及疼痛」。

◆ ◆ ◆ ◆ ◆

一八二七年，一個名叫奧德鳩（John Auldjo）的年輕人，才剛從劍橋大學獲頒學位，他聽人描述過阿爾卑斯山後，熱血沸騰來到霞慕尼，打算成爲第七個登上白朗峰最高點的英國人。他抵達小鎮不久，一個當地人找上他，那人一七九一年在白朗峰遭落石擊中，頭骨嚴重破裂。老人把凹陷的腦袋湊近奧德鳩的臉，警告他不要試圖攀登白朗峰。奧德鳩付之一笑，不過倒是做了預防措施：雇用六個嚮導以確保他平安上山。

然而，就算是一整營嚮導也無法讓他免於高山的折磨。高山症、失溫、雪盲症和嗜睡症，在上山途中一一纏上他，回程又加入中暑、消化不良、運動控制喪失，最後是完全昏厥。他還是爬上了山頂，但多虧他那六位嚮導同心協力，他才得以倖存。當時奧德鳩的體溫降到最低，完全動彈不得，那些嚮導擠在他身邊用體溫爲他取暖，他的身體才回溫，並得以走完最後幾小時的下山路。他搖搖晃晃地回到霞慕尼，受到英雄般的歡迎，花了兩天時間休養，然後揮淚告別那幾位嚮導，出發回倫敦。

一回到英國，奧德鳩就寫了一本登山遊記，時而描寫自己的極端痛苦，時而形容高山的極端美麗。在高山失分的那一面，奧德鳩硬氣地強調，攀登過程異常艱辛，而且「過於寒冷」。即使如此，他宣稱爲了白朗峰頂的視野，他經歷的一切痛苦都是值得的。他形容當時眼前的風景是「令人目眩的輝煌，幾乎讓人目不暇給，沒有任何語言的力量足以恰當描述」。

奧德鳩在書末總結評述道：「我這麼說也許不算太自以爲是，對所有具有冒險精神，或許有意參與類似活動的人來說，這份簡短的記述可能還是有點參考價值。」當然不算自以爲是，奧德鳩那揉合英勇和崇高感性的風格果然大受歡迎，那本書也大爲暢銷。他寫出來的經歷不僅加深了大衆想像對白朗峰的迷戀，也讓一個想法變得普及，那就是視野，那種「令人目眩的輝煌」，也許值得我們爲之甘冒生命危險。一八二八年之後的那幾年間，英國男性嘗試攻頂的人數大幅度上升——奧德鳩的書引發了全國的想像。

在那些讀者中有一名叫史密斯（Albert Smith）的年輕人，他的想像力因奧德鳩的描述而熊熊燃燒，以至於想要動身前往霞慕尼，試圖攀登白朗峰。他在一八五一年成功登頂，相對於啓發他此行的奧德鳩，史密斯所遭受的病痛要少得多。如我們所知，史密斯的攀登變成他一八五三年三月在倫敦開幕的熱門表演主題。登山的新聞也傳到了美國，無數人閱讀了史密斯的登山記述和他所描述的峰頂無敵美景，其中一人是登山家比恩（Henry Bean）。一八七〇年九月五日，他在美國朋友蘭達爾（Randall）、牧師麥克考肯德爾（George MacCorkendale）、三個腳夫和五名嚮導的陪同下，開始攀登白朗峰。

一開始順利得很。全隊先是在無可挑剔的好天氣中輕鬆爬了一段，之後在大騾子木屋（Cabin des Grands Mulets）過了一夜。第二天清晨，在溫暖的陽光照耀下再度出發。有人從霞慕尼的天文望遠鏡中看到比恩一行人在下午兩點半到達白朗峰的最高點，隨即轉身下山。就在那時候，雷雨雲以可怕的速度包圍了他們，一行人就此從望遠鏡中消失。

如果我們能夠在二十四小時也出發上山，沿著比恩先生和蘭達爾先生選擇的路徑走，我們會離開霞慕尼小鎮，越過山麓陡峭茂密的松樹林，穿過佩樂林冰河（Glacier des Pèlerins）破裂的冰面。從這裡開始，我們走進仍然籠罩著山區的暴風低雲中，飛快而緊張地穿過南尖峰下方回聲隆隆的山腹峽谷，那裡落石正不規則地連番滾下，最後我們進入圍住白朗峰最高點的暴風雪，這暴風雪劇烈到任何人一旦進入，四周都只有白茫茫一片。

而在這裡，在圓頂山坳（Col du Dôme）單調雪景的某處，我們會發現比恩先生。他弓著身縮在一個雪洞裡，那是他和其中一個腳夫一起用登山杖和僵硬的手指充當鐵鍬挖出來的。比恩先生在洞的最外側，臉朝內，勉強握住一截短短的鉛筆。他的手指由於凍傷而變白變紫，而且都僵硬了。他的衣服凍結成人字斜紋軟呢的硬殼，難以動彈。他靠在和他一起蹲坐在雪洞中的腳夫背上，正在他帶上山的筆記本裡給他的妻子寫幾句話。他的鉛筆在紙上不靈活地慢慢移動。在風聲的狂嘯中，粗糙的鉛筆劃過粗糙紙面的刮擦變得無聲無息。他在寫下的文字後方添加了幾段話：

九月六日，星期二。我已經成功登上白朗峰，和十個人一起——八個嚮導，還有麥克考肯德爾先生和蘭達爾先生。我們在兩點半到達峰頂。一離開峰頂，我們就被一片片雪圍住。我們在挖出的雪洞中過了一夜，那只能勉強遮避風雪，我整晚都很不舒服。

九月七日，上午。嚴冷。激烈的雪沒有斷過。嚮導一刻也不得休息。

傍晚。我親愛的海希，我們已經在白朗峰待了兩天。我們困在可怕的暴風雪中，迷失了方向，待在一個雪洞裡，海拔高度四千五百公尺。我不再抱任何下山的希望。

從此時起，比恩先生的字跡變得更潦草、更不穩定：

也許會有人發現這本筆記，然後寄給妳。我們沒有東西可以吃，我的雙腳已經結凍，我疲憊不堪，只剩下再寫幾個字的力氣。我有預留孩子的教育費，我知道妳會明智地運用。我懷著對上帝的信念和對妳的愛意死去。與世間的一切道別。我們會再度相遇，在天堂裡……我一直都思念著妳。

◆ ◆ ◆ ◆ ◆

這一系列事件之所以既迷人又可怕，是因爲我們從中清楚看到，人們會把對於高海拔的那些誘人又危險的想法傳給另一人，就像史蒂文森《金銀島》書中的黑券一樣，直到最後導致悲劇。這一系列事件說明了高度、視野和峰頂這樣的模糊的概念如何以豐沛的感情傳送出去。奧德鳩在閱讀別人的阿爾卑斯山攀登記時受到觸動，決定要去攀登白朗峰。然後他自己的故事鼓勵了史密斯去效法他的壯舉，而史密斯在皮卡迪利的表演鼓舞了數以萬計的人去親身目睹白朗峰。其中就有比恩，他受到啓發，於是離開他的妻子，展開他悲壯的冒險。奧德鳩和史密斯全身而退，比恩、麥克考肯德爾、蘭達爾和八個沒有留下姓名的嚮導卻送了命。這些男人都被兩個交纏的想法吸引到山上。首先，登上高山之巔這個抽象的概念本身就是值得追求的目的；其次，他們相信從巍峨高處往下望的視野，具有令人不惜一死也要目睹的美，正如奧德鳩所形容，是「令人目眩的輝煌風景」。

正如所有死於山難的人——托木爾峰頂凍結的俄羅斯佛像、我外祖父上學經過的紀念碑所銘刻的父與子——將比恩送向死亡的，是一種在他出生前許多年就啓動的意識。因爲我們感知、回應地景形態的方式，是受那些去過的人所激勵、指點和提醒，沒有任何山上的死亡是隔絕於歷史情勢之外。雖然我們可能想要相信我們的登山經歷是完全個人的，但我們每個人其實是被複雜且大致上看不見的情感王朝所統治：我們透過無數不知名的前輩之眼在觀看。伊夫林在高山上意外發現的樂趣、弗瑞德里克所繪的岩岬上旅人經典畫像、雪萊吟詠大氣的詩歌、奧德鳩在白朗峰頂所見的醉人風景，這些都影響了人們以不同的方式去想像高度。如今，在二十一世紀初，數百萬人的想像受到登山家與作家辛普森（Joe Simpson）所稱的「巍峨高處的沉默召喚」所影響：攀登高山的反轉重力，也是不斷拉著你往上的吸引力。

註1：當然並不是每個人都喜歡爬山。有個很風趣的人，我想不起來是誰，他睿智地評論說：「當一個人的胸圍與他的身高顯得不成比例時，他會偏好他靈魂底層的平原。」話雖如此，不過索道、纜車、升降椅，以及所有上升的重型機械會問世，適足以證明即使天性不傾向步行上山的人，內心也能感覺到登高的衝動。作者註

註2：大丘陵原文Great Hill，Hill既指姓氏希爾，也指丘陵。編註

註3：等到濟慈爬上眞正的山時才發現，人並不會因此得到什麼靈感。一八一八年濟慈在湖區試著攀登一座山峰，他寫道：「我應該，我想，我（已經算是）到達山頂，但不幸我一條腿滑進泥濘的洞裡，全身都濕透了。」這是心中之山與眞實之山的一個較無害的差別。作者註

註4：對阿爾卑斯山的創造性力量最能敲槌定案的或許要數華格納，他把阿爾卑斯長號加到《崔斯坦與伊索德》的樂譜裡。在第一次演奏這部歌劇之後羞怯地說：「我構思（這件作品）的時候是在安詳壯麗的瑞士，眼前就是戴著黃金冠冕的群山美景。作品確實是傑作，而且我不可能在別的地方構思出這樣的作品。」作者註

六 走出地圖

所有最令人興奮的海圖和地圖，都有標記為「未探勘」的地方。

——亞瑟．蘭瑟姆，《燕子號與鸚鵡號》，一九三〇年

Arthur Ransome, Swallows And Amazons

我所拿過最令人興奮的地圖是一張影印紙，上頭繪製的應該是天山山脈的極東，靠近吉爾吉斯、中國與哈薩克的接壤處。這張地圖之所以令我興奮，是因爲繪製得如此簡陋：圖上畫了一道十字表示一座山峰、一個圓圈表示湖，以及一條線表示山稜。山脈周圍沒有彎曲的等高線，也沒有畫上陰影來代表危險的峭壁。而且完全沒有地形測量圖常用的字母縮略詞，例如步行橋標示爲FB（footbridge）、郵局標示爲PO（post office），以及酒吧標示爲PH（public house）等等。

地圖中央簡單畫上英尼切克冰河在山脈中切出來的Y字形峽谷。這條天山的中央通道相當聞名。第一個走過的人是俄羅斯探險家謝苗諾夫（Pyotr Petrovich Semenov），時間是在一八五六和五七年（他之後變得很有名，以十九世紀俄羅斯的命名法，被稱爲謝苗諾夫－天山斯基）。在伊塞克湖（Lake Issyk-Kul）周遭地帶出沒的吉爾吉斯土匪嚇不倒謝苗諾夫，他直接向東一路挺進到申塔什隘口（Santash pass）。長久以來這個地區一直是中國和中亞平原上諸君王爭奪的邊界，據說帖木兒曾經在申塔什隘

口下達軍令，要求麾下戰士出征中國經過此地時都要放一塊石頭，之後收兵回來再經過隘口時，每人再拾起一塊石頭。帖木兒只消清點剩下多少石頭，就能知道他在中國折損多少士兵。

正是謝苗諾夫所寫的報告引來了隨後的俄羅斯探險家和地圖繪製者，包括惡毒但聰明過人的普爾熱瓦爾斯基（Nikolai Przhevalsky）。身為以波蘭—俄羅斯的歐洲身分為傲的哥薩克後裔，普爾熱瓦爾斯基嫌惡與他長年共處的亞洲民族。他在最後一本著作中提議消滅所有蒙古人，以哥薩克人取代，據說史達林差一些就要推動這個政策了——民間謠傳史達林就是普爾熱瓦爾斯基之子。普爾熱瓦爾斯基克服了他對非歐洲人的厭惡，足足領導了四趟橫越中亞的探險，其中一次去到吉爾吉斯斯坦的最東邊。一八八八年，他死時身邊都是亞洲人，地點是在伊塞克湖東端的卡拉庫爾鎮（Karakol），如今在俄文中是以他命名。他閃閃發光的黑色鑄像高高俯瞰著鎮上塵土飛揚的廣場，旁邊還有一座乏人問津的紀念館，裡面擺滿他這一行的小玩意兒：鞍袋、地圖、武器，以及——說起來奇怪——一堆填充動物。

在普爾熱瓦爾斯基之後，是慕尼黑出生的探險家麥茲巴赫爾（Gottfried Merzbacher）。但驅使麥茲巴赫爾來到這些山脈的動力並不是政治性的，而是求知欲——普爾熱瓦爾斯基才是帝國大博弈那套的要角。麥茲巴赫爾讀過謝苗諾夫對該地區的記載，著迷於他所描述的天山山脈上那個「巨大的節點」，粉紅色大理石構成的巨大無瑕金字塔高山，謝苗諾夫命名為「騰格里汗峰」，意為「天之賢王」。之後來過這個地區的俄羅斯地質學家證實了謝苗諾夫的推測，但是也像他一樣，缺乏深入山脈到達那座山峰的登山技能。

從一九〇二到〇三年，在兩個提洛人嚮導和一隊哥薩克人的護送之下，麥茲巴赫爾試圖找出一條穿過山稜和冰河構成的迷宮到達騰格里汗的路線。山岳不會輕易洩漏自身的秘密，麥茲巴赫爾遭遇雪崩，被大黃蜂攻擊，飽受極端氣候之苦，隊員發生譁變，他差一點被地震的落石壓中，而地震還引發了雪崩。對麥茲巴赫爾而言，最嚴重的是他的牙刷在過河的時候掉了。然而他熬過了這些逆境，在一九〇三年八月發現了英尼切克冰河，而且在冰河盡頭幾乎與中國接壤之處，找到了「天之賢王」。

英尼切克冰河為麥茲巴赫爾提供了一條進入這些山岳的通道。經過無數個千年，冰河已經推倒、夷平了流經的所有地形，並且以無窮耐性輾磨六千公尺以上的高山。沒有這條冰河，麥茲巴赫爾不可能接近騰格里汗峰。即使有冰河之助，他仍然得艱苦跋涉數天才能爬上冰河。

我們去天山時，是乘坐直升飛機輕輕巧巧上到英尼切克冰河，四十分鐘的快速飛行，一開始沿著從冰河鼻咆哮洶湧而下的灰色融冰河流飛行，然後飛越冰河髒兮兮的藍冰。雖說這樣省了很多事，但並不是一趟愉快的旅程。

直升機是從天山深處一個偏遠峽谷的俄軍基地裡飛出來。基地建於二十世紀六〇年代中蘇關係緊張的期間，是為了竊聽中國人通訊所設的收聽站。我當時加入吉爾吉斯斯坦一支很小又沒有經驗的探險隊，現在回想起來其實很危險。我們的目標是搶占沒有人攀登過的山峰。飛到哈薩克的首都阿爾馬蒂之後，我們搭乘火車、汽車、計程車，再加上步行，花了幾天時間抵達卡拉庫爾。從那裡，我們乘坐八輪大卡車，在通往山區西端的碎石採礦路上顛簸了七小時，才抵達那個軍事基地。到達當地的那一晚，我們跟兩個高大嚴厲的美國人聊天，兩人剛從冰河飛回基地。他們告訴我們，飛行遠比高山更加危險，他們在冰河南岸的岩石上看到三架直升機的殘骸。

我們起飛的那一天清晨，我在六點掀開帳篷去見我們的駕駛員瑟蓋（Sergei），他顯然正用透明膠帶把尾部螺旋槳貼回直升機。他給了我們一個開心的微笑，兩手豎起大拇指。半小時後，雖然飛機完全不在適合飛行的狀態，但地勤人員似乎不認為有問題，用一部老式屠宰場磅秤（不甚吉利）量了我們十五人的重量後，把我們帶上飛機。跟著我們一起飛行的，還有五十顆西瓜、幾十塊棧板的食物和一頭死掉的山羊。最後，地勤人員把一支重達一百磅的紅色煤氣筒抬上機艙。當螺旋槳聲慢慢大起來時，他們把煤氣筒放在我的兩腿之間。「萬一墜機，你就像抱著你媽那樣抱著它。」

維修工頭在用力關上直升機艙門前朝我大喊。顯然他不是第一次講這句退場臺詞。

在飛行過程中，我以摔角手的頑強用大腿緊緊夾著煤氣筒。我覺得自己算幸運，如果要死，我至少會第一個死而且死得最快。當我們飛抵冰河鼻，一股寒冷的上升氣流撞上直升機，整個機體抖了起來，那瞬間我以爲我們會從空中直直墜落。但是直升機穩定了下來，繼續飛行，然後降落在狂暴的冰上。我們拉開艙門，在外面的轟隆聲中一個個重重跳到冰河上，四周圍螺旋槳帶動的下降氣流掃動冰晶，以不斷擴大的圈圈急急飛離。

這座冰山就是我那張簡陋地圖標在中央的 Y 字形地區。I–N–Y–L–C–H–E–K，這幾個字母沿著地勢排開。冰河兩側的山峰也都附上地名，並標出高度。不過除了這些之外，就沒有什麼細節了。沒有地名。也沒有高度。只有十字、線和圓圈。在冰河之外——一片空白。只有未知。

那天稍晚，我們一搭好帳篷，我就沿著一條隱約的小徑往上走到朝向中國的冰磧。走了大約八百公尺，小徑轉入一處岩石坡尖後面，通到一座冰斗。我站在那裡看著冰斗的活動好一陣子——大塊大塊的冰塔從懸垂的小冰河崩落，把光潔的藍冰碎片留在身後；一隻橘紅色鳥喙的山鴉正對著不見身影的同伴咪烏咪烏叫；一塊金字塔狀的頁岩在主冰河從下方移動時晃動著重組自己。我繼續向前，微弱的陽光從靠近我的某個什麼東西上映出餘暉。是一小片金屬板，安在泥棕色岩石的露頭上。旁邊還有一片，然後又一片。我走到岩石旁。這是埋葬山難亡者的墓地。共十五片金屬板用螺絲固定在岩石上，上面有三十一個名字。死者大多是俄羅斯人，也有一位德國人、兩位美國人和一位英國人。俄國人的金屬板只有一片沒在下方鑿上壁龕，壁龕裡擺上一些物品以表祭拜或哀悼。陰森的葬儀用品。其中有一具廉價的塑膠娃娃，漂染的金髮和猩紅色連衣裙襯著岩石的安穩色調，顯得怵目驚心。兩根烏黑的燭芯插在一汪紅色蠟油中。一朵脆弱的雪絨花頭。一尊陶製的聖母像，臉上永遠垂著天青石眼淚。

那位英國人沒有壁龕，只有一塊鏽跡暗沉的金屬板，上面刻著「保羅．大衛．弗雷卻爾（Paul David Fletcher），天山，一九八九年八月十六日」。這行字下方用粗體字寫著俄文的「英國人」。我腦中閃過一個疑問，他爲什麼來這裡？他希望在這裡找到什麼？當然不是死亡。我的思緒不斷回到我看到的那些金屬板，尤其是弗雷卻爾那一塊。我想那是記憶下意識的自我中心：在所有死者中，他跟我最爲相似。我腦中的另一個疑問是：十年前，是什麼把他從幾千公里之外的英格蘭吸引到天山來？在他的想像中，這片難以接近的大地會以什麼迎接他？

我慢慢晃回營地，有人介紹我認識嚮導狄米崔（Dmitri）。狄米崔的體態像北極熊，鬍子像聖誕老人。他聲稱自己是北極圈的冰攀冠軍，我寧可不去懷疑他，至少不公然講出來。

◆ ◆ ◆ ◆ ◆

到達冰河後那幾個晚上，我們在狄米崔的小木屋裡圍坐一桌，那是一棟搖搖欲墜用帆布和木板搭起來的建物。外面暴風雪大作。即使伴隨著暴風的呼嘯，我們仍能聽到群山發出的聲響：岩石崩落有如火槍連發，以及沒那麼頻繁的，雪崩如同炸彈般的隆隆巨響。在桌子中央，一盞鹵素燈照亮整場談話；玻璃罐裡的大黃蜂巢，發出黃白色的光。我盯著那盞燈，然後移開視線望向小屋暗處，視覺殘留像是一層薄紗，亮到彷彿暫時烙在我的視網膜上。我環視全桌所有人，強光照亮了我們前方的臉，腦後則全都隱入黑暗中。

狄米崔在桌子上放了兩個錫碗。一個碗裡是切角的橘色甜瓜，另一個碗裡是十幾顆柔滑的蒜瓣。他剝了一顆洋蔥。洋蔥內層非常白。他一手用手指跟拇指捏住洋蔥，持一把刀對切四次，然後手放開，用刀輕拍洋蔥，像魔術師用魔棒點了點高帽子，八塊切成瓣的白色洋蔥都向後倒在桌子上，像展開的花瓣。最後，他把五只小型厚玻璃杯排成一行，倒滿一種烈到黏滯的伏特加，像汽油。

我們吃吃喝喝。稍後，我眼睛受到洋蔥和伏特加的刺激，淚流不止。我問狄米崖，在我地圖上那些墨水線條之外還有什麼，在那一片空白的地方。

「什麼也沒有。只有沒人爬過的山峰。」

「我們可以去那裡嗎？」

「當然可以。我們可以走進去。」他看著我們，眼神流露輕微的不屑。「或者更好的辦法，但要花點錢，我們可以飛進去，坐直升機。去年我們就載了一群人過去。」他朝著南邊微微揮了揮手，「他們在一星期內爬了四座處女峰。如果你們想，我們可以順著那個方向到下一個峽谷，越過山稜。那裡還沒人去探勘過。」

隔天一早，我和狄米崔站在冰河的冰磧上，我頂著在陽光下不停鳴響的宿醉腦袋，問他還沒探勘過的峽谷在哪裡。他指向東南方，在那裡，高聳的積雪山稜彎身捧著藍色天空。越過山稜，就是無人涉足的地帶。

突然間，想去那裡的渴望強烈到讓我幾乎吐了出來。我在一塊冰河巨礫上坐下，陽光已經把巨礫烘暖。我展開地圖，目光從遠處山稜移向手邊地圖，再抬頭望向山稜。

紙上的空白表達得再清楚不過。我們將會是第一批踩上那片雪地、親眼看到那些山的人。我們會發揮精湛技藝不屈不撓爬上去。我們會登上四座艱困山峰，以我們的名字為山峰命名。之後我們的名字將永遠和那些高山、那道峽谷相連。我們的記憶將和我們遠道而來親睹的這片大地合爲一體。

後來當然沒有去成。旅費太昂貴，再加上我們經驗不足，那樣做也幾乎是自尋死路。我們轉而越過冰河，去爬了一座只有七年前被一支捷克登山隊攀登過的山峰。每爬一步，我都設法拋開他們曾經到此地攀登的記憶，假裝我們是拓荒者，是先鋒，是開路人，是第一批站在峰頂，在景觀的震懾下啞口無言的人。然而我們不是，當時我失望到無以言喻。

未知的事物非常能煽動想像，因爲那是一片能以想像任意延展的空間，像是一面投影銀幕，可以讓一種文化或某個人投射恐懼與渴望。就像回音洞穴，未知的事物會回應任何你所發出的呼喚。地圖上的空白處，康拉德（Joseph Conrad）形容爲「男孩暢快神遊的空白處」，可以裝滿任何你希望能成爲生命歸屬的期望或恐懼。是蘊藏無限可能的場所。我對山稜後方那片無瑕峽谷的強烈渴望，是對我自己一直秘而不宣的夢想的渴望。而我的夢想，當然，是受一種渴望所驅策：去無人去過的地方、做無人做過的事情，這種領先、開創的渴望深植於西方人的想像中。

未知地域的概念本身也不總是具有吸引力。數世紀以來，探勘的主要動機是經濟的、政治的或自我本位的，是對金錢、領土或光榮的渴望。未知的事物本身並不具有吸引力，明智的探險家都是在熟悉的地圖上規劃旅程。再一次，要到十八世紀末

從英尼切克冰河上眺望無人探勘過的峽谷。峽谷的起點是在天空線上峰頂無雲那座山的背面。

期，西方才在想像中孵育出對未知地域的渴望。在十八世紀下半葉的歐洲，一股嶄新而獨特的愛好出現了，渴望能品嘗到遠方國度、不同地域的味道和氣息。在體驗的品目中，我們如今可能稱這股愛好為「異國風情」（exotic），字面上的意思是「在外面的」。簡而言之，就是去發現未知。這種越來越強烈的渴望反映出各式各樣的挫折，其中最主要的是一種四處蔓延的疲乏，受夠了城市資產階級那虔敬、停滯的生活。已知、可預見，都成為人們排斥的屬性，對能期待意外發生的地方也有越來越強的渴望。未知被視為通往另一類經歷的大門。幾十年之後，波特萊爾寫出傳神的描述：「潛入未知的深淵，去探尋新事物。」

一七七〇年代起，這股對未知地域的求知欲望突然就化為行動。從此時跨越到下世紀的六十年間，是探索的黃金時代。這個時代的探險家、開拓者為了尋求財貨與美的事物而四處遊走，橫渡北極結著厚冰的大洋，在太平洋諸島之間穿梭，穿越非洲沙漠。更重要的是，這些人受追求新鮮事物的渴望所驅策。他們的首要目標是滲透到未知領域中，去看無人看過的事物。發現本身變成了一種目的，而這種精神特質正吻合幾十年來人類在智性上對形形色色新奇事物的迷戀。散文家達夫（William Duff）在一七六七年評述道，啓蒙精神的典範人物應該全心全意去「探索人跡未至的路徑，以期有新的發現」。一七六四年，喬治三世甫一登基便啓動海域探險計畫。他對探險家下達的御旨很簡單：「去發現南半球的新領域。」一個名叫布魯斯（James Bruce）的蘇格蘭年輕人躍躍欲試，想要成爲喬治三世治下第一位「上呈新發現」的人，於是出發前往阿比西尼亞探索當地的山川。

這些前往蠻荒地帶的探險家是那個時代的電影明星，既迷人又聲名狼藉。當他們一歷險歸來（如果能夠歸來），就會把他們的奇遇撰寫成書，配上摺頁地圖，上面還用虛線和破折號標誌他們如何突破未知領域。一八二二年，在北極凍原停留了三年的英國北極探險家弗蘭克林（John Franklin）回到倫敦，當時謠傳他跟他的船員在食物耗盡後之所以能存活，是因爲他們吃下了鞋靴皮革、青苔地衣，以及最終——吃下了對方。弗蘭克林的探險記成了暢銷書，而且二手書的要價遠遠高於定價。帕里（William Edward Parry）上尉，這位固執狂熱的北極探險家由於多次前往北極而聲名大噪，走在街上都會被熱心的支持者簇擁包圍。①

甚至在咸認爲探險黃金時代已經結束的一八三〇年代，地理未知的概念仍然是十九世紀外交政策的驅動力。英國、法國、俄羅斯、西班牙、比利時，那世紀所有重要的領土擴張強權都致力於在地圖空白處著上他們自訂的顏色，綠色是法國，橘色是俄羅斯，粉紅色是英國。在美洲，當然，是一場完全不同的戰役：舉全國之力將所謂的文明邊界往太平洋推進，打著「昭昭天命」的名義，在美洲大陸上往西部海岸擠出未知的領土。遠征的槍彈一發發由這些帝國射擊出去，下足了本金，宣稱並據稱要教化這些世上的未知地帶。

只要有一處空白被塡上，就會有一處新的空白被點名取代。尼羅河源頭、西北航道、北極與南極、圖博、聖母峰，十九世紀的每一代人都能找到一處地理上的新奧秘去苦思冥想、去執迷不悟。德國探險家培爾（Julius von Payer）不僅代表閱讀大衆也代表同輩探險家作出評論：「在想像中，沒有什麼情況會比一位探險家走上未知大地更令人興奮，尤其是當自然似乎以一堵無法穿透的牆圍住他，而且那片土地還無人踏上的時候。」

英國似乎比其他帝國更渴望認識整個世界，更想用地圖去爲地球標出格線，去環繞地球航行。皇家地理學會在一八三〇年創建，宗旨是「推動地理科學的進展」。在維多利亞女王即位前許多年，塡滿世界地圖剩餘空白的目標不僅已成爲文化正統，也是政策議題。一八五四年《泰晤士報》登出一篇社論，聲稱：「若有人談及某塊仍未有英國人進入的土地，那他一定是第一位造訪該地的人。」一八四六年，海軍二等秘書巴羅（John Barrow）聲明道：「世上僅有北極是我們仍一無所知的，應將探求一切知識當作馬刺，用以鞭策我們去將那塊無知的汙點從這個開明的時代中給清除掉。」巴羅所言並非事實，當時世人對南極洲與喜馬拉雅山的認識遠遠少於北極，但是他激昂的修辭精準地吸引了十九世紀中葉英國人想要解破地球之謎的熱忱。

無疑，十九世紀對探險與發現的氾濫崇拜影響了當代人對山岳的看法。對那些無力遠征但又受未知所誘的人而言，走向高山提供了另一種吸引人的替代探險經歷。對歐洲探險家來說，高山還格外吸引人，原因是山岳離他們的家鄉很近。你想上山，不需要走到無法企及的遠方，也不用說服海軍部資助遠行的花費。要親身體驗未知的高山，不需要克服遙遠的水平路程，例如到南極洲可能必須向南航行一年，或到北極必須向北航行數星期，奮勇穿過跟船一樣高的海浪以及跟船一樣寬的冰山，登山只需輕快地垂直往上。只需要一天的時間，只需要配備決心、一雙耐磨的鞋以及裝著食物飲料的背包，你可以從祥和的瑞士草原出發，攀登嚴酷不輸北極的阿爾卑斯高峰。

另外，與其他顯然更大膽的冒險相比，高山以很多方式提供了更純正的未知體驗。富比世在一八四三年寫道：

紳士步行穿越西伯利亞時氣定神閒，一如女士騎在馬背上一訪佛羅倫斯。對於在美洲大陸上閒蕩的人而言，大西洋甚至只是一條捷徑，橫越大陸前往印度的路線在遊記上像是從倫敦走到巴斯。沙漠處處有驛站，而雅典也有公共馬車。但是歐洲最深的心臟是一個不為人知的地帶……正當帕里，和弗蘭克林，和福斯特，和

薩賓（Sabine），和羅斯（Ross），以及達爾文，正當這些人勇敢面對北極和南極的嚴酷氣候，從而獲得地球、大氣層、氣候與動物等各種現象的知識時……窩在地球一隅的我們，是否充分得知這所有詳情呢？無疑沒有。

在上述富比世的字裡行間，你能讀到對於人類想要開化廣闊世界的厭倦（大西洋成爲一條捷徑、西伯利亞是人行道、義大利是馬場、雅典整天塞車），一種在百年間越來越強烈的感受。然而，原來文明歐洲的心臟中埋有阿爾卑斯山的未知地帶，他對此一發現的興奮之情也躍然紙上。

阿爾卑斯山脈有無數處女峰，而阿爾卑斯山脈的後方還躺臥著更高聳的山脈，未畫入地圖、無人探勘、無人攀登，那是安地斯山、高加索山和喜馬拉雅山……《山峰、隘口與冰河》（*Peaks, Passes and Glaciers*, 1859）是當時阿爾卑斯俱樂部會員所寫的文集，頗受歡迎，第一卷有篇編者語呼籲人們注意阿爾卑斯山爲登山提供了「不受限制的冒險場地」，「更不提英國人有朝一日要以腳去測量的大量山脈」。而這，想必還要加上英國人身體的其他部位。

在這大量「未知地帶」的吸引下，從一八五〇到九〇年代，義大利、法國、德國、瑞士、美國及英國的登山客紛紛湧到阿爾卑斯山，去打包、攀登、命名，還有最

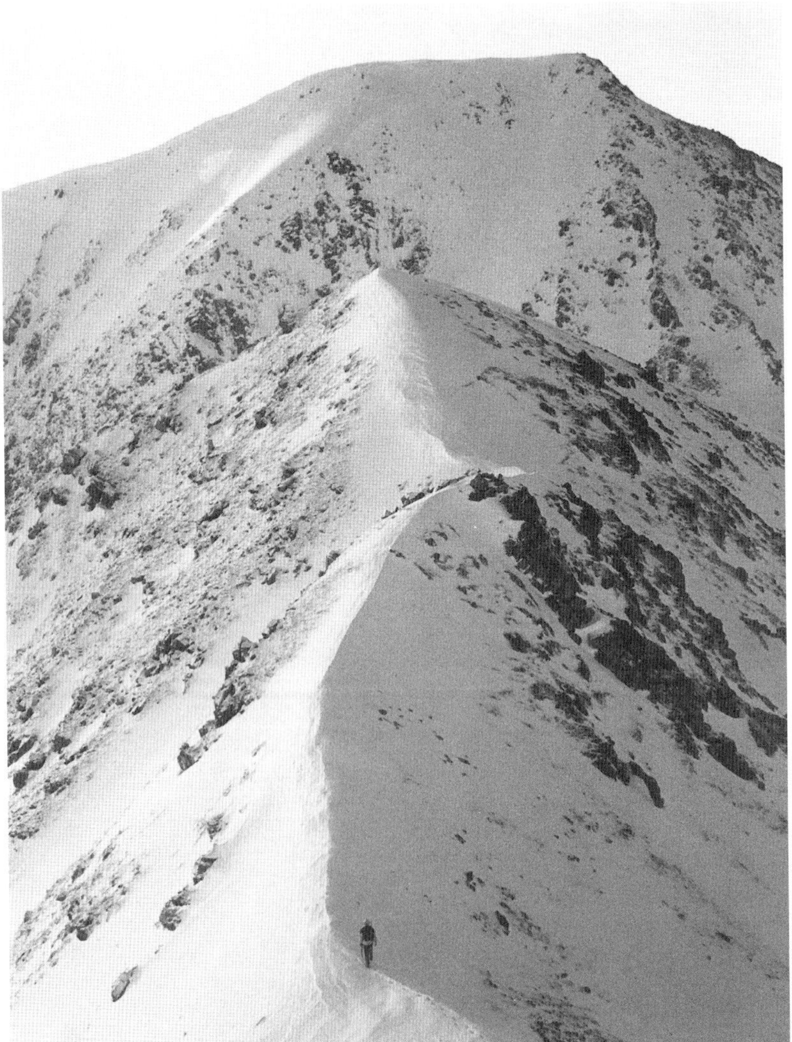

重要的，繪製地圖。

早期歐洲的地圖是以鼴鼠丘或者岩石上的小棕花來標示山丘。例如《卡登尼恩世界地圖》（*The Cottonian World Map*, circa 1025–50）就描繪了幾個粗略的焦糖色小丘，一頭長著翅膀有點像獅子的駝背怪獸在小丘周圍散步。只要是知識淡出的地方，傳奇就會開始出現。在早期的地圖上出沒的奇幻動物，是未知地域的化身，表現無知的小插畫。不過，到了十五世紀，這些不可思議的巨獸，獅身蛇頭之類的，幾乎都從地圖上絕跡了。知識的傳播使這些東西無處容身，儘管它們在水手、探險家和旅人的想像中存活得相當久。

即使這些怪獸消失了，世人仍繼續用其他形象來代表山岳，就像森林在地圖上像一小叢風格化的杉樹林，海洋則像一行行上湧的藍色波紋。這些早期地圖上的山，是按照你從峽谷望去時可能看到的山貌來描繪，而「俯視圖」，從高空往下看的景象，在那時候還沒有人想到。有張十五世紀末葡萄牙版本的歐洲地圖是用一排排微小的棕色土丘排列成整齊的幾何圖案來代表山區，看起來像是一隊訓練有素、勤勉不懈的鼴鼠在歐洲大陸上努力工作。更奇怪的是一四八九年《卡內帕．波托蘭地圖》（*Canepa Portolan*）的阿爾卑斯山標誌，山形上下顛倒、塗著斑斕的顏色，看起來像一串串紅色及綠色的葡萄。

在十六和十七世紀這兩百年間，地圖的繪製技巧越來越精細、標準，而且也更用心區分不同的地貌。一六八一年，波納特批評：「這些地理學者在他們的圖表上描述或標註山岳的數量與形勢時，不是很仔細。」他提議所有「王子」應該有「屬國與屬地的地圖」，適當描述「山勢」及「野地和沼澤的分布」。波納特以稍顯色情的語氣解釋他的建議：「以此方式想像地球極其有用，經常盯著這些赤裸的地圖，如同看到大自然向你解衣卸裙。在那樣的狀態下，我們最能判斷地表的眞實曲線與比例。」

在文藝復興時期盼望突破的壓力下，繪製地圖的人想出了辦法來顯示立體效果。之前隨處可見的鼴鼠丘演進成錐狀、平頂或陡峭的山形。開始有人畫上陰影，以示從地面隆起。暈滃線（用短線畫成的陰影）也開始用在地圖上，以顯示坡度與陡峭程度——坡度越陡，暈滃線越密、顏色越深。腓特烈大帝指示他普魯士軍中的地形學者：「凡是我到不了的地方，都用墨水塗黑。」輪廓線在十六世紀就問世了，但要直到勘測技術進步到能提供繪圖所需的細節，才得以適切地用在地圖上。

一張地圖的魅力與樂趣就在於默不作聲，在於不完整，在於保留了空隙去讓想像塡滿。就像旅行家富珮斯（Rosita Forbes）所指出的那樣，地圖具有「唾手可得的預知魔力」。在我家，每回登山旅遊之前，我們總是老早就買好地圖。新地圖又吵又頑劣。你一展開，它們就抗拒，設法彈回到原來摺好的狀態。如果摺反了，它們就窸窸窣窣作響，還會裂開，硬紙板也不時凹凸變形。我們會在地上把地圖攤平，四角用書壓著，然後跪在地上計畫可能的路線。我父親早早就教我看等高線，所以整張地圖就神奇地變得立體了。

地圖給你一雙魔靴，能讓你在幾秒鐘內飛越幾公里。用鉛筆筆尖就能畫出想走或者想爬的路線，你可以跨越冰隙，一縱就跳上高高的山壁，還能不費吹灰之力涉水過河。在地圖上，天氣永遠晴朗，能見度完美無比。一張地圖提供你透視地景的力量，而閱讀地圖就像坐飛機飛越一個國家，無臭的、加壓的、溫控的測量探勘。

但是地圖永遠無法取代地球表面。紙上談兵會導致我們貪多嚼不爛。我們可能在家裡策劃好一條路線，然而在現實中，那裡的地形卻是可能吞沒一切的沼澤、長及膝蓋的石南，或積雪深厚的礫石地。有時實際看到風景也會警告我們意識到地圖的力量有其侷限。有一回，風把地圖從我手上搶走並吹到懸崖邊。另外一回，地圖被暴雨打爛無法辨讀。我曾經站在一片白茫茫的山頂，雖然能夠指著地圖說「我就在這裡」，但還是不得不躲進一個雪洞，直到風暴過去。

地圖不考慮時間，只考慮空間。地圖無法顯示地景會如何不斷變動——地景會不斷修訂自己。河道不停運送泥土和石頭。地心引力把岩石從山坡上拉下來滾到低處。松雞把石英碎片吞到嗉囊裡運用，然後到別的地方排出來。物體、石頭，不斷在運送。其他的變化也不斷發生。一陣突如其來的雨能把一條支流小溪變成無法橫越的急流。從冰河口融出的水流，會把淤泥雕刻成不停變換的抽象美麗圖案。這些都是地圖無法標明的風景面相。

高爾頓（Francis Galton, 1822–1911）如今最廣為人知的是開創了優生學並為之命名，但是和許多維多利亞時代的人一樣，他具有多重身分，包括探險家、登山家、通靈人、氣象學家、犯罪學家和指紋鑑識的提倡者。高爾頓同時也是富有開創精神的製圖師。他最不朽的變革是把天氣系統的符號和地圖結合起來，創造了日後電視天氣圖的原形。高爾頓相信，地圖不應該只傳遞地形的空間情報。他想要讓旅行者對造訪的土地先有鮮明的印象。他覺得地圖應以某種方法複製一個地方的氣息、香味以及聲音：

沿海村莊的海草、漁獲和焦油，蘇格蘭高地的泥炭煙燻味，或者英國小鎮那種濃重、粗野又腐臭的氛圍……蚱蜢沒完沒了的嘈雜叫聲、熱帶鳥群尖銳刺耳的鳴聲、嗡響、外語口音。

高爾頓的多媒體地圖想得並不周到，因為他的主張幾乎已是世界本身的摹仿版。但地圖是一種縮寫，這是地圖的定義，也是地圖的力量與限制。要好好了解一處地

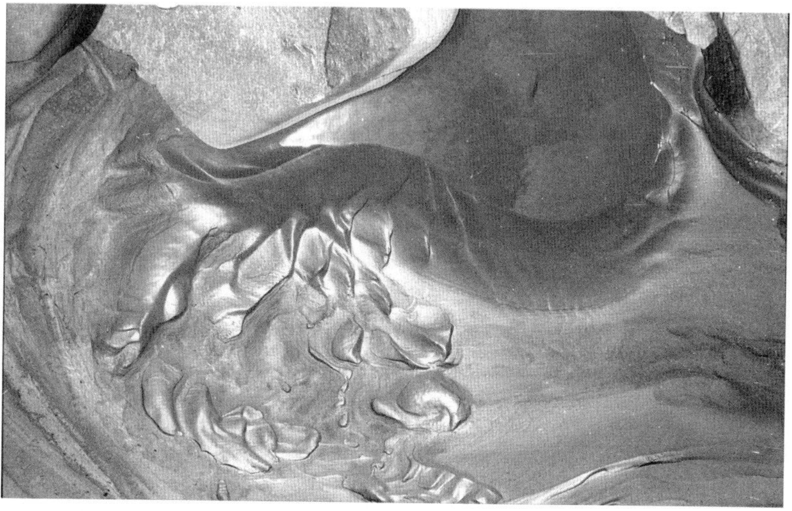

冰河淤泥形成的圖案

景，你必須親自走一趟。你需要親眼去看冬天的樹如何收集熱能，從而融化樹腳的雪。你需要親耳聽到烏鴉發出來福槍響般的叫聲朝冰面猛撲。你需要站在上千公尺高峰上，透過腳下鄰近鎮上閃爍的燈光，去感受黎明前蒼茫的阿爾卑斯天空多麼遼遠無垠。

世界上大多數山區都是從十九世紀開始標在地圖上，那是帝國的世紀。地圖繪製始終是帝國宏圖的先鋒，因爲要繪製一個國家的地圖，不但要在地理上也要在戰略上充分了解那個國家，並因而得到控制該國後勤的力量。以英國而言，英國人想要消除地球上所有未知空間的本能欲望，完全符合帝國的政治野心。

十九世紀初之後，向外擴張的英國和俄羅斯兩大帝國開始在中亞橫生扞格，泛喜馬拉雅地區的詳盡製圖知識變得極爲重要。一八〇〇年，派駐孟加拉的總測量師高爾布魯克（Robert Colebrooke）對麾下所有英國步兵軍官下達軍令，要他們任選一個國家進入並繪製地圖。在那時，安地斯山脈仍然被認爲是世界上最高的山脈，當這些非法的測量員開始從喜馬拉雅山脈的高峰測到比安地斯山更高的數值時（例如有位韋布中尉帶領手下從平原的四個測量站測量道拉吉里峰，算出高度爲八千一百八十七公尺），便受盡專業製圖師的嘲弄，指控他們搞錯了數字（如今世界公認道拉吉里峰的高度大約爲八千一百六十八公尺）。

這些不合常規的製圖師搜集到的資訊通常代價不菲。除了他們經過的地帶本來就有的客觀危險，這些人還得冒著被土匪攻擊或者被當成間諜處刑的風險。阿富汗王公對膽敢在境內遊蕩的鄰國強權人馬尤其不寬容。由於在這類事故與暗殺中折損太多人員，英國便以典型的英式反應處理：訓練當地的印度人繪製地圖，讓他們喬裝成朝聖者，派到英國軍官無法安全到達的地區去勘察與繪製地圖。這些人後來被稱為「智者」（pandits），也因此英文中多了「權威專家」（pundit）這個名詞，他們自創一套數腳步的方法，一千六百公尺走兩千步，每走一百步就撥一顆念珠作為記號。他們把筆記塞在轉經輪裡隨身攜帶，將溫度計藏在旗杆中，運用沸點的變化測量海拔高度。這些早期的「智者」中最著名的是辛格（Singh）家族的堂兄弟奈恩（Nain）和紀辛（Kishen）。紀辛盡責到不僅算出自己的步數，還算出馬的步數，有一回他遭受土匪攻擊不得不騎馬逃離，但靠著馬跑的步數也繼續畫完當地的地圖。

在一八一七年，印度的「大三角測量」開始在南印度乾熱的平原上熱烈展開，負責指揮這項計畫的是士兵測量員蘭普登（William Lambton）。大三角測量的目的是為整個英屬印度建立一個所謂「棋盤式系統」，一個把製圖三角連結起來的模型，並藉此估算整個印度次大陸上任意兩點的相對距離與高度。大三角測量浩浩蕩蕩從科摩林角向印度的北部移動，一路上畫出三角形，同時收集人口統計數字和地形的相關資訊。

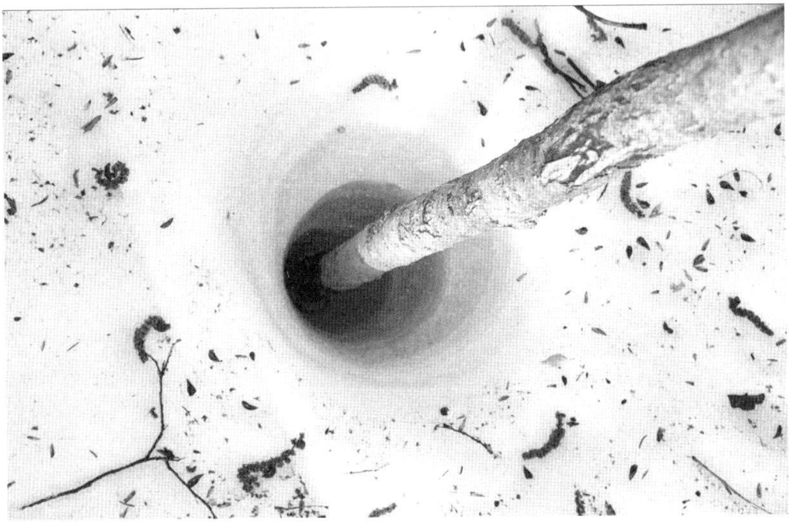

▲立在陳年老雪中的樹幹

▼破曉時分的岩石要塞

到一九三〇年代初，大三角測量的前導隊伍已經能看到喜馬拉雅山了。爲了測量喜馬拉雅山那些縹緲的頂峰，他們築起十八公尺高的石塔，上面的經緯儀可以瞄準山頂，甚至能更遠深入當時的尼泊爾和圖博禁區。把當地空氣產生的幻視以及喜馬拉雅山脈的引力對鉛垂測定線的側面拉力都納入考慮後，喜馬拉雅山脈最高的七十九座山峰高度「確定」了。這些山峰是解開整個喜馬拉雅之謎的關鍵，帶領勘測的一位指揮官寫道：「這些山峰可以作爲接下來其他勘測的基礎，並據此確定河道走向及湖泊位置。從山峰的分布可以推斷出山脈的走向、形態與規模。」直到一八六六年去世之前都一直在督導這些勘測的，正是艾佛勒斯（George Everest），而他的名字也從此與世界上最著名的地貌緊密相連，儘管這結果非他所願。②

既然要繪製地圖，就免不了要命名。人類在十九世紀命名、標示的荒地比任何世紀都多。對於地圖上的每一處空白（下方是南極洲，上方是北極海，再加上遍布全球的山區），人類先是進入，然後描述，再印上發現者小小的手寫體名字。當然有許多山在很久以前就有名字了，例如少女峰和艾格峰便是在十一和十二世紀首次使用，但是細部的命名是在十八世紀才正式展開。凹壁、峽谷、山肩、山坳、山稜、冰河和路線，這些都開始冠上登山者與探險家的名字。在今日大比例尺的阿爾卑斯山地圖上，你會看到那些名字仍然在互相推擠爭取空間，像一根根小小的黑色輻條從各類地貌輻射出來。

像這樣的命名執迷是一種紀念的形式。同時，也是一種無可置疑的殖民行爲，是維多利亞時代迫切想把帝國搬回家卻受到挫敗的表現。那種貪婪的本能在一八五一年英國舉辦萬國博覽會時發揮到淋漓盡致，但運用在山這方面，並沒有像動物博物館及植物博物館那樣成果斐然。當然維多利亞時代的人還是以岩石樣本的形式，象徵性地把他們發現的山運送回國。但是爲了徹底證明他們曾經到過那些地方，他們就把名字留在當地。這是一種帝國主義的塗鴉形示。

然而，維多利亞時代的探險家隨處命名的習慣也不只出於帝國主義式的本能。這些地景本來就與家鄉迥異，而命名是讓這些地景變爲好理解的根本手法，否則當時的人可能無從認識起。用名字把地景中的各個地方標示出來，也就是試圖在時間與空間裡把景物或事件定下來，讓人得以透過講故事來描述地景。這裡，就在我即將命名爲X的地方，我們吃了東西，或者生了場病，或者目睹了驚人的奇觀，然後我們繼續往前，到了我命名爲Y的地方。對於探險家來說，名字讓地景具有意義與結構，否則這些地景就只是毫無意義的重複。命名使得空間成形、讓這些地點與其他地點產生關係。上層世界永遠在變，因冰、暴風和岩石的移動而無法定形，而命名爲這樣的世界提供了一種穩定性，語言上的、敘述上的、**標示**上的穩定性。命名當年是，今日也仍

「諾吉里測量塔」，北印度。可能攝於一八九〇年代。

是一種把空間放進意義母體的方法，簡單地說，是一種把未知化爲已知的方法。

我曾經在埃及的沙漠攀登一座小山丘，只有上百公尺高，全是金黃色的岩石和沙子。正午時分，沙漠在金屬色的白光中鳴響。在丘頂附近一根毫無遮蔽的砂柱底部，我看到幾個字母。我一隻手放到額頭遮擋眩目的強光，蹲下去看仔細，上面刻著「卡特中尉一八二八」。經歷了幾萬日沙漠烈陽的照射，字母周圍的砂岩呈現深棕色，但是文字本身還是灰白明亮——距今只有一百八十年，時間還不足以讓文字顏色變深。

我試著想像卡特中尉當年蹲了下來，用他的刺刀尖在石頭上刻字，把自己刻入時光。我可以了解他的行爲：一個遠離家園的人，想用某種方式把自己寫進這片冷漠到令他害怕的地景中。我把卡特的塗鴉拋在身後，花了十分鐘往上走到丘頂。我望著沙丘好一會兒，然後把三、四塊砂岩鬆散地堆成一落，形成臨時湊合的堆石，接著轉身循原路下山。

・・・・・

維多利亞人在許多方面都是未知之地的最大死敵，不過即使他們多麼努力剷除，也開始覺得人無法到達的地方還是有存在的必要，畢竟這種地方具有巨大的想像能量。維多利亞時代便是由於未知地域能引發迴響且本身不具用途的特質，出現了一股想要予以保存的強烈欲望。

對全國的共同心境特別敏銳的艾略特，在發展初期便已察覺這股情緒。年輕的拉迪斯拉夫《在米德鎮的春天》中放言，「他寧可不知道尼羅河的源頭，寧可世界上保留幾個未知地域，好讓人去獵取詩意的想像。」對十九世紀最後幾十年的許多人而言，拉迪斯拉夫的感受似乎越來越合情合理。這個世紀是在擴大知識領域中度過，那樣的努力在未知領域的日漸限縮中萌生了幽閉恐懼症。現實主義的時代發現自己嚮往神秘。

這種幽閉恐懼症有很大一部分是科技現代化的結果：電報線把整個世界連在雙掌間的翻花繩上，火車軌道和蒸汽船也更快更頻繁地穿梭於世界各地。現代化科技施展壓縮時間與空間的獨特絕技，使得遙遠的距離變得更近。一九〇〇年，在現代化全面成熟的轉捩點上，康拉德書中的吉姆爺不得不遠行到婆羅洲去發現「電纜及郵船航線終點的後方」。接近十九世紀末，英國和北美洲都有人號召（正如當時某位作家所寫）要「嚴格節約使用夢想地域」，保護世界上僅剩的荒野不受工業現代化的入侵。登山家鮑迪倫（F. W. Bourdillon）寫道：

捍衛自然之美一事得到所有英國人和大多數歐洲人的認可，視之為道德生活的主要動力……如今要找到供我們想像力自由馳騁的地方，會比希羅多德與尤利西斯

浪漫無知地在全世界漫遊的那段時光更辛苦，甚至也比伊莉莎白一世在位的漫長時代還難。

第一次世界大戰結束之前，地圖上南北兩極的空白就已經塡滿了，或者至少兩極都已經有人「涉足」。當年吸引青年康拉德前往非洲的地理謎團已經全部解開。最後一個顯然還原始無瑕的地區是圖博高原，而聖母峰就位於圖博高原的南部邊緣上，即世人所謂的「第三極」，最後一個不爲人知的堡壘。當然對圖博人與尼泊爾人來說，聖母峰並不是不爲人知，幾世紀以來，他們崇拜聖母峰，卻一點也沒有動過攀登聖母峰的念頭。③然而這在探險史上太常見了，即使當地已有原住民，西方探險家仍堅定認爲自己是最早進入那個區域的人。

一九二〇年，某支遠征隊出發攀登聖母峰的消息一傳出，便引發了激烈的抗議聲浪，不滿整個地球表面可能即將被人類踏遍。《每日新聞》（*Daily News*）的一篇社論感嘆道：「對那個首度站在地球之巔的人來說，那將是引以爲傲的時刻。但他不免也會難過地想到，這麼做也破壞了後代子孫探險的機會。以我而言，我比較希望地球上的某個角落可以永久不受侵犯。人永遠不會失去好奇感，但又會一直想要嘗試看能不能失去，而這樣的一個聖地會引發全球效應。」《晚報》（*The Evening News*）的路線更激烈，甚至斷言：「等世界上最後一塊秘地，聖母峰的山嶺也被入侵者染指，世界僅有的一點神秘就會從此消逝。」

我們這個時代也對未知地域日漸減少有完全一樣的擔憂。探險家塞西格（Wilfred Thesiger）在自傳《我選擇的人生》（*Life of My Choice*）中寫道：「拜內燃機之賜，地球表面如今已幾乎都被徹底探索過了，再也沒有餘地給具有冒險精神的個人去尋找未知了。」持續在摧毀未知地域的，當然不僅是個人的活動，還有資訊的移動。剛剛過去的那個世紀所建立的全球資訊網路（其中最重要的是網際網路），意味著在某些媒體中，幾乎沒有事物可以始終隱形。按一下滑鼠，我們就能召喚出幾乎任何一種我們想要的畫面，無論是文字上或者視覺上。似乎已經沒有什麼空間保留給未知或者原始的事物了。所以我們，就像之前維多利亞時代的人一樣，已經採取步驟，去重新安置未知。我們把未知領域的概念向上方與向外推，到達太空，那個人盡皆知的終極邊疆；向內與向下推，到達原子和基因的內部腔室，或者人類心靈的隱密深處，艾略特筆下的「我們內在沒有繪入地圖的國家」。

◆ ◆ ◆ ◆ ◆

然而，在某方面來說，世上並不存在未知地域這樣的東西。因爲不管我們走到哪裡，都隨身帶著我們的世界。比方說，紳士登山家弗洛斯菲爾德（Douglas Freshfield）在一八六八年探索鮮爲人知的高加索山脈時，只能用一張標示模糊、藍漬斑斑的俄羅斯舊地圖找路。在探險日誌中，弗洛斯菲爾德一次次寬慰自己，認爲自己看到的地景以維多利亞時代的英國而言堪稱奇特。一對無人爬過的山峰「像陡峭的寫字桌」，一座冰斗「像板球場一樣平坦」。「暴雨、微光閃爍的日子」像「英國湖區的天氣」，一塊油膩的高加索點心在他看來「頗似德文郡的奶油」。十九世紀的許多探險記載都有這樣的描述：熱帶叢林的池底鋪滿色彩斑爛的水藻，看起來「如撞球桌的檯面布一般光滑」，遠方大洋波光粼粼的海水「像晴天的蛇紋石」一樣閃爍。

如今甚至最無法企及的地景也不令我們感到新鮮了。正如美國作家索爾尼（Susan Solnit）所觀察：「歷史本身也只是一段想像，然後被人記在心中，帶到最遙遠的地方，用以決定一個人的行爲在那兒意味著什麼。」所以即使走過最不爲人知的地景，我們也只是穿越了已知的地帶。我們抱著期待，然後在某種程度上，我們設法讓眼前所見符合那些期待，就像弗洛斯菲爾德一樣。大量難以察覺的假設與成見，影響了我們感受一個地方的方式，以及在其間的舉止。我們的文化包袱（我們的記憶）雖然沒有重量，但是我們也不可能拋在腦後。

所以，或許未知存在於預期之中、想像之中，是最爲完美的。旅程、攀爬、遠征、發現，在停下腳步之前，在做出比較之前，是以未來時態進行的最純粹經驗。如果是我進入天山那座無人探索過的山谷，我幾乎肯定只會覺得那裡和我去過的其他積雪山谷很相似。熟悉感會讓我失望。

不過我們仍有能力對陌生事物感到驚奇，對新奇事物感到意外。在適當的心境下，從屋子的一個房間走到另一個房間可以是最高層次的探險。對孩童而言，後花園可以是未知的國度。最好的童書作家都了解這一點。杰佛利斯（Richard Jefferies）常被忽略的作品《貝維斯，一個男孩的故事》（*Bevis, the Story of a Boy*, 1882）帶著讀者跟隨馬克和貝維斯這兩個男孩經歷冒險。兩人一「發現」住家附近有座湖，就把那座湖想像成地圖上未標示的內陸海，被無法穿越的熱帶叢林團團包圍。之後兩人造了艘船，出發去探索這片海洋。在途中，他們發現且命名了一座新福爾摩沙、一條新尼羅河、中非洲、南極洲、無名島和鄰近許多地方。

杰佛利斯形容他這本書是對童年事事新奇那種興奮之情的讚頌，在那時，「魔法存在於萬物之中，草葉和群星、太陽和地上的石頭。」蘭瑟姆在幾十年後的《燕子號與鸚鵡號》以相同的概念發出更多喝采。在書中，羅傑、提蒂、約翰和蘇珊橫渡溫德米爾（在書中他們只知道是「那座湖」）進行探險。湖北面和南面的頂端，對孩子來說是北極與南極的未知領域，東邊和西邊圍繞著無人探索過的高丘，東北角則是一片大山。杰佛利斯和蘭瑟姆所了解及探索的，是想像的煉金術如何將一片湖泊變成整個世界，將完全已知變成完全未知。儘管溫德米爾——羅傑、提蒂等人航行的那座湖布滿遊艇和船屋，對孩童而言，他們是這個世界的探險家，最先到達也最先橫渡的人。

對想成爲探險家的人而言，雪是理想的地表物質。雪具有讓自己煥然一新的迷人特質，能抹去先前到過的人留下的痕跡。步行穿越一片新鮮的雪地，你眞的會感覺自己是第一個踩上那條小路的人。普利斯特里（J. B. Priestley）在《猿與天使》（*Apes and Angels*）一書中有段精采內文，描述了雪所帶來的新奇與探索特質：「第一回降雪不僅是件大事，而且是件具有魔力的大事。你上床睡覺時是一種世界，醒來時發現自己人在大不相同的世界，如果這不是著了魔法，那魔法還可能在什麼地方？」

有年元旦我黎明起床，步行到帕克公園（Parker's Piece），劍橋中心的公共草地。四周沒有任何人。凌晨下過雪，那時已經停了。太陽正從屋頂後方露出。天空只有兩道粉筆色的飛機雲，斜線交錯，像老師打在考卷上的大叉，破壞了一片藍空。我在那邊站了幾分鐘，看著飛機雲從兩端向中間漸漸消散，然後開始走過那片空地。雪的表面已經結冰，形成一層硬殼，但還不夠結實，無法承受我的重量，我每走一步，都會嘎吱一聲踩進鬆軟、飽滿的內層。我走到對面時，回頭一看，兩行腳印像郵票白色背面的齒孔，把雪地截成兩片。看起來我可能是有史以來第一個穿越這片地面的人，那

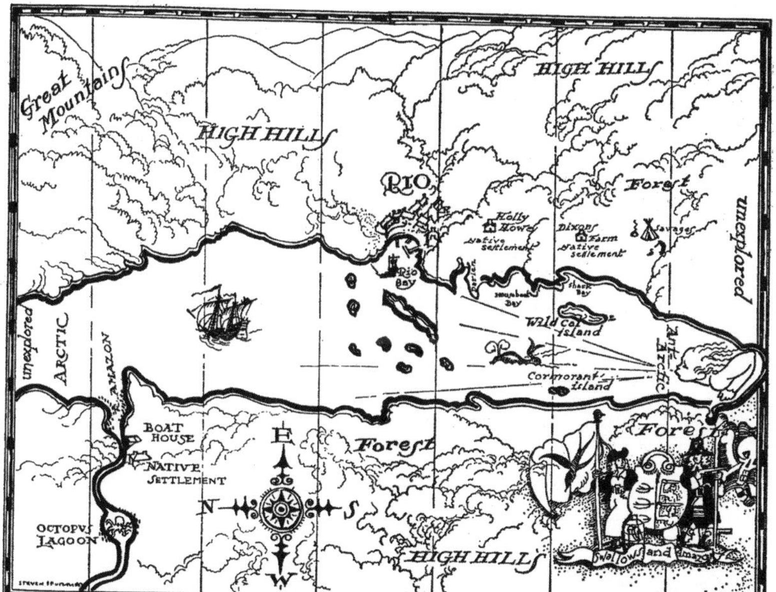

這幅史普里爾所繪的地圖，附在第一版的《燕子號與鸚鵡號》中。請看圖上的高丘、大山，以及未經探索、正好相反的南北極。經史普里爾家族授權複製。

天早上我確實就是。

註1：帕里第一次遠征格陵蘭時，隨身帶了一面畫著橄欖枝的旗子。他希望用這面旗讓愛斯基摩人相信他意在和平。帕里顯然沒有想到，生活在冰雪世界幾乎完全缺乏植被（就更不用說樹）的民族可能無法看懂橄欖枝的含意。這是早期一個混合愚蠢和文化傲慢的例證。延續到千禧年之交，一些海外的英國人居然相信，只要講得非常慢，英語就可以成為憑直覺運用的世界語，從新西伯利亞到廷巴克圖，所有人都能奇蹟式地聽懂。作者註

註2：圖博人和尼泊爾人在過去及現在都無法理解像珠穆朗瑪峰（聖母峰的圖博名，意思是世界的母親女神）或「薩加瑪塔」（聖母峰的尼泊爾名，意為海洋的額頭或天空女神）那樣雄偉的高山，居然會用人的名字來命名。作者註

註3：最為人所知的是雪巴人，居住在聖母峰附近尼泊爾的坤布，今日已成為高海拔登山高手的同義詞。雪巴人的語言中沒有「山頂」一詞，只有「埡口」和「山腹」。尼泊爾和圖博文化都有泛神崇拜，相信眾神居住於各種地貌之間。二十世紀攀登喜馬拉雅山大行其道之前，對於尼泊爾人和圖博人來說，攀登高聳的雪山峰頂，如果不是徹底精神失常，就是完全不敬神明。作者註

七、新天堂新地球

假設把一個睡夢中的人，從阿爾卑斯山間的一個國家，抬到最高的峰頂，當他醒來環顧四周的時候，會認為自己身處一個中了魔法的國家，或者被抬到另一個世界，一切看上去和他以前所見或所想像的如此大不相同。

——波納特，一六八四年
Thomas Burnet

一個冬天的午後，我沿著一條圓礫夾岸的河流往上走進加拿大洛磯山脈一處高聳的峽谷。峽谷頂端有面湖，我走到岸邊駐足，看到湖水已結冰，將湖畔的紅色蘆葦冰封在一隅。根據我在路上收聽的廣播天氣預報，有場暴風雨即將來襲。遠遠的東邊，我看到積雨雲正在匯集，陽光穿透烏雲灑落峽谷。那是一種凍結的光線，投射在這片景致上，讓風景靜止下來，保持不動。但這樣的光也使得最平庸的景物變得不凡——湖岸邊一顆顆的岩石、冷杉間的雪坡，以及松針，松針像一對對分線規被吹到結冰的湖面上。

強風吹來，風勢隨著暴風雨的接近，每分鐘都在增強，把猛烈的氣流推到前緣。我是憑雙腳走到這裡，三小時艱苦的上坡路。我想來看野生動物，結果什麼也沒看到。雪地的足跡顯示上一回降雪後有相當大量的動物走過這裡，其中當然有野兔，牠們的黑色糞便落在一片雪白上像散落的句點。還有鹿，鹿留下俐落的蹄印，像義大利麵食的切模。鳥群也來過，在雪地上壓出楔形文字。

向西穿過峽谷，高山順著谷壁斜斜伸入湖中，在那兒原本應有幾十條中型規模的瀑布連連擊打湖面。不過那一天，大多數的瀑布都已經凍成硬邦邦亮晶晶的冰簾。雖然有幾條更大的瀑布還沒結冰，靠近岸邊的湖水卻一片靜止。

但是這些瀑布還有一點更加奇怪，我花了幾秒鐘才省悟過來，然後會心一笑。尚未結冰的瀑布全都正往山壁上方流瀉。瞬間我以爲是我的頭轉了方向，或者整面山壁上下翻轉了。然而並沒有，是風在作祟。吹向岩面的暴風如此強勁，以至於把瀑布往回吹到懸崖上。水濺過一道花崗岩邊緣時，還垂直噴向天空。這並不是往下墜落的瀑布，而是向上噴發的水柱。

我在湖的深處沿著山勢望過去，看到幾十道銀色瀑布都是如此。看起來就像一列煙囪，正鼓著風把銀色的煙排向天空。雖說暴風雨即將來臨，我還是在那邊看了一小時的奇景。

十六世紀期間，出現了一群開風氣之先的博物學家，後世稱之爲「蘇黎世學派」。如今世人之所以記得這個學派，是因爲他們對自然界多樣性與細節的關注。學派中最重要的成員是格斯納（Conrad Gesner），一位對同時代的迷信毫不寬貸的男人。

格斯納最出名的理性主義舉動發生在皮拉圖斯山（Mount Pilatus）上，一座聳立在琉森附近的山峰。當年那城市的居民活在對彼拉多（處死耶穌的羅馬總督）邪惡的鬼魂仍在作祟的恐懼中，據說他便潛伏在彼拉多斯湖。一五五五年八月廿一日，格斯納和一個朋友爬上皮拉圖斯山，朝下方灰色的湖水拋石頭，存心挑釁可能躲在那裡的超自然生物。湖水沒有噴發，彼拉多也沒有顯靈，更沒有什麼災難瞬間降臨。格斯納對市民的恐懼象徵性的驅魔，在今日常被視爲西方世界擺脫山岳迷信的開端。

格斯納熱愛高山世界，但是在他的時代，那樣的熱愛被認爲是瘋狂。一五四一年，他給朋友魏吉爾（James Vogel）寫了一封關於登山的信。一開始他就強硬地寫道：「內心缺乏情趣之人在任何地方都無從驚奇。他們呆坐家中，不走出去看看世界這個大劇場正在上演什麼。」接下來他以類似的嚴厲筆調寫道：

於是我聲明，凡不認為高山值得長期研究的人，是自然的敵人。事實上，那些最巍峨的高峰的最高頂點似乎超越了長久支配我們這個下方世界的自然法則，彷彿那裡屬於另一個星球。在那高處，全能的太陽也以不同方式活動。那兒的雪是不朽的，這最為柔軟、會在我們指間融化的物質，在高處卻毫不在意凶猛的太陽與炙熱光線。雪非但沒有隨著時間流逝而消失，反而轉變成最堅硬的冰和水晶，沒

有任何東西能使其融化。

格斯納是最早提出高山世界完全不同於平地這個概念的思想家之一。在那片高處領域中，物理定律的運行與平地不同，時間與空間的傳統概念在山上完全亂了套。「在那高處」，大自然絲毫不像自然。元素會變質互換，不顧原來的自然狀態和相互作用，人類與物質的關係因此更加複雜。元素的位階重新排序，炙熱的太陽對冰無能爲力，烈日當前冰還是堅硬不屈。「在那高處」，透明的風變得有形，只要夾帶滿滿的冰晶或雪花，風的翻騰與輪廓就成了惹人注目的視覺展演。空氣也更清澈，更稀薄。天空的藍全然不同於低地雲那種灰撲撲的紋路，色調與質地更像上釉的瓷器。「在那高處」，瀑布還能往上流，違抗地心引力。

我越過峽谷注視著柔化景色的光線，以及一列列瀑布，想起格斯納那封信。「事實上，那些最巍峨的高峰的最高頂點似乎超越了長久支配我們這個下方世界的自然法則，彷彿那裡屬於另一個星球。」他說得沒錯。山上是另一個世界。在山上，由於即將落下的閃電所帶來的空中電荷，我經歷了由腳至頭一陣熱辣的刺痛。就著黎明前的微光逆風以之字形上坡的途中，我的靴子曾經在雪中踩出葡萄綠的磷光火星。我曾見過精緻的雪花從空中飄落，目睹屹立了幾千年的石塔轟然倒塌。我曾經坐在險惡的岩稜上，一腿在一個國家，另一腿在另一個國家。我還曾經掉進冰隙，沐浴在藍綠色的冰光之中。

文學和宗教處處有其他世界的故事——地圖上沒有的海洋、秘密國度、想像出來的沙漠、無從攀登的山峰、無人的荒島和失落的城市。對上鎖的房間、牆後的花園、地平線外的風景和世界另一端的想像國度，我們有股本能的好奇和嚮往。這一切都顯示了我們內心的相同渴望，想去了解某個截然不同的、隱藏的天地。當格斯納把山上稱爲**另一個星球**時，他正受困於或者投身於巨大想像力量的概念中。那些進入一六八四年波納特稱之爲「中了魔法的國家」的旅人，回來時提出驚人的報告，說他們見識到不朽的雪、令人眼花撩亂的地質結構，以及岩石和冰的末世災難。對此，從未見過此情此景的人幾乎無法相信，遑論想像。

依我之見，在所有關於另一個世界的衆多故事中，最爲精采的當數C·S·路易斯的《納尼亞傳奇》。彼得、蘇珊、愛德蒙和露西，四個非常普通的英國孩子，在倫敦大轟炸中被疏散到鄉間的一棟房子。他們在屋內探險時，露西走入一座門上鑲著鏡子的大衣櫃，擠過幾件毛皮大衣，進入一個永冬的世界，在那兒，人羊手拿著雨傘，白女巫駕著雪橇越過雪地。路易斯的故事之所以如此強大，是因爲這另一個世界相當貼近眞實生活。所有不尋常的一切，就藏在一排舊大衣後方，躲在日常生活隱蔽的一角。你只需要知道該留意什麼地方，並且具備這麼做的好奇心。

去到山上，進入十九世紀詩人所說的「怪誕的白色國度」，就像擠過那些毛皮大衣進入納尼亞。在山上的世界，事物以怪異、出人意表的方式運作。時間也彎曲變形了。你眼前的一切是地質時間那種規模，你的心靈也從時間對你的日常掌控中解放出來。你對高山之外的世界興趣缺缺、漠不關心，取而代之的是更直接迫切的需求：保暖、食物、方向、遮蔽、生存。在山上，只要出了差錯，時間就會粉碎，針對那個時刻、那個意外重組自己。每件事情都會導向新時間，或者從新時間中盤旋而出。你暫時有了一個新的存在中軸。

在山上待過一段時間再回到地面（從衣櫥裡退回去），可能會是一場迷失方向的經歷。就像彼得、愛德蒙、蘇珊和露西從納尼亞回來一樣，你預期一切都變了，以爲見到的第一個人會抓住你的手肘問你是否安全無事，會說**你不見了好幾年**。但是通常都沒人注意到你離開了，而且你經歷的一切大多無法和不在場的人說清楚。從山上回歸日常生活後，我常常覺得自己彷彿遠遊國外多年，重回祖國卻被當成陌生人，滿懷無法言喻的經歷，遲遲無法適應故鄉。

然而，上層世界並不一直都被視爲奇幻世界。在西方的早期歷史中，群山爲超自然生物提供明確的居所。正如地圖外的南北極成爲神話的寶庫，或裝著世外桃源（越過冰雪的屏障，吹著和風的永晝山區），或裝著邪惡（歌革和瑪各所率領的北方大軍，對天眞單純的南方部族虎視眈眈）。於是山上的領域僅僅只是因爲高度就超脫於一般世界之上，成爲諸神與怪獸的居所。傳說中，巨型岩羚羊、巨魔、小精靈、噴火龍、報喪女妖以及其他非常邪惡的生物都在山區的高坡上梭巡出沒，而諸神則住在頂峰。曼德維爾描寫體型如犬的巨蟻在錫蘭的金山開挖坑道。方濟會修士帕瑪的薩林貝內（Salimbene of Parma）詳述亞拉岡的彼得是如何爬到山頂，碰上非常恐怖的雷電，以及受到驚動拍翅飛走的惡龍，那惡龍雙翼張開便遮蔽了太陽。

每座山都圍繞著神話和傳說，這些傳說的模式則決定了如何詮釋山形、風暴、冰河、山光等高山景象。例如一五八〇年到一六三〇年正值歐洲獵巫的高峰，群山便被視爲女巫的藏身地，狂風與暴雪則是她們縱情狂歡時附帶產生的氣象異變。一六〇〇年代初期，瑞士科學家施赫澤（Jakob Scheuchzer）寫了一本有名的手冊，列出他所知道的阿爾卑斯山區龍族。對於那些見識過鳥兒在太陽下飛越岩石，剪影顯得比自身大上好幾倍的人來說，施赫澤的龍族百科並不完全只是異想天開。

歐洲人對山岳的迷信態度一直持續到十八世紀。當溫達姆和波考克在一七四一年抵達霞慕尼時，村民警告兩人不要去爬白朗峰。溫達姆在日記中以嘲諷的語氣寫著，村民告訴他們，「很多女巫等等的怪誕故事，說她們會到冰河上胡鬧，並隨著樂器的聲音起舞。」在溫德姆譏笑的語氣中，聽得出啓蒙時代在文化上對這類迷信的鄙視。正是理性主義在歐洲的傳播，使得想像中的噴火龍從高山上潰逃。

也有人相信上層世界是諸神的居所。在猶太基督教傳統中，先知及預言家是到山上聆聽寶訓。例如摩西就是從毗斯加山頂俯瞰以色列人的應許之地，也是在西奈山上領受十誡。聖人和隱士早就發現，比起低地的世俗喧囂，上層世界對冥想更有助益。我最喜愛的山中隱士是十八世紀的斯貝克查（Placidus a Spescha），他的迪森蒂斯修院位於瑞士的阿爾卑斯山區，他經常會爬到附近的某座山頭上，裹著斗篷和會袍入睡，一整夜都離他的主更近。

斯貝克查在近代有很多同好，他們同樣喜歡去山頂，原因是他們相信啓蒙時代的簡易幾何學：「上」意味著趨近天堂。其中一人名叫威爾遜（Maurice Wilson）。威爾遜生於約克郡，行商，三十歲之前精神就出了問題。他從年輕時代開始執迷，相信禁食加上禱告便可以登上高山，與主更加接近。一九三〇年代初，他決定聖母峰是他最終的目標。一九三四年，威爾遜搭乘一架名爲「常勝」（Ever Wrest）的雙翼機，從倫敦飛越八千公里來到普爾尼亞（完全不顧英國、尼泊爾和印度當局的禁令），開始準備違法攀登當時還沒有人成功攻頂的聖母峰。即使有印度警方嚴密監視，威爾遜仍設法溜出大吉嶺，在一個寒冷的四月清晨假扮成朝聖者，披著厚重的皇室藍羊毛斗篷，身上十三公尺長的紅色絲質飾帶像浪濤翻滾，所有裝備都飾滿錦繡與金釦，以步行和騎騾穿越狂風大作的圖博高原。

威爾遜雖然瘦弱又缺乏登山經驗，卻爬到相當的高度。他雇用的雪巴人很明智但也不無遲疑地在六千四百公尺處拋下他，地點是絨布冰河的上盆地。雖然前方是險惡的天氣與難以跨越的障礙（冰河源頭的巨大冰隙），威爾遜還是繼續往上攀爬，直到死於營養不良與凍傷。一年後，某支英國勘察隊循著同樣的路線登山，發現威爾遜的遺體躺在一小片頁岩地上。他們把他葬在冰隙中，然後坐在一塊懸岩下讀他的日誌，那是一本綠皮精裝小書，紙質粗糙。威爾遜堅定有力的手寫字到了最後變得歪七扭八，句法也不再嚴謹。但是最後一則紀錄在五月三十一日，寫得清清楚楚：「再次出發，美好的一天。」

◆ ◆ ◆ ◆ ◆

將世人對上層世界的想像感知從諸神與怪獸轉移到讓格斯納心曠神怡的自然饗宴的，是一六九〇到一七三〇年代風靡歐洲的自然神學。

自然神學的基本前提是，這個世界的各色面貌，都是上帝賜予人的形貌。如布朗恩（Thomas Browne）所說的，這個世界是一部「萬有且公開的手稿」，可以從中讀到上帝的偉大。因此，探究自然，辨識自然的形態與特性，就是在禮拜上帝。山岳是這部手稿中無比美妙的內文，是格斯納所稱的「世界大劇場」中最好的位置。自然神學的主要理論家普魯什神父（Abbé Pluche）宣稱：「天意讓空氣隱形，是爲了讓我們得以見證自然的奇觀。」

於是，造訪上層世界，凝視上帝的奇蹟，不僅能鍛鍊肉體，也能提升性靈。如果你凝視得夠深，如果你對上帝的信仰夠堅定，你就有可能克服許多前往山上激勵自己的人仍不由自主感受到的恐懼和驚嚇。山岳之所以能擺脫美學上的惡感，自然神學運動是其中關鍵，因爲這股運動逼迫歐洲的知識圈去實際體驗那個物質性的世界。一種觀看荒野地景的新方式成立了，並將全面的體驗與密切關注高山微現象（微小的特殊作用）結合起來。

由於自然神學的壓力，也由於科學對宇宙自然物質的新探究，高山的「上層世界」這個概念到十八世紀末成了富含想像的時尚。只要瀏覽那個時代的地景寫作，就會發現相同的形貌。德索敘爾稱群山是「某種凡間天堂」。法國探險家德呂（Jean de Luc）在一七七七年九月發現布埃特冰河（Glacier du Buet）時，描述自己是如何飄浮進入「純淨的上方氣層」。布瑞特（Marc Bourrit）在《薩伏依公國的冰河之旅》（*Journey to the Glaciers of Duchy of Savoy*）一書中提到，當旅人處於山間的「另一個世界」時，將發現自己的「心智在凝視這麼多奇景時是何等喜樂」。在所有描述上層世界的記載中，最有影響力的莫過盧梭的《新愛洛伊斯》（*Nouvelle Héloïse*），如今公認開創了世俗的山岳崇拜。盧梭寫到阿爾卑斯群山時說道：

我們彷彿飛升到人類社會的上方，拋下所有低地的塵世感情。當我們接近聖域時，靈魂會從聖域的永恆純淨中吸收到某種東西。想像這一切的統合印象，那數以千計的驚人景象所呈現的奇妙變化、崇高與美，見識到全新事物、陌生鳥兒、無名怪誕植物的愉悅，去觀察某種意義上的另一個自然，並發現自己置身於新世界……孤懸於地球的高處球面上。簡單說，在這些群山景象中有一種超自然的美在同時魅惑你的感官和心智，讓你忘卻自己及世間萬物。

盧梭那奔放動人的散文體承載著如下宣言：高山的「聖域」是一處全新的、迷人的世界，充滿令人驚奇的景象。

對上層世界的崇拜流傳開後，受高山吸引的人也越來越多，於是意外也開始發生。一八〇〇年有名年輕的法國人掉入布埃特冰河的冰隙。當搜救隊找到他殘缺的遺體時，某個目擊者寫道：「這名不幸的年輕人經歷了最猝不及防、最猛烈的擠壓。」

搜救人員翻查他的口袋好辨識他的身分。他們發現了七十八里弗爾的錢、一本筆記，以及一本翻爛的索敘爾《阿爾卑斯山上的旅程》第三版。他們還發現一封寫給他父親的未完成信件，小心翼翼地夾在筆記本中。信件的開頭令人心碎：「親愛的父親，你看，我展開了這趟旅程，你也知道這是一個人所能期望最趣味橫生也最美不勝收的旅程。」這名年輕人的喪生毫不留情地提醒世人，隨著十九世紀的到來，高山與山區不但令人驚奇，也可能帶來致命的懲罰。

◆ ◆ ◆ ◆ ◆

英國有一八〇〇年代的羅斯金，北美有知識年代的愛默生、梭羅和繆爾，這些人都寫了許多熱切頌讚群山的文章，他們尤其側重高山的精緻細部，例如冰河「就像流動的大理石路面」，又例如每朵雪花神奇的獨特構造。羅斯金寫到他目睹墨色的風暴雲如何裂開，就像「撞上懸崖的怒濤」，他還總結說這樣的奇觀「超乎平原居民的想像與理解，有如另一個星球上的景象」。一八五九年第一卷《山峰、隘口與冰河》在倫敦出版，書中處處是對「上層冰封世界」的激昂描述。等到十九世紀中葉照相術問世，山岳的地位又進一步鞏固。一位拍攝喜馬拉雅山的攝影師在提到自己的作品時，謙虛地寫道：「我必須說，一切都歸功於照相術。照相術教導我的心靈如何去看見這些景致的美與力，並更加靈敏地描繪這些甘美、超脫的印象」。

十九世紀期間，荒野鑑賞家的團體出現了，專攻精確的自然觀察及受到控制的想像競賽。團體成員會提出並爭辯如何評鑑各座高山的魅力：這一座的稜線起伏有如埃及三桅小帆船的風帆輪廓，那一座的冰雪在冬季會演變出細緻的格紋。對群山之美的欣賞不再只是籠統的讚歎，而是更具體明確地回應高山現象。一八〇〇年代的登山者寫下的紀錄總是鉅細靡遺，對於群山特殊的美，他們的眼睛已經發展出一種新的感受性。對岩與石的愛好尤其驚人。旅行日誌再三把注意力放在稀奇古怪的地質露頭上：拱、穴、鐘乳石、峰，或是狀似獅子、主教、摩爾人頭像、大砲、駱駝的岩石……探險家每從摩洛哥的阿特拉斯山脈、東非的月亮山脈、南非的瑞克山稜、中國的梅嶺回到歐洲，總會大談特談這些山是何等壯麗：「嶙峋的懸崖」、「無以計數的岩石」、「龐大的峭壁」，但同時又有細微的礦石光輝：幾公分寬的雲母裂口、內嵌煙水晶外覆翠綠苔蘚的巨礫。

另一種相得益彰的迷戀來自群山瞬間即逝的美：風、暴雪、狂風、雪捲風、七彩光耀的幻日、布羅肯幽靈①、日冕、霧虹，這些難以捉摸的氣象，盤旋在那沒有形體也無法察覺的邊緣上。這種迷戀一部分源於崇高感，一部分來自對洛可可風的喜愛。洛可可風是十八世紀末的藝術與建築美學，偏好無形的、易逝的、脆弱的特質，而這樣的特質大量出現在光和雲的朦朧中，冰的藍綠變幻中，霧、雲、雪、泡沫、雪浪中，群山展現出來的其他幻覺中。畫家無不擺好畫架，試圖描繪群山間的日落、雲湧、霧起等天象的迷瘴中。作家則滔滔不絕地描述山頂湧現的雲多像伊莉莎白時代的白色衣領，或是他們頂在頭上的蓬蓬假髮。歌德在前往薩伏依的阿爾卑斯山區過冬時，鉅細靡遺地分析了霧氣凝結的過程，也試圖解開山的高度會如何影響天空的清澄度。幾年後，雪萊來到阿爾卑斯山的緩坡，懶洋洋地躺在太陽曬暖的巨礫上，任憑自己將飄越的雲想像成聖經中的動物和景象。上層世界的反覆無常令人激動難安，對照之下，高山的岩石結構又有一種宜人的穩定感。

在讀過這些酷寒造就的自然歷史奇景之後，成千上萬的人受到吸引去尋找上層世界的恢宏氣勢。有位新手登山家在一八五九年寫了一段足以代表許多人的想法，他宣稱自己耳聞阿爾卑斯山的壯麗、荒涼，受到誘惑而前往。他寫道：「我總是聽到別人讚歎山上的景致多壯麗、雄偉，早就按捺不住好奇心，熱切地想要一探這片原始且人跡罕至的地域……那些沒有路，只有冰和雪的荒山。」於是登山開始代表去追尋一種全新的存在方式，至今依然如此。高山的經歷無法預期，也更直接、更純正。上層世界的環境以城市或平地無法做到的方式影響了人的身體及心靈。在群山之間，你是不一樣的你。

◆ ◆ ◆ ◆ ◆

在討論群山之美的時候，光線永遠是吸引最多評論的面向。早期的旅人著迷地寫道，向陽的雪坡散放出無窮無盡的微小「閃亮火光」，而當太陽映在冰封的岩石上，「反射而出的不是一個而是上千個太陽」。許多人被高山輝（Alpenglow）的華麗景象震懾住。高山輝是日出和日落時，太陽照在雪原上的反射，那時的天空會因籠罩著大功率的濃烈薔薇光和紅光而顯得昏矇，讓群山染上淡紫色、深紅色及洋紅色。有好長一段時間，人們不知道是什麼造就了高山輝。東阿爾卑斯山謠傳那是太陽照到冰底下埋藏的晶亮金銀所反射出來的光。也有人望著高山輝最熾烈最燦亮的光輝，認爲地平線之外想必發生了大火，那裡是一座巨大的煉獄。

只有在山間，你才會意識到光是如此無可救藥的多變，光能在轉瞬間完全改變質地。連沙漠的光也比不上山裡的光那麼瞬息萬變。山裡的光有時非常刺目、強烈，例如陽光下的暴雪閃爍眩目，彷佛翻飛的刀刃；又例如雷暴的華美光輝（鋪張的聲光秀）。在晴朗的日子，雪地和冰原會散發銀白色強光，那光如此濃烈，若長時間直視，眼角膜很快就會灼傷。到了薄暮，光又顯現出一種晦暗、霧化的性質，彷佛匯聚了無邊無際的可見光子。

山裡的光也可以是建築學。某些雲的形狀就像冷光打出來的尖塔和列柱。當太陽是由下往上照或從嶙峋的岩脊背後射出，就會製造出扇形穹頂的效果。若你爬到雲層之上，光線屏蔽了你腳下的冰原，你極目望去，眼前盡是燦爛明亮的白色王國。有一種深黃色的「邁達斯光」（Midas light），可以縱向灑遍整座山，將碰觸過的一切都變成黃金。還有一種光，是在山區的白日將盡時落下，將整片地景化為單一的質地。這光擁有一種溫和的明晰，隱含了平靜、完整與無所不在。

馬洛里在一九二一年體驗了那種光，當時他正在圖博艱苦跋涉前往聖母峰。白天，他覺得圖博是無甚可觀的國度，只有崎嶇的平原和奇兀嶙峋的山坡。在馬洛里看來，那片大地的角度和質地都不對勁，光是映入眼中都是種折磨。但是，他在寫給妻子茹絲的家書中寫道：「在薄暮的光線中，這個國度變美了，雪山和萬物的嚴峻轉為柔和，陰影安撫了山坡。紋路與皺褶相融，直到深夜。於是我開始頌讚這片全然的荒蕪，感到眼前的形態中有一種純粹的美，一種終極的和諧。」

月光，一如日光，能夠賦予群山最不尋常的性質。歌德第一次搭著夜班馬車前往霞慕尼的時候，看到銀色的白朗峰頂反照的月光，霎時間誤以為置身另一個星球。他驚奇地寫道：「那寬闊明亮的山體屬於更高的星體，難以相信它把根扎在地球上。」在清朗的夜裡，月光可以表演更世俗的電解魔術，將群山變成銀色。某個初夏時節，我在阿爾卑斯山高處紮營，因為擔心第二天的攀爬而無法入睡，於是在凌晨爬出帳篷，看著周遭這些默不作聲的形體因月亮而散發銀光。天地間有種異常的短暫易逝，就像沙漠商隊的帳篷，碰巧在這裡搭了起來，隨時可以在第二天收起來，開拔到下一站。

山上的光非常壯觀，而且能和山區的其他元素合謀來惑人耳目。在雪原和冰河上，人類平常的空間感會被地景的全白和單一質地所扭曲。距離變得很難判斷。一八三〇到四〇年代，蘇格蘭科學家暨登山家富比世在阿爾卑斯的雪原上漫遊時，發現自己完全無法專注在任何事物上，他被「冰原綿延數公里直到一處幾乎沒有陰影的雪坡才停止的那種漫無邊際」給嚇到了。陽光和厚厚的積雪攜手在布埃特冰河上製造出的平滑幻象如此逼真，讓德呂信以為自己「懸在某一朵雲上方的空氣中」。

某些旅人有更怪誕更特定的幻覺。一九三〇年代有位攀登聖母峰的英國登山者說他看到許多巨大的茶壺在峰頂上方的天空亂舞。但也有些旅人的幻覺令人毛骨悚然。一八六五年的馬特洪峰，懷伯爾正戰戰兢兢往下走，幾小時前他的三個同伴才墜落身亡。就在此時，他看到三具十字架飄浮在霧氣中，其中一具的位置比其他兩具高一點。這隱約的耶穌受難景象代表他三位同伴的死亡。為什麼懷伯爾會看到這樣的景象，今日的解釋為：他可能修潤了自己的經歷，大家都知道他的現實感很有彈性；又

或者他看到了某種形態特別複雜的布羅肯幽靈。第一個看到布羅肯幽靈現象並加以描述的人，是一七三七年率隊前往秘魯的法國科學家布格（Pierre Bouguer）。這是一種光的戲法，發生在晴朗的日子，當你站在太陽與濃霧或雲之間就有可能看到。觀者的陰影投在濃霧上，陽光受到空氣中的水分影響而產生折射，於是在陰影周圍形成彩色的光環。我只見過一次布羅肯幽靈，地點是蘇格蘭天空島。當時我正走在綿長優美的南北向稜線上，晨光從東邊朝我射來，我突然發現自己的陰影投在下方的濃霧上，周圍泛著彩色光暈，看起來就像機警的燈魔，乘著雲霧織成的魔毯飛來飛去，始終和我保持同樣的距離。

早期的旅人發現，在山間，自然被賦予另一種媒材，可以用來塑形，那就是雪。爬梳十八世紀到十九世紀登山者所寫的日誌和信件，就會看到人類對冬日之美有一種新的反應，雪和冰的美學出現了轉變。乍見之下，雪似乎讓地景變得單調，把錯落有致抹平。岩石變身爲球體，樹木成了尖塔，山頂成了圓錐。地景呈現一種簡單的幾何美感，以及一致性。

寒冷也帶來複雜性與多樣性。「誰會想到，雪有這麼多種融解方式？」某位一八二〇年代的旅人詫異地問道。雪是住在山上的變身藝術家。有時是鴨絨般的雪片又大又軟，緩緩從天而降。有時是鋼珠般的冰雹又急又密，從雲層發射出來。有時排成整齊的乾草堆，有時是起伏不定的浪濤。雪浪是雪山最迷人的景物之一。在大風中爬上背風坡，往上望，會看到一面面雪浪從稜線向外飛舞。有時硬雪的表面上會有波浪般起伏的雪浪，彷彿第二層柔軟的皮膚。至於冰，冰會爲物體敷上閃亮的蟲膠，也在岩面上伸出冰錐構成的窗櫺。我有一次攀爬喜馬拉雅山一道高達四千六百公尺的冰河，從舉步維艱的下腳處往上瞥一眼，只見廣闊的冰坡從我的兩側向前延伸，平滑、堅硬、明亮，彷彿瓷器一般。

雪也並不總是白色的。舊雪看起來厚重軟滑，像奶油。新降的雪在夜裡凍結後則閃爍著深藍色。隆起的冰會像光球那樣，朝著四面八方射出七彩的光。然後還有一種奇妙的藻華現象，會讓雪原染上西瓜、薄荷或檸檬的顏色。喜馬拉雅的某些區域會有北風吹來旁遮普芥末色的沙，讓雪原沾上砂礫，染爲黃色。

寒冷所製造出來最脆弱美麗的效果之一就是霧淞。當超低溫的冷空氣（低於攝氏零度）所攜帶的液態水珠被吹到適合水珠凝結的表面上，例如岩石，或者更危險一點的，機翼的前緣，霧淞便出現了。霧淞很容易形成精細的羽狀結構。有趣的地方在於，霧淞會順風而生。由於每一層新生的霧淞都會成爲下一層霧淞結晶附著的表面，所以從一顆岩石上的霧淞排列，就可以辨識出盛行風的風向。一片大地如何保有自己的氣象檔案，這就是一例。某個冬天，我在凱恩戈姆山脈碰到一對從山頭伸出的花崗

石突岩。當時連續幾日都天寒地凍，突岩的暗色石塊被厚厚的霧淞蓋住，幾乎看不見。我用戴上手套的手指輕觸霧淞的羽狀結構，嚇了一跳，因爲那結構瞬間便碎成粉末，就像爐火燒過留下的灰燼。

許多登山的旅人都會記錄冰所形成的各種形狀與結構有多令他們驚異。就拿布瑞特一七七四的證詞爲例，他一邊在薩伏依冰河上顛躓前行，一邊讚歎那些「冰的建築」：

橫亙在我們眼前的，是一大片龐然的冰，二十倍於我們聖彼得大教堂的前庭。冰的構造是如此奇妙，我們只要變換位置，它就會變成任何我們喜歡的建築物。它是富麗堂皇的王宮，覆著最純淨的水晶；它是雄偉的神殿，有著巨大的門廊和形形色色的列柱；它外形似要塞，左右各有高塔與堡壘，底部是一處石洞，走到底是一座醒目的圓頂。這個仙女的居所，施了魔法的住處，或幻想的洞窟……是如此地奢華，如此地別致，如此超乎想像地壯觀與美麗，讓我輕易就相信人力從未也無法創造出構造如此雄偉、裝飾如此多樣的建築物。

布瑞特這些不規則的類比——一下是廟宇，一下是要塞，一下是仙女的住所——

就是由冰本身的飄忽不定所造成，是冰對固定描述的抵抗。冰與雪始終是語言無法好好掌握的物質，會不停從語言中滑溜開來。但是布瑞特就像他的許多後輩，從這種視覺上的變幻莫測發現某種吸引力，因爲那意味著冰雪之美是可客製化的。每位旅客都可以在這個視覺世界中叫牌，看到他選擇去看的東西。他寫道：「我們只要改變我們的位置，就能讓冰看起來肖似任何我們喜歡的樣子。」太陽和善感的心能將冰雕刻成幾乎任何一種想像得到的形狀：寶塔、大象、要塞。這個過程也能夠反向運作：其他事物也可以看起來像冰。一八二〇年的某個安息日，待在霞慕尼峽谷的華茲華斯看到狀似尖塔的深色松樹間有一列白袍信徒，這些人以緩慢的動作迂迴前行，在他眼中彷彿淡色的冰河圓柱組成的送葬隊伍，緩緩朝著教堂走下峽谷。正是光的舞動對冰所造成的變幻莫測與反覆多變，使冰成爲藝術家都覺得棘手的主題。維多利亞時期的畫家湯姆生（Silvanus Thomson）公開說他「在畫冰的時候最爲快樂」，但終身都爲無法好好描繪冰的微妙亮度而沮喪失望。冰是一種比水更有光澤的物質，而且由於是固態，也更難以捉摸。只有攝影（英文字義是「光描繪」）才能幾近於重現冰變幻莫測的光彩，數以百萬計的星輝。

讓布瑞特大爲驚嘆的冰構宏偉建築有更常見的迷你版。熱天午後，如果你跪下來，臉貼近冰河或冰湖的表面，你將會進入一個由微型的宮殿、市政廳和大教堂所組

成的嶄新建築世界。由於太陽照在冰面上的融化熱力並不均勻，因此出現了這些精緻但徒勞的創作，命中註定要在一夜之間夷平，然後隨著每回日出，重新創造出更加巴洛克風格的變體。我曾經在雪地跪上十五分鐘，仔細端詳這微型冰城，然後一抬頭看到山就在那裡。這些山在冬季的天空中看起來如此龐大異常，令我震驚了好幾秒鐘。

旅人發現，高山上的寒冷除了美麗的視覺效果，還有另一種值得注意的特性：留住時間。寒冷能致命，但是也能防腐。低溫能減緩生物腐壞的過程。我曾經在冰上看到展翅的蝴蝶，雙翅上每片色塊都還保持原位，就像剛剛才被噴上乙醚。達爾文一八三三年率領一支騾隊穿過波蒂洛雪原（Portillo）上的冰河圓柱迷宮，抬頭看見「其中一根冰柱上露出一匹冰凍的馬，就像是黏在一塊底座上，但是兩條後腿直直地伸向空中」。那匹馬之前失足跌進了冰河裂縫，然後在冰河奇謀的運作下，被推高、擠出冰體。馬屍完好無缺，彷彿還活著似的。冰河以精湛技藝爲這匹馬防腐。在那根冰柱上，它看起來一定很像旋轉木馬上歪斜的小馬。

冰寒也保存了人類的屍體，高山文學有大量屍體的目擊紀實，屍體看起來都詭異地栩栩如生。不像在海洋裡，屍體會腫脹或被啃咬；也不像在叢林裡，探險家能指望找到的可能只是一堆骨頭上面腐朽的遮陽帽。高山如同南北兩極，時間常常被寒冷截住。狄更斯對高山上的低溫現象既害怕又著迷。《小杜麗》中有一幕，是一群遊客穿越大聖伯納隘口（Great St Bernard Pass），在快到旅舍的時候，遇上打旋的暴風雪。他們進入旅舍謝天謝地取暖的時候，並不知道：

五、六步之外的格板屋裡，有一群被同樣的雲裹住、被同樣的雪花飄上的旅客，他們的屍體在山上被人發現，正一起靜靜被擺在那裡。多年前的冬季困在暴風雪中的母親，仍然站在角落，抱著她的嬰兒。因為害怕或饑餓而把手臂舉到嘴邊凍住的男子，年復一年手臂仍然抵著乾掉的雙唇。這支嚇人的隊伍因玄機而湊在一起！那位母親無論如何也無法預見自己的離奇命運！

狄更斯的「格板屋」，和屋裡那一群陰森的屍體，讓我想起《納尼亞傳奇》中白女巫的花園，那位冬日女王把不順從的人都凍在原先的姿勢中，放在花園裡當作裝飾。

人們也發現高山上的天空與空氣和平地有天壤之別。在高海拔地區，晴朗的日子裡，天空不再是低地的平坦天花板，而是豐饒的深藍色海洋，如此誘人地深邃，以至於某些旅客都感覺他們都快要摔入天空裡了。看著天空，你可能會因爲某位旅客所形容的那種「難以表達的浩瀚感」而目瞪口呆。德國人梅斯特（Leonard Meister）在一七八二年到達一處阿爾卑斯山的隘口時，被當地全新的空間感征服了。他說：「我得到啓示，抬頭迎向太陽，眼睛盡情飽覽無盡的空間。我因神聖的顫動而發抖，沉進深深的敬畏之中。」

山上的夜空也很不尋常。因遠離城市的霧霾與光害，星星的數量大增，宇宙顯得更深邃、更清亮。一八二七年，莫瑞在阿爾卑斯山上一千八百公尺處露宿，享受「一個鑲嵌了無數星星的夜空，閃爍的光芒何等生動，從海平面上或從英國的濃霧中所見的景象根本無法相提並論」。在陷入狂喜的莫瑞筆下，高山確實是「一處新天堂和一顆新地球」。

註1：布羅肯幽靈（Brocken Spectres），當人背向太陽時，陰影投射在近處的雲霧上產生放大的錯覺，四周又出現七彩光環，即爲布羅肯幽靈。因在德國布羅肯山常能看見此現象，故名。臺灣稱之爲觀音圈。
編註

八　聖母峰

上方再無更加聳立的高山翳影
朝向宏偉而至高的頂峰
滿腔如火一般的渴望牽引著我。

——佩脫拉克，約一三四五年
Petrarch

如果我試著在心目中想像聖母峰，顯現出來的不是單幅影像，而是三幅懸殊的畫面。

有這座山本身，我第一次在六十公里外的山坡上看到的黑色岩石物理結構。從峰頂上飄揚出來的是這座山的哈達——被每年要吹上八個月的噴射氣流從山頂拋出去的白色冰晶拖曳物。

還有一幅畫面是聖母峰南坳——成堆的空氧氣瓶像色彩明亮的炸彈，營柱光禿禿倒在一起，色彩俗麗的帳篷布裂成一條條，在風中像經幡一樣飄搖。看起來彷如戰場。

第三幅畫面是馬洛里，他一九二四年六月死於峰頂的山坡上。馬洛里留給世人的記憶和他殉死的那座山密不可分。我腦海裡的他，來自他一九二二年往聖母峰挺進時在圖博拍下的照片。當時他爲了渡河而脫掉衣服，全身除了深色的呢帽和雙肩背包，一絲不掛。他側身對著照相機，左腿無邪地向前跨步，大腿擋住腹股溝。他的膚色淺淡發亮，身體曲線意外的優美：臀部渾圓，腹部緊繃如弓。他的臉在純白的圖博陽光下躲在帽簷的陰影裡，直視著照相機，露出在海邊度假那種促狹、自得的笑。他散發出溫暖與令人愉快的幽默。拍了這張照片之後兩年，地質學家暨登山家歐德爾會眼看著兩個黑點（一個是馬洛里，另一個是厄凡）慢慢地朝聖母峰的最後幾道坡往上爬，直到雲朵湧來，永遠遮蓋他們。

◆ ◆ ◆ ◆ ◆

聖母峰是所有心之所向的群山當中最偉大的。沒有任何一座山能引發更強烈的想像。也沒有人比馬洛里更受到聖母峰的吸引。這股吸引力很快就發展成迷戀，接著在三年後，達到悲劇的最頂點。馬洛里三度試圖攀登聖母峰，分別在一九二一年、一九二二年和一九二四年，而到第三度，他就一去不回了。馬洛里感覺到聖母峰對他的魔力。一九二一年他在給妻子茹絲的信中寫道：「我沒辦法告訴妳，這座山讓我有多著迷。」在給登山老繩伴及心靈導師楊恩（Geoffrey Winthrop Young）的信上則說：「要到什麼地步，我才會停下來呢？」

馬洛里是非凡人物，攀爬是發自於內心，這一點毫無疑問。但是他的登山也深受三百年來人類對山的態度逐步改變的影響。我曾經坐在檔案館中讀他寫給茹絲的家書，讀他與朋友家人的通信，還讀了他的探險日誌。這些文件裡全充滿馬洛里對登高、對視野、對冰、對冰河、對偏遠、對未知、對峰頂，以及對涉險與恐懼的熱愛。馬洛里對山的種種感知方式，正強力且致命地吻合我在本書前幾章試圖追索的答案。

在某層意義上，幾乎我們在本書遇見的每個人——一七四一年溫達姆和波考克從瓶子裡痛飲葡萄酒慶祝第一次薩伏伊冰河之行、一七七三年約翰生博士沿著布勒岩洞闊步向前、一八一八年弗瑞德里克畫了他的《雲海之上的旅人》，一八五三年史密斯以他低沉的嗓音對著全神貫注的聽眾講述他在白朗峰上的英勇故事，還有數百位對人類想像山的方式做了細微調整的人士，而馬洛里之死便涵蓋了這一切。前人對高山地景的情感與態度所合成的綜合體一路傳到馬洛里之手，而且是早在他出生之前就已經遺贈給他，並在很大程度上事先決定了他對這一切的反應——這一切的危險、魅力，以及意義。

馬洛里初次接觸到山時，還是溫徹斯特學院的學生，之後他對登山的浪漫熱愛便越陷越深。他在大學期間及之後的朋友圈更強化了他對高山的熱情，讓他更容易感應到高海拔地區難以抵抗的魅力。他活躍於布隆斯伯里（Bloomsbury）那群藝文人士的外圍，與布魯克（Rupert Brooke）和格蘭特（Duncan Grant）等人往來，當時這些人組成了一個歌頌理想主義、冒險和特立獨行的文化圈。布魯克跟馬洛里一樣熱愛登山，曾經寄給他一張明信片，遺憾地推卻一起去北威爾斯爬山的邀請。那張明信片的圖案是羅丹的《沉思者》，布魯克在背面寫道：「我的靈魂渴望群山，那是我由衷的崇敬，但這股仰慕不見容於神力遠遜的諸神。」馬洛里的山神沒有那麼弱，跟布魯克了無生氣的神靈相比，更像雷神索爾，但兩人對傳奇和神話的感受並沒有什麼不同。

而最可怕的是，原來馬洛里對群山的渴望終究比他對妻子和家人的愛更強烈。如果他活在三個世紀前，他會因為對聖母峰的迷戀而被關入精神病院。一九二四年，他死於高山，整個國家陷入一片哀悼，而他也成了神話。

◆ ◆ ◆ ◆ ◆

世界上最高的山一度是海底。一億八千萬年前，地球有著截然不同的陸塊輪廓。想像一下，一開始，今日印度的三角形大陸與亞洲主體之間隔著一片已經不存在的特提斯海。後來印度板塊向北高速移動（一年約莫十五公分），而在背後推動的，正是兩千萬年前俐落地把印度從盤古大陸切下來的同一個地質活動——岩漿在地函上的對流、湧離。

在印度板塊的前緣與固定不動的圖博陸塊接合的地方，形成了一個隱沒帶。當時印度板塊與歐亞大陸及圖博陸塊之間仍然隔著特提斯海。厚厚的海洋沉積物一層層堆在特提斯海那由沙、珊瑚碎片與數不清的水底生物屍體構成的海床上。這些沉積物大多躺在隱沒帶深邃的海溝裡。

在數百萬年間，印度板塊的北部前緣朝圖博陸塊的南側移動。這兩道邊緣一靠合，躺在下方的成片沉積物便擠在一起，並在熱量和壓力的聯合作用下變成化石。這塊岩石的一部分被往下壓入兩個板塊之間，擠入地函中熔化成岩漿，但是大部分（幾十億噸又幾十億噸重的岩石）都被往上推高。

喜馬拉雅山就是以這樣的方式生成。印度猛力撞上圖博，陸塊之間的海洋沉積物被推擠成喜馬拉雅的四道彎曲山稜，最高點就是聖母峰。最初這些高山的形狀遠比我們現在所看到的複雜形態還要平滑、彎曲，日後地貌的複雜性是由地震、季風和冰河的侵蝕力量所造成。

所以，現在地球表面的最高點是由地球最深的地方所構成。聖母峰頂點正下方的黃色岩石帶上，有幾億年前生活在特提斯海的生物化石。那麼多人渴望要攀登上去的岩石，本身也從特提斯海幽暗的海溝直直往喜馬拉雅上空的陽光攀登了幾萬公尺。

印度撞上圖博，形成了地質上的喜馬拉雅山脈。十九世紀大英帝國向北擴張撞上向東擴張的俄羅斯帝國，則形成了西方人想像中的喜馬拉雅山。

在那之前，西方對於環喜馬拉雅地區幾乎一無所知。確實，直到十七世紀，多數的歐洲人都不知道世上有喜馬拉雅山的存在。希羅多德描述過印度，但是沒有提到印度以北的高山。托勒密將喜馬拉雅和喀喇崑崙壓縮成一條山脈，完全忽略中亞高原。十六世紀中葉，地圖繪製者成功地把世界各國的邊界拼湊起來，但除了歐洲之外，其他大陸的內部仍屬未知。

然而，到了十九世紀初，俄羅斯向外擴張的威脅露出端倪，英國人必須緊急取得環喜馬拉雅地區的相關情報。透過大三角測量在一八四〇和五〇年代確定方位的七十九座喜馬拉雅高峰中，有座Ｈ峰，不久就重新命名爲ＸＶ峰。發現此峰的是名叫尼克遜（John Nicholson）的勘測員，當時他正在比哈爾邦平原上的觀測站執行勘察，距離這座山有兩百八十三公里遠。這項透過大三角測量在當地取得的資訊被傳送到地區測量總部去計算、覆核。花了七年時間才確認ＸＶ峰的計算確實無誤，同時納入考量的變因包括氣溫、壓力、折射率以及喜馬拉雅山鏈本身的引力。[1]最後，在一八五六年，當時的測量總監沃夫（Andrew Waugh）確認了XV峰的海拔。他自信滿滿地宣布，XV峰的高度爲八千八百三十九公尺，「高於目前爲止任何在印度測量出來的（高峰），非常有可能就是世界上的最高峰。」所以這座如今我們稱爲聖母峰的山，雖然幾百年來喜馬拉雅山上的原住民早就知道，卻是被西方人「發現」的。

「發現」了，卻無法接近，因爲XV峰位於外人禁入的尼泊爾和圖博這兩個王國的邊界。這座山峰可以透過大三角測量的高倍望遠鏡看到，但是由於政治上和地理上的原因，卻無法實際走近。英國人長久以來都同意要尊重尼泊爾王國的獨立主權，使得測量師與探險家無法從南邊接近聖母峰。在南北兩極之後，圖博是十九世紀末最廣大的未知領域。小說家哈格德（H. Rider Haggard）說出許多人的嚮往，將圖博形容爲「人跡未至之地」。當年進入圖博的西方人少之又少，圖博基本上仍然是一面白板，還未被外來的事實或報導沾汙，像一條純白的床單，緊緊鋪在俯視地球的高原上，讓西方的想像力在上面任意塗抹對於東方的幻想。

在這些幻想中，最主要的一個是圖博精神的純淨性。對很多西方人來說，這個國度就像冰雪伊甸園，是屹立於亞洲心臟的聖地。在那裡，圖博人過著不受外界干擾的生活，和四周的動人地景和諧一致，道德也受到美景和稀薄空氣的淨化。羅斯金筆下的「十九世紀之暴雨雲」，工業、無神論和理性主義這三重瘴毒尚未湧上。一九〇三

「圖博群山」（Thebet Mountains），出自歐密（William Orme）的《印度二十四景》（*Twenty-Four Views in Hindostan*, 1805）。此地令人難以置信的嶙峋、尖銳山峰彷若屏障，不但阻擋人類進入，也阻擋人類的想像。

年某位去到圖博的英國遊客將那裡的山脈比喻為「浩瀚的大教堂」。而在差不多的時間，一個法國探險家終於抵達圖博的高地，形容自己彷彿「穿過層層的雲，從地獄進入天堂，把這個科學技術大費周章卻只是徒增人類苦難的世界拋在我的身後腳下」。圖博之於十九世紀，就如同瑞士之於十八世紀，都是高地上的世外桃源，與歐洲、英國和美洲的汙穢市容是對立的兩極。

聖母峰夾在圖博和外人禁入的尼泊爾王國之間，正如懷伯爾在一八九四年所言，是地球上的第三極。七十年間（從開始測量聖母峰到一九二一年初步勘察的探險隊來到山腳下為止），沒有西方人踏入這座山峰六十四公里內的範圍。關於聖母峰的情報付之闕如，各種希望、恐懼與推測爭相湧入這片眞空中。毫無疑問，聖母峰無法接近的特性助長了世人的憧憬。一八九九年，印度總督寇松（George Nathaniel Curzon），從他位於西姆拉的蔭涼宮殿裡，仰望窗外的純白天險喜馬拉雅山。聖母峰讓他著迷。他寫道：「我日復一日坐在房裡，眼看著那一排雪白的城垛參天而立，整片巨大絕壁把印度與世界其他地方隔絕開來。如果得有人登上峰頂，我覺得英國人責無旁貸。」

◆ ◆ ◆ ◆ ◆

寇松寫出上述文字的五年之後，楊赫斯本率領一隊英國武力由印度進入圖博，圖博的神秘才從此解開。當時宣稱的開戰理由是領土遭入侵——據傳有圖博「隊伍」越過邊境，運走尼泊爾犛牛，但是實際上寇松擔心的是俄羅斯對圖博的影響力，他想要鞏固英國在這個國家的影響力。向來劍及履及的楊赫斯本用當時的語言力主「應該開始剷除當地僧侶的勢力，以免他們繼續自私地阻礙圖博與相鄰英國行政區的繁榮發展」。

圖博人不讓楊赫斯本和他的軍隊就這麼不請自來。第一場對峙發生在江孜村落附近。兩千個配備了火繩槍、劍和矛的武裝圖博人，面對一支人數較少但帶著大砲和馬克沁機槍的英國部隊。一個倖存的圖博人描述，英國人一開槍，「時間長到足以讓六杯熱茶變涼」。等到機槍停止掃射，有十二個英國人受傷，卻有六百二十八個圖博人被射殺。等楊赫斯本兵臨拉薩，又多死了兩千個圖博人，而英國只損失了四十名士兵。

拉薩浴血淪陷，意味著又一個未知領域被外界滲透。布肯（John Buchan）在他的著作《最後的秘密》（*The Last Secrets*）中，對入侵這個城市做了如下評論：「即使是絕不感情用事的人眼見這層幕布被打開，也不免遺憾，畢竟這幕布對人類的想像有著重大意義……隨著圖博面紗被揭開，悠久傳奇的最後要塞就此陷落。」

悠久傳奇或許陷落了，但是一個新的、可能更強大的魔法在圖博內部展現：聖母峰本身的魔法。這魔法展示在一位登山家、探險家、神秘主義者、浪漫主義者與愛國者的眼前，這個人可能比世界上任何人都更樂於接受攀登那座第一高峰的想法。楊赫斯本的視線穿過英國營地的帶刺鐵絲網和沙袋，看到聖母峰「高掛空中，就像世界一塵不染的尖塔」，他看得入迷。那座遙遠的聖母峰在楊赫斯本的想像中播下了種子，將日漸茁壯茂盛，從憧憬發展成抱負。

種子有充裕的時日萌芽茁壯。英國一九〇四年入侵圖博，間接導致一九〇七年的「英俄協議」，雙方一致同意不再進入圖博考察。由於此時尼泊爾也仍然屬於禁區，因此一九〇七年的協議實際上使得聖母峰再也無法接近。但是到了一九一三年，有位年輕的英國軍官諾爾（John Noel）裝扮成「印度伊斯蘭教信徒」，非法突圍進入圖博，到達聖母峰六十四公里方圓以內。他後來彙報聖母峰有如「岩溝覆滿冰雪的耀眼岩石尖塔」。②

諾爾的記述在英國激起了很多人的興趣，皇家地理學會的成員更是躍躍欲試，擬定了幾個試圖登山的計畫，然而就在此時，第一次世界大戰爆發打斷了一切。幾乎是停戰協議一簽訂，學會的系統就動了起來。於是就在一九二一年一月十日，皇家地理學會（才剛由楊赫斯本接任會長）將派遣探險隊去攀登聖母峰的計畫公諸於世。在他的書《聖母峰：艱困挑戰》（*Everest: the Challenge*）中，楊赫斯本回想他決心要「把這回聖母峰探險當成我三年任內最主要的會務」。他已經設定好他的聖杯。現在只需要找一個遊俠騎士來率領他的遠征軍。

「加拉哈德」③，楊恩總是如此稱呼馬洛里。一九二一年二月九日，楊赫斯本帶馬洛里外出用午餐，問他願不願意參加預定四月出發的第一回聖母峰初次勘察遠征。雖然馬洛里已經與妻子及三個孩子分離了很長時間，而且還有一份工作和一幢房子要照料，還是一言不發立刻接受了這項提議。楊赫斯本回憶那一天，馬洛里坐在午餐桌雪白桌布的另頭，「看不出有什麼情緒」。

這是事業上的一大轉變。如果當年三十五歲的馬洛里能夠順利登上聖母峰然後平安歸來，這份成就所帶來的聲望當然可以確保他一生財務無虞。但他也還有其他事業可以選擇，沒有那麼危險的事業。他當時在查特豪斯學院有專任教職，也想要一展他的寫作抱負，寫寫報刊文章或小說，還對左派的國際政治興致勃勃。更重要的是，他想和茹絲及三個年幼的孩子一起生活——當時克蕾爾六歲，伯瑞奇四歲，約翰才六個月。一九一四年馬洛里和茹絲結婚後，就投入後半段的一次世界大戰，在西線擔任砲兵軍官，和茹絲兩地分離了十六個月。分離對兩人來說都很難熬，等到好不容易停戰，兩人都覺得可以好好展開婚姻生活了。馬洛里從法國返回英國前不久，欣喜若狂地寫信給茹絲，提到「我們將要一起共度美妙人生」，並敦促兩人都要能明白「這是何等美好之事，我們一定要善用這份禮物」。

然而事與願違。某種力量，某一套力量，深深地嵌在馬洛里的心裡，意味著一有人給他機會前往聖母峰，他就接受了。他兩度從聖母峰平安歸來，也兩度選擇再去冒險。閱讀馬洛里三次遠征聖母峰期間的信件和日記，如我所做的那樣，就像是偷聽一段乾柴烈火的外遇——與一座山的外遇。那是極度自私的外遇，馬洛里有能力也應該抽身離開，但是他反而毀了他的妻子與兒女的生活，也犧牲了自己的生命。我們沒有那幾次聖母峰遠征期間茹絲寫給馬洛里的書信。雖然她定期給他寫信，但是只有一封留了下來，所以我們無法確知她對丈夫所作所爲的感受。她的聲音在這組三方的關係中——這段三角戀愛中，是無法被聽到的。我們確實知道的是馬洛里愛上了聖母峰，這一點最終也導致了他的死亡。令人難以理解，也是這本書有一部分試圖解釋的是，既然有血有肉的妻子如此深愛著他，他如何能夠愛上一大團岩石和冰雪。

總結他第一回遠征的公開記述，關於一九二一年的初勘之行，馬洛里寫道：「群山中的最高峰可以很嚴厲，且是可怕、致命的嚴厲，明智之人即使只是在登高大業的起點，也該好好三思並且戰戰兢兢。」現在讀起來，這就像是他對自己的警惕，但他終究沒有放在心上。

馬洛里與茹絲，一九一四年。（© Audrey Salkeld）

◆ ◆ ◆ ◆ ◆

一九二一年四月八日，馬洛里在提伯利獨自登上「薩丁尼亞號」（SS Sardinia）。探險隊的其他成員已經先行出發，等他到大吉嶺會合。船很小，同船的乘客極其沉悶乏味，而他的客艙窄得讓人得幽閉恐懼症，吵雜程度堪比鑄造廠。一等到船向南面航行得夠遠，氣溫夠溫暖之後，馬洛里大部分上午的時間就都坐在船頭，靠近船上的錨被鐵鍊捆起來之處。從那邊只能看見上方瞭望臺裡警備員坐在帆布風屏後方的幽暗身影。除此之外，船頭不見人影，這對馬洛里來說正合適，因為他無法忍受在船上發現其他人。他也喜歡風吹拂在臉上的感覺，喜歡看著眼前遼闊的海和沿途經過的陸地。

船走的是尋常的路線，一直向南到葡萄牙聖文森角，然後轉向東方穿過直布羅陀海峽，駛入地中海溫暖的海水。即使身處海上，馬洛里的心思也還在山間。有一天他起了個大早，看到直布羅陀巨岩從他的舷窗邊掠過，他趕緊衝上甲板。船正越過直布羅陀巨岩，藍光中灰色的龐然大物，於是馬洛里本能地用目光尋找攀上陡峭岩壁的最佳路線。四月十三日，在離開英格蘭五天後，他透過雙筒望遠鏡遠遠望入西班牙內陸。他看到一排光潔閃耀的山脈，山腰以上積滿了雪。「內華達山脈④，願上帝賜福！」他在日記中寫道。他也凝視南方，望入非洲，非洲的房子、教堂和防禦工事，小小的海岸懸崖和溪流，還有匍匐蔓延的白色阿爾及爾。當船往前劃過地中海重重防守的海面，朝塞得港和蘇伊士運河而去時，這些景象都平穩地從船的左右舷滑過，像攝製優美的慢動作新聞影片。

馬洛里的心思常常往家的方向飄，飄回他拋在身後的家人，飄回陽光灑落他家屋前走廊的樣子，以及庭院裡雪松後面河岸邊即將盛開的白色丁香花，屆時花瓣會在草坪上閃爍發光。

運河遠不如他所想像，兩側的岸上散落著令人沮喪的戰爭廢墟——只剩空殼的卡車和履帶脫輪的坦克，鏽跡像血滴一樣滲透到周遭的沙地裡。運河岸一變低，馬洛里就會幻想，若有人從沙漠往船上看，他們的船會有如航過堅硬的沙，像破冰船在沙丘上犁出路來，一艘沙漠之舟。

運河之後，是紅海，而過了紅海便是印度洋。之後便沒有海岸線可看，只有弧形的地平線，偶爾遠處會有艘輪船從冒出的濃煙下方駛過。這片海洋的天空比馬洛里之前所見都要更加遼闊，面積甚至遠勝家鄉沼澤地的天空。此間的雲朵不像整列飛船那樣飄飛，保持隊形，而是一層層疊成積亂雲，由殘餘的雨雲和卷雲交纏構成，感覺上更像是地質上而不是氣象上的產物。馬洛里不禁好奇，攀爬雲層會是什麼感覺，去奮力撥開一條路，穿過雲朵上的突飾、小丘、坡面，到達最上方那朵雲渾圓的頂端，會是什麼感覺。然後他突然意識到，他眼前所見最高的雲都還比聖母峰要低上幾千公尺。這提醒了他，此行正要嘗試去做的事情是何等膽大妄爲。

天空令他精神振奮，但是海卻帶來一股揮之不去的不祥。他寫道：「不知道爲什麼，我有一種即將發生災難與危險的強烈預感……這片海洋具有深深的魅力，也蘊含了深深的惡意。」在那一瞬間，他站在船頭，很想把大衣脫在甲板上，從船上一躍而下，潛入砲銅色的水中。

然後錫蘭出現了，一抹紅黃上面覆著一道發亮的綠色條紋——他們的船駛近後，他發現這些混雜的顏色原來是熱帶雨林中一簇簇上漆的房子。他們接受當地的招待，逗留了一兩天，接著就展開旅程中酷暑難耐的最後一段。無論是在前甲板上運動、在客艙裡躺下、在吸菸室中寫作，馬洛里都一樣汗涔涔。空氣中水氣瀰漫，變成一種兩棲物質，一半氣體一半液體。馬洛里坐在船頭，巴望著加爾各答出現在地平線上，感覺自己的身體彷彿被推著向前擠過某種膠質。馬來語中的「水」，馬洛里記得，就跟「空氣」是同一個字，在這種熱帶氣候下，這兩種物質會被搞混也是理所當然。

他們五月十日停靠在加爾各答碼頭，住了一晚上之後，馬洛里搭火車花了十八個小時橫越平原，然後上到大吉嶺。鐵軌穿過布滿茶樹梯田的山腰，進入陡峭的峽谷，谷內筆直的樹林讓他想起中國的卷軸畫。在海上待了一整個月之後，再度置身於山間國家是何等愉快。

他在大吉嶺和其他「聖母峰隊員」（他們已經開始如此自稱）會合，看起來，探險終於可以算是展開了。但是還不算。展開之前，還是得要行禮如儀一番。在大吉嶺的第一個晚上，馬洛里不得不整晚都坐在孟加拉總督為他們安排的宴會上。那是衣香鬢影的奢華場合，一大堆人在用餐前慎重其事地握手，然後是一道道佳餚。每位用餐者的椅子後面都站著一個令人發窘的殷勤侍者，像是幽靈或陰魂。這對馬洛里來說未免太盛大隆重，然而在當時，這趟聖母峰之行從許多方面來說都是一項帝國任務，再鋪張盛大都必須忍受。他也趁機會會未來一同探險的隊友。那天晚上，他在寫給茹絲的信中對隊友有一些敏銳尖刻的評價。隊中的惠勒（Wheeler）是加拿大人（「你知道我對於加拿大人的複雜心情。我預料這回，在我喜歡他之前恐怕要先吞下那些心情。願上帝賜我吞嚥所需的唾液。」），還有郝沃德—貝瑞（Howard-Bury），遠征軍的領隊，馬洛里直覺上就不喜歡他。他全身散發保守黨那種魯鈍武斷的氣息。此外是布拉克，後來是馬洛里在山上的繩伴，之前在溫徹斯特學院就彼此認識了。布拉克令人不解地帶著一口行李箱。箱子裡裝著一襲外套和兩件毛衣，用來保暖；一把粉紅雨傘，用來遮雪防太陽，而且使他在風景中看起來「別具一格」。還有莫希德（Morshead），登山測量員，一副硬漢的模樣，馬洛里對他印象深刻。然後還有凱勒斯（Kellas），蘇格蘭醫師，也是登山家，在圖博中部連爬三座高山後匆匆趕回大吉嶺，因此在總督的晚宴上遲到了十分鐘。不過他一抵達，馬洛里就對他起了好感。凱勒斯不修邊幅，「活像煉金術士」，以他濃重的蘇格蘭口音喃喃道著沒有誠意的歉。

拖延了好一段時間之後，遠征軍終於從大吉嶺出發。五十頭騾子和騾夫，一大群腳夫、廚師、通譯和英國軍官，當然還有聖母峰隊員。一行人花了幾天時間穿過錫金宛若溫室的熱帶叢林。大雨滂沱，這引發了一些問題。馬洛里穿著他黑色的自行車披肩，布拉克打著他的粉紅雨傘，但是在這樣驚人的傾盆大雨之下，無論穿戴什麼都沒辦法保持乾燥。每一樣東西都濕了，水從每一片樹葉和每一塊石頭上滑落滴下。他們在大吉嶺找來的騾子都很肥胖，不習慣叢林小徑。其中有九頭病了，一頭還倒地死去。五天以後他們別無選擇，決定一進圖博就打發騾子和騾夫回大吉嶺，再臨時換成當地的運輸方式，犛牛、矮種馬等。雨也把螞蟥都引出來了。那裡螞蟥還分兩種，有一根細線似的軍綠色螞蟥，還有看起來像條植物塊莖、帶黃褐色條紋的虎斑螞蝗。牠們從四面八方竄出，成百上千，以驚人的速度在地上湧動，或者筆直立在樹葉和樹枝上，像一根根告誡的手指在空中揮動。腳夫用手指捏住腳上的螞蟥，扭緊一拉，留下一小圈血印，之後還會繼續流幾個小時的血。西方人也很快就學會如法炮製。

但是，在熱帶叢林潮濕騷亂的稠密中，也自有一種美。雨既讓厚厚的樹葉散發光澤，也在花朵上聚成一球球銀色水窪。蜻蜓像小小的霓虹棒，在池塘上方猛衝或盤旋。馬洛里特別著迷於此間的各種花朵：玫瑰色的蘭花，以及檸檬色的杜鵑花。當然還有布拉克的粉紅雨傘，倒置在地上，像一朵奢華的、前所未見的花。

然後，突然間，叢林盡頭到了。一行人就這樣越過則里拉埡口（Jelep La）的分水嶺。此地海拔四千四百一十九公尺，所有人都多少感覺到高度引起的不適。從此處高點，他們凝神北望。空氣聞起來更乾淨也更冷冽。幾乎是純氧的風味。山脈首次清晰可見，馬洛里不惜遠道而來親眼一睹的雪山，從地平線的邊緣躍起。圖博就在他們面前了，而在那個國度中的某處，聳立著聖母峰。馬洛里激動地寫道：「再見了，蓊蓊鬱鬱的錫金，接下來要迎接的是——天知道是什麼！」地形全然變了。他們往下朝著帕里（Phari）走，空氣變得乾燥許多，植物也大不相同。這裡有高高的銀色冷杉，腳邊則是深色的杜鵑花。

然後到達圖博南方的高原礫漠，閃耀綿延幾百公里。從帕里走到崗巴鎮是六天的行程，崗巴鎮是圖博的山區要塞，當年楊赫斯本的軍隊就是經由這條路線到達拉薩。六天間，他們穿過高原的深褐色沙漠。這裡就像所有的沙漠，清晨醒來時寒冷平靜，午餐時分熱度陡然上升，前方熱浪滾滾，在碎岩的表面蒸騰閃耀，簡直成了火爐，熱到足以從人的臉頰剝下一層皮。下午風開始颳動，颳起成噸成噸散布地面的灰塵。夜間沒有尾巴的老鼠在帳篷內地布上令人緊張地亂竄，同時氣溫猛然下降。在沙漠邊緣，輪廓鼓脹的高山被消失已久的冰河和河流劈成峽谷，質地上屬於頁岩，比較高的山覆著一幅幅雪。

走到這裡，所有人都開始腹部不適。不過被折磨得最慘的是凱勒斯，他飽受痢疾之苦，虛弱到只能躺在擔架上讓人抬著走。他參加遠征軍之初就已經因為之前的三趟登山筋疲力竭，一直無法恢復。然而他不肯返回。快要走到崗巴鎮的時候，六月五日，才剛穿越一處高海拔隘口，他就在一陣劈啪的血糞中死去。

突然間，這趟帝國出巡變成了送葬行列。遠征軍才出發不久，距離聖母峰還那麼遠，死亡就已經早早降臨，感覺既奇異又邪惡。馬洛里寫信給茹絲，再三保證他的身體健康無恙。他知道郝沃德—貝瑞會將凱勒斯的死訊寫入幾乎每天發給《泰晤士報》的新聞電訊中。馬洛里自己的信要花上一個月才能寄達英格蘭。

他們搭起了一座帳篷，讓凱勒斯的屍體停放了一夜。第二天，他們在石坡上鬆碎的土裡挖了一座墳，把凱勒斯葬了，如此他就能躺在那裡，面朝他參加遠征軍前爬過的三座山峰——那三座山也間接造成他的死亡。郝沃德—貝瑞對著空蕩蕩的空氣朗誦了一段《哥林多前書》裡的標準段落。因為扛著凱勒斯而跟他混熟了的四個腳夫坐在墓旁一塊平整的巨礫上，聽著這個英國人致辭。結束後，他們在墳上搭了一座堆石，然後繼續往前走。

崗巴鎮是圖博的要塞，扼守通往一處狹隘峽谷的入口。走到這兒，大家的精神轉好。貝瑞射殺了一頭瞪羚和一頭肥尾綿羊，布拉克捉了一隻鵝，還捕到一碟小魚。雖然說凱勒斯才剛死去，地形又很崎嶇，但馬洛里眼看著越來越接近聖母峰，即將到一個沒人去過的地方，心裡還是頗爲振奮。他寫信給茹絲道：「我們現在置身於沒有歐洲人到過的國度。再走兩天，我們就會『脫離地圖』，那是在拉薩遠征期間繪製的。」直到此刻，聖母峰都還只存在於西方的想像當中。過去幾十年來，只有寥寥幾次遠遠的驚鴻一瞥，一座用三角測量出來的高度及座標定下空間位置的山峰。可說是只存在於人們的期待當中。

第二天上午，用早餐之前，馬洛里和布拉克進兩步退一步地爬上堡壘上方寸草不生、布滿碎石的斜坡。他們爬了或許有三百公尺，向上走進金黃色的陽光裡，然後：

我們停在那裡，轉過身，看到了我們特地來看的東西。在西方絕對不會弄錯的兩座巍然巨峰。左邊那座一定是馬卡魯峰，灰色，嚴峻，優雅卓然。右邊遠遠的另一座，誰能懷疑其身分？那可是從世界的下顎上長出來的巨大白色犬牙。我們那天看到的聖母峰，受到那個方向迷濛霧氣的影響，輪廓並沒有很清晰。這樣的

情況增添了些許神秘及壯闊感。我們心滿意足，感覺這座最高的山不會讓我們失望。

他終於親眼目睹那座吸引他不遠千里橫跨半個世界而來的高山。而且目前，他還不想看到「輪廓清晰」的聖母峰，他想要聖母峰保留神秘感，維持想像與地質學的密謀——一座一半想像、一半眞實的山峰。這是崇高感在馬洛里心中起的作用，刺激他對暗示、對霧氣和對神秘的胃口，使他確信半隱半露的東西會讓人看得熱切。馬洛里被托爾金後來稱之爲魔力的東西所吸引——「那些聯想的微光從未變成清楚的景象，但是始終在暗示往前會有更深沉的東西。」

他們休息幾天之後離開崗巴鎮，繼續往西行。這時他們要穿越圖博眞正的惡地，古銅色陽光裡布滿沙丘和淤泥的荒野。在這裡，有點風簡直就是叨天之幸，因爲風才能把大隊肆無忌憚的沙蠅按在地面上。隊中的馱獸在淤泥上舉步維艱，得把牠們趕上陡峭的沙崖。對布拉克來說，這裡似乎就是世界上最荒涼貧瘠的地區。可是看在馬洛里敏銳的眼中，卻完全不缺魅力或色彩。他注意到沿途有些小巧的藍色鳶尾花從礫地中綻放，一片葉子也沒有，還有幾株很像金蓮花的植物，有著鮮豔的粉紅色與黃色花瓣，以及小小的綠葉。彷彿有一座色彩的寶藏埋在沙漠表面之下，隨處探頭出來瞧瞧。

某天早上，一如遠征隊一路上養成的習慣，由馬洛里和布拉克帶頭，遙遙搶在主要隊伍的前方。此時兩人是騎馬，剛涉過一條深河，沿著谷底放慢速度走了幾公里。突然間，峽谷豁然開朗，他們發現自己走到沙地平原上。而那裡，就在他們眼前，遼闊深邃的天空下，他們長途跋涉來看的山脈在雲中閃現。再一次，馬洛里為了自己正走在世人未至之處而感覺到強烈的震顫與興奮：

我覺得自己多少算是旅行家了。不只是因為在我們之前沒有歐洲人來過這裡，而且我們還穿越一道密門，我們正從這座由北到南連綿不絕的偉大障礙正後方看著它，自從我們在崗巴鎮把視線轉向西邊之後，這面屏障始終橫在我們面前。

正是為了這種時刻，他才來走上這趟「偉大遠征」，他開始如此稱呼這場行動。在隊裡其他人趕到之前，馬洛里和布拉克還有時間要打發，便拴住矮馬，攀上峽谷北角的一座頁岩小山峰。兩人再從山頂轉身向西。雲氣一從峽谷湧現，便不停往上翻湧，籠罩整座山，似乎就算使用雙眼望遠鏡也看不到什麼東西。然而此刻：

突然，我們的眼睛透過雲層捕捉到雪反射的光輝，而且漸漸地，在兩個小時左右的過程中，壯觀的山壁、冰河和稜線逐一慢慢浮現，大部分肉眼無法看到或與雲層相混難辨的形狀，透過浮雲的裂縫不時閃現，我們開始看出是什麼。由於我們看過完整的山脈，因此將這些片段拼成了一幅完整的清晰圖像，一點一滴地，從一小幅到一大幅，直到，空中令人難以置信地高聳的，比夢中大膽的想像還要高的，聖母峰的山頂現身了！

他們在山頂上的那段時間，一陣風揚來，開始吹動底下平原的沙，所以他們下山的時候，從上方往下望，平原像是一盆隨波起伏的絲綢。

很快他們就在協格爾鎮紮營——白玻璃要塞（White Glass Fort）。整群建築刷白的牆在陽光下閃閃發亮。對馬洛里來說，營地生活的每一個細節，無論是纖維營繩、可以疊起來當板凳坐的茶箱、餐廳帳沉甸甸的帆布、叮噹作響的鍋碗瓢盆，都在此地勤勤懇懇的光線下變得非常美，每件物體的每個角度和每面紋理都被襯托得卓爾不凡。好奇的圖博人在這些聖母峰隊員周圍閒逛打量：把嬰兒包在背巾裡揹著的母親、髒兮兮的學步小孩、精瘦的父親。

他們在協格爾鎮過了兩夜。郵件抵達，馬洛里收到一疊茹絲寄來的信。他立刻回信，把小小的圖博花朵壓在信紙間。他告訴她，那一天，他在雲縫間看到聖母峰的那天，「可說是重大的里程碑」。聖母峰現在「不再只是異想天開的夢境」。他說的當然沒錯，這是一個里程碑，或許更恰當的說法是轉捩點。因爲從這一天起，聖母峰成爲馬洛里信裡的焦點，分量多過了茹絲。這座山開始像情人一樣入侵他的思想。這個即將毀掉馬洛里和茹絲的第三者，在這場三角戀愛中已準備就緒。他在信裡問茹絲：「在哪裡可以找到另一種視野，揭開比這偉大謎團更多的秘密？從這天開始，那個問題會一直存在。」

六月十九日，離開大吉嶺差不多四星期之後，遠征隊跨越一座又一座橋樑，這些橋像搖搖欲墜的火車鐵軌懸在洶湧的河流上方，然後他們轉進一座通到定日縣的峽谷。定日是座貿易村，坐落在鹽質平原中央的小丘上，距離聖母峰六十四公里遠。郝沃德—貝瑞在這兒架設了永久的暗房與餐廳帳。定日將成爲遠征隊的總部、行動的基地、神經中樞。

馬洛里一心想要繼續往前。稍事休息之後，他和布拉克往絨布峽谷前進，搭建了更近的基地營，距離聖母峰約莫二十四公里。此處所看到的聖母峰「以其簡單令人稱奇」，在他們上方赫然聳立。周遭的環境更襯托聖母峰的凜然難犯。絨布峽谷長長的雙臂從山上向下伸展，彷彿「巨人的四肢，簡單、嚴峻、強大」。高處有一座座洞窟供過去閉關的喇嘛居住。在這一切中，絨布冰河將自己舉入山麓的冰斗，有如「輕騎兵衝鋒」。

任務從這裡眞正開始。他們來到這裡，這一年，是要設法找到攀上聖母峰的最佳方式。要達到這個目的，他們必須破解聖母峰和四周其他高峰的謎題，必須解開此間地理的密碼。他們花了幾天然後是幾星期繪製地圖、探測與攝影，跨越從地塊中樞輻射開來的重重稜線。關於這座山的任何蛛絲馬跡情報都是艱苦取得。天氣好的日子，他們都起得很早——破曉的陽光像潮汐般漫過營地，一邊還黑得像墨汁，另一邊卻已經金黃燦爛——然後步行十到十二小時，常常還扛著沉重的攝影裝備。這可不輕鬆。首先會有高度和溫度的問題。再來是絨布冰河並不像遠遠望去那樣似乎有通往山腳的路徑。馬洛里很快就發現，在世界這個部分（比較接近赤道）的冰河對行人並不像阿爾卑斯山區的冰河那樣友善。在這裡，冰被高照的烈日鍛造成尖塔密布的叢林，其中有些冰塔高達十五公尺，下面的冰還裂成冰隙與壓力脊的迷宮。「連愛麗絲夢遊仙境的白兔也會困惑該怎麼走。」馬洛里寫道。他很快就省悟，如果他們想要有進展，最好避開這片詭異的冰凍鐘乳石林，往上走到冰河兩側的冰磧石。雖說這些路線也各有危險，得面對從上方懸崖崩落的岩石和冰塊的威脅。

大部分的時間，馬洛里都沉迷於眼前的風景。在晴朗的傍晚，他目送紅色落日越過聖母峰，並且注意到暮光如何將之壓成二維圖像，有如硬紙板裁下來的剪影，以及閃耀的聖母峰頂如何「像濟慈筆下的孤星」般高懸在他的上空。清晨，當聖母峰褪去她身上的雲層，他簡直是放蕩地注視著：

昨天一早，我們又看著那反覆上演的劇碼，似乎永遠都像第一晚開演時的感受，不管何時看到都如此新鮮，充滿驚奇。緊挨著的布幕被扯開捲起拉到兩邊，然後再度合攏，升起然後降下，最終大大敞開，陽光破雲而出，投下鮮明的影子，顯露光潔的稜線——而我們就在那裡親眼目睹這場驚人的奇觀。

這樣的登山如同脫衣舞。馬洛里沉醉其中，爲似乎耗之不盡的能量所迷，一種他稱之爲「驅動力」的東西。聖母峰爲他創造了，他在給茹絲的信中提到，「振奮的人生」。

有時候，也有那麼幾次，馬洛里厭倦了這一切：一成不變的食物、高海拔對身體的迫害、天氣不佳、帳篷窄小擁擠。到七月十二日，他們已經在五千八百公尺處設立了更深的營地，在這樣的高度，普里墨斯煤油爐無法點燃，冰硬得像石頭一樣。惡劣的天氣把他們困在營地動彈不得，馬洛里一面聽著細碎的雪粒持續打在帳篷的兩側，

面朝絨布冰峰的聖母峰隊員。John Noel 攝。© Sandra R. C. Noel

一面寫信給朋友：

我有時不免會覺得這回遠征由頭至尾都是一場騙局，由某個人的狂野熱情編造出來——楊赫斯本……利用你卑微僕人的一片赤誠。當然現實一定出奇地不同於他們的夢想，長久以來我們一直想像聖母峰北壁的雪坡會有溫和、誘人的角度，結果卻是幾近三千公尺高最為駭人的懸崖……

馬洛里倒也不是不理解他是在攀登一座心中之心，而且對這座山的想像也絕不是他所獨有，更多還是出自楊赫斯本。當時在英國，在阿爾卑斯俱樂部的談話，談的一直都是易爬的雪坡。但是當然在馬洛里來到這裡之前，沒有任何人曾經站在距離聖母峰近到足以看到北壁的地方。大家都想像聖母峰的北壁就跟許多高山一樣，有利於攀登的雪坡。然而現實正如馬洛里所指出，卻是「出奇地不同」——北壁竟然是一面「幾近三千公尺最爲駭人的懸崖」。

從一開始，大家都很清楚北坳是打開聖母峰之門的鑰匙，馬洛里稱之爲「我們渴求的山坳」。北坳是聖母峰北面的山肩，從那邊看上去有一道很明顯可供攀登的冰岩稜線，轉個角度就直達峰頂。如果能夠在坳上紮營，這座山似乎就可以攻克。問題是，究竟要如何上到北坳？第一個月都花在試圖從絨布冰河開出一條往上的路。但是那麼做太危險，對腳夫來說也完全不可行。往上的路線要能搬運補給和裝備。所以，到了七月中旬，馬洛里和隊友決定放棄絨布峽谷，而是繞到山的東邊，看看能不能從那裡找到路線攻上北坳。

確實有。八月十八日，他們解破了這道地理謎題。答案涉及越過一個叫做拉喀巴埡口（Lhakpa La）的地方，然後向上穿越他們命名為「東絨布冰河」的雜亂冰瀑。從那裡，會有顯然更容易攀爬的雪和冰坡可以通往北坳。

但是，令人惱火的是，就在他們摸索出這一個方法的時候，天氣來攪局了。季風已吹到鎮上。差不多一整個月，他們都只能等著天氣轉晴。在許多方面來說，這都是整個遠征中最艱難的時期。這些男人在研究聖母峰時，身體機能會開始退化。馬洛里一向對自己的健康信心滿滿，卻也有點意外地發現某些跡象顯示他的身體也可能出問題，也有可能不再始終擁有絕佳的體能。夜間，他們注意到彼此的臉和手都會呈現出一種藍色調，那是嚴重缺氧所造成。馬洛里經常被布拉克驚醒，因為布拉克會突然停止呼吸，似乎有幾分鐘之久。布拉克說馬洛里也會這樣。白天也越來越短，晚上越來越冷。

不得已的休息也給了馬洛里太多的時間去想念茹絲。每逢「郵件寄到，愛在我們周遭飛舞，「窩進每一頂帳篷」的歡樂時刻過後，在黑暗中，他夢想躺在旁邊的是茹絲而不是布拉克。他也夢想自己兼程趕回她身邊，眼前是被船頭打出泡沫的綠色海水，朝著某個陽光普照的地中海港口前進，沿途海鷗飛滿空中，發出幾乎一成不變的叫聲，而且「我會期待看到妳站在碼頭上沐浴在陽光中微笑」。

然而他總是在布拉克身邊醒來。布拉克是那種越長越人如其名的人⑤：具有閹牛的力量與勤奮，馬洛里默不作聲欣賞他的耐力與盡責，提到他時稱之為「牢靠隊友」。

有人提議就這樣吧。但是馬洛里，他比任何人都更想留在當地等待他的機會，「千載難逢的機會」。九月十七日，天氣好轉。陽光普照，而且沒有雪。很快他們就往更高的營地挺進，六千七百公尺，九月廿三日他們抵達了。到了那裡，天氣又惡化。整夜都有雪順著強烈風勢打上帳篷兩側嘶嘶作響。登山隊員甚至在自己的羽絨睡袋裡也都打著哆嗦。本來打算用來當晚餐的沙丁魚凍成一條條石頭，馬洛里和布拉克不得不把這些魚握在手裡解凍。雪融化成水的過程中，這兩個男人輪流把頭伸到水罐上方，用表面升騰的蒸氣呵暖眼睛。狂風持續不斷吹襲帳篷，把層層帆布拍到一塊，想將整頂帳篷從山腰上扯下來。沒有帳篷，沒有這幾公釐厚的救命帆布，他們沒有任何撐下去的機會。

廿四日早上馬洛里醒來，在度過生平最悽慘的其中一夜之後，發現大事不妙：他的帳篷頂往內凹陷。雖然雪已經停了，風速卻幾乎沒有減弱。沒有希望，但他們終究出發了，而且還試圖開路爬上通往北坳的陡峭雪坡。他們向上攀爬，越過雪崩留下的瘡痍。狂風揮動漫天雪晶，遮蔽了登山隊員的視線。他們的踩踏驚動了幾場小型雪崩，軟軟地奔落到他們身後的山坡上。

由下往上看，每位隊員都頂著飛雪的光環，一圈冷冰冰的小光暈。就在他們上方一兩百公尺處，雪浪像一張熊熊燃燒的雪被單，不斷銼磨北坳的邊緣。在下風處的斜坡上，往下吹的風幾乎讓人無法承受：站在那上面想必會要人命。但是馬洛里，再度，一心想要「把冒險再向前推進一些」，所以和布拉克及惠勒一步步慢慢向上爬到山坳邊緣。在那裡，他們只是想要那麼做，就跨出去站到山坳上，忍受了幾分鐘暴風的全力吹襲。他們眼巴巴仰望那道轉個角度直上一千多公尺到達峰頂的稜線。吹的是旋風，極爲不祥——那種風，馬洛里後來回想說：「沒有人能夠在那種風裡面活一個小時。」不過，重點是他們到達了山坳，那意味著，就如同後來馬洛里寫給茹絲的信中所說的，登頂的路線已經「爲任何願意嘗試冒險登上最高處的任何人」建立好。

就這樣了，第一回合到此爲止。他們長途跋涉回到大吉嶺，從那兒去孟買，然後登上「摩臘婆號」（SS Malwa），展開回家的航程。如今馬洛里深感疲憊。他已經厭倦了，下筆寫道：

遙遠的國家與粗俗的人群、火車、船舶和一閃閃的陵墓，外國港口、黧黑的臉和眩目的太陽。此刻我想看到我熟悉的臉孔，和我甜蜜的家。然後，帕摩爾街區（Pall Mall）莊嚴的立面，或許還有霧中的布隆斯伯里。再來想看到一條英格蘭的河流，牛羊在西邊的草地上吃草。

當船靠近馬賽的時候，他從船上給妹妹艾薇（Avie）寫了封信：「他們已經在考慮為明年組一支遠征軍——我明年不想再去了，套句俗語說，給我阿拉伯的所有黃金我也不去。」

◆ ◆ ◆ ◆ ◆

一九二二年三月二日——海鷗嘎嘎叫，拍擊著翼尖在東印度港口的碼頭上空打轉。馬洛里跨步踏上「喀里多尼亞號」（SS Caledonia）的舷梯，出發前往孟買。其他的聖母峰隊員都已經上船了。一支新的隊伍，一場新的競賽。喀里多尼亞號劃過英吉利海峽灰色的海水和濃霧，沿著伊比利半島，然後繞過直布羅陀巨岩進入地中海。夜間穿過窄如針線的蘇伊士運河時，水是那樣平靜黝暗，更像某種地質構造，層層沙漠間嵌夾的一線石墨。然後船出了運河，駛入紅海的炎熱空氣中，洋面平靜像個貯水池，船一過，幾乎波紋不興。

白天裡，天空完美無瑕，像座玻璃圓屋頂，但是每到傍晚，中東夕陽的各種綠色、藍色和黃色匯聚空中，映在船所經過的水面上有如萬花筒。飛魚躍出海面，奮力直挺挺地一縱一縱乘浪向前，偶爾哐啷一聲撞到船壁。海豚群也沿途護送輪船，在左右舷海水中跳起跳落。

船上的生活相當寫意。每天早上，紐西蘭人芬奇（Finch）給隊員講解他們這回帶來的氧氣設備，示範閥門操作、背架及流量控制。馬洛里對這具總重達四百公斤的鐵器抱著懷疑態度。對他來說，這似乎是在聖母峰上作弊，就像隨身帶著自己的大氣層。但是芬奇講解這設備的優勢時頗具說服力，儘管也有點一頭熱。下午，熱氣像張毯子一樣沉甸甸動也不動地蓋在他們頭上，大家就打打甲板網球，有時也打甲板板球。晚上七點整，晚餐號吹起。夜幕低垂後，馬洛里喜歡去看輪船拖曳出來的磷光尾流。當然，他的心思也會回到茹絲身上，但是大多數的時間他想的還是接下來「眼前的偉大工作」。

這回他們停靠在孟買，帶著他們重達兩噸的行李，包括一箱箱香檳、一罐罐鵪鶉肉凍和幾百塊堅果薑餅。他們搭上一班潺熱又不停誤點的火車穿越印度到加爾各答。鐵軌通過枯熱的黃褐平原，穿過陰暗的小無花果樹林，左右車窗外的老樹越來越高，就像峽谷的兩側。火車從加爾各答轟隆隆地往上把他們載到了大吉嶺，在那裡衆人大肆打包行李。這回整支團隊已經相當有默契。比起上次遠征軍的組合，這回似乎要愉快得多。這次換了新領隊，布魯斯將軍（General Bruce），總是笑口常開，永遠穿著斜紋呢外套，打著領結，戴一頂遮陽盔，手持一根登山杖。斜紋呢底下是傷疤，在加里波利和其他地方的戰役留下的彈痕，而且體內還正爲瘧疾所苦。比起上回令人厭惡的郝沃德—貝瑞，馬洛里很喜歡這次同行的布魯斯。還有史特拉特（Strutt），雖然他的圓點襪和不停抱怨有點煩人，但還算忍受得了。還有諾爾，這次隨隊的相片和影片攝影師，對登山也很有一套。然後還有索默維爾（Somervell），馬洛里的繩伴與旅途上的智囊，是有著超大腦容量和怪異招風耳的男人。

他們分兩批從大吉嶺離開，計畫在帕里鎮會合，在那裡湊足他們所需的三百頭馱畜。這回是在年初，錫金的叢林不像上次馬洛里冒險穿過時那樣濃密美麗。花比上次少，而且「怒生的感覺不復存在」。然而無論如何，一旦行動起來，在肺裡感覺到山上的高地空氣，並且距離如今馬洛里慣稱爲「那座山」的地方越來越近，感覺還是挺不錯的。

馬洛里跟第一批人員在四月六日到達帕里，雖然地上積了幾公分的雪，入夜後他不得不蜷縮在睡袋裡坐著，他仍寫信告訴茹絲，這趟重回圖博，他感受到一股想像不到的勃勃興奮，一股意料之外對荒涼風景的鍾愛。他們從帕里走一條新路線前往崗巴鎮，海拔比較高，但是路程比一九二一年少兩天。這條路線帶著他們穿越東卡埡口（Donka La）。他們接近隘口的時候，空氣變得極端寒冷，而且開始下雪。四月八日下了一整夜的雪。馬洛里擔心動物受不了嚴寒，於是在一片漆黑中離開帳篷，走過柔軟黏滑的雪地到拴著犛牛和騾子的地方。那些牲口站在雜亂的行列上，背上的積雪像條毯子。牠們不快地換腳站立，從鼻孔把潮濕的白色氣息噴到黑壓壓的空氣中。騾夫在某座岩石後方蹲成一圈避開寒風。儘管天氣嚴寒，他們似乎心情頗佳，而且不太擔心牲口，於是馬洛里走回他的帳篷，在犛牛鈴靜靜的叮鈴聲中入睡。

翌日天氣太冷，不適合騎在牲口上，於是隊上每個人，即使是正爲腸炎所苦的馬洛里，都選擇走在牲口旁邊，力圖保暖。這是費力的一天，大家顚簸走了三十五公里的路，海拔全在四千八百公尺以上，中間只有兩次稍事停留簡單吃點東西。就在天黑之前，他們在一座岩石露頭下方紮了「奇特的小營地」。從那裡看出去，有片礫原向遠方伸展，東面的邊緣上方是凱勒斯攀登過的那三座山峰。

接下來是休息日。馬洛里在天氣還夠暖和時坐在帳篷外讀上幾小時巴爾札克。

除了堅毅不屈，他心想，周圍的風景還是不乏美感：雲層的影子在平原塗上一塊塊斑漬，遠方的藍色，以及附近山腰上幾種層次微妙的紅色、黃色和棕色。然後，風勢變大了，他只得進到帳篷去取暖。在那裡他試著寫信給茹絲，不過瓶子裡的墨水不停結凍。他寫道：「我們已經嘗到圖博的窮凶極惡，找不到絲毫令人愉快的情勢，我感到萎靡不振。」他當時穿著五層衣服，即使如此，「也只是剛好夠暖和，除了碰到紙張的指尖之外。」不過手指受寒是值得的，因為這封信感覺上連繫了他和茹絲：「我意識到妳在另一端。最親愛的，我太常想起妳的模樣，以某種方式感覺妳就在我身邊。」

接下來幾天他們保持同樣的節奏，前進然後宿營，前進然後宿營。要把營釘打進結凍的地面很費力氣。早餐時間，他們圍著擱板桌，把茶箱倒過來當凳子坐，穿著人字呢長褲和漁夫的套頭毛衣，雙手叉在腋下，頭往身體縮，弓起背頂著風。在崗巴鎮附近的荒地上，一場暴風雪正迅速襲來，不聲不響湧向他們，用雪填滿他們剛剛留在雪地上的足跡，就像勤奮的管家尾隨在他們身後清理，消滅他們存在或取得進展的一切跡象。這片高原變成極地的凍土帶。雪黏著他們的鬍碴。在他們後面幾公里處，正在越過白色平原的，是犛牛和騾子疲憊不堪的隊伍。

寒冷令士氣低落，也耗盡他們的體力。有一段時間，他們把日後的目標都給忘了，只將注意力放在早上拔營出發然後晚上再度紮營。然而，等到他們最後抵達協格爾鎮的白玻璃堡時，「我們清楚看到聖母峰就在平原的另一頭，甚至遠比我記憶中還要驚人。所有人都滿臉欣喜，此情此景不免讓我重溫個人曾有的感受。」在某種層次上，這是馬洛里的山。畢竟他是一九二一年那支遠征軍中唯一回來再度嘗試的成員。

離開協格爾鎮後，他們朝著南邊前進。那是通往東絨布冰河的捷徑，然後再從那裡到北坳。到了五月的第一天，他們已經在冰河終點的冰磧石上設立了基地營。從一段距離外看過去，無法分辨哪些是淺色帳篷，哪些是亂無章法的淺色巨礫，這些跟帳篷差不多大小的巨礫是當初冰河從峽谷兩側鏟下來的。

布魯斯的計畫是圍攻這座山。他的隊員將設立一系列越來越高的營地：第三營在北坳正下方（上回馬洛里就在那裡度過難受的一夜），而第四營就在北坳。這樣的安排是希望能為攻頂提供所需的支援網絡。天氣絲毫沒有回暖，但是三個營地已經成功紮在峽谷上方，然後到了五月十三日，馬洛里協助設立好從第三營往上到達北坳的路線。有幾條路段很長，他只好從陡峭的閃耀藍冰上砍出一階階踏腳點。砍下，砸碎，一階，砍下，砸碎，一階。這樣的節奏即使是在海平面也讓人筋疲力盡，在這裡則會令人身心俱毀。冰斧一砍，碎冰就像砲彈鋼片一樣危險地飛濺。這樣努力了一段時間，馬洛里移到了山坳的左邊，發現那裡有厚實穩固的雪，他的工作變得容易多了。

在一天之內，他就設法固定好一百二十公尺的繩索，供之後爬上來的隊員使用。他也到達了北坳。風不像去年那麼猛烈，他開出路線，走過北稜危險、布滿裂隙的破碎地面，穿越破裂的立方形藍冰，到達山稜起端附近的安全地面。他每往前踏出一步，南面的景象便逐次展開，於是他坐下來，滿心敬畏地注視眼前「生平所見最驚人的奇觀」。就這樣，第四營在北坳設好了。

五月十七日，馬洛里寄了封信給茹絲，「就在我們出發前往所能到達的最高處的前一晚」，然後隔天和莫希德、諾頓（Norton）和索默維爾從基地營出發去第四營。他們的計畫是離開北坳，向上移動到東北稜，露營一宿，然後第二天看有沒有機會攻上聖母峰。

在第四營度過寒冷的一夜之後，他們太晚出發上稜線。延誤的原因是他們誤把早餐亨氏義大利麵罐頭放在睡袋外面，結果義大利麵結凍了，他們在出發前只好多花時間用慢吞吞的爐子煮水解凍，勉強將結晶的麵條加熱成軟糊。很快他們就明白，風太強勁，氣溫也太冷。他們沒有一個人穿得夠暖和。在嚴寒中，他們的手套和綁腿裡的羊毛都硬化成了夾板，呢帽的布料纖維糾纏在一起無法保暖。他們緩慢而費力地爬上稜線，距離目的地還很遠就被迫露宿，窩在七千六百公尺高稜線背風面一道冰脊和岩石上。諾頓的一隻耳朵和雙腳都凍傷了，而且無法入睡。莫希德也一樣，他一隻手上的指頭呈現不太妙的覆盆子奶油色。這些人躺在那裡一夜未眠，兩兩合擠一個睡袋，聽著帳篷上「細小雪粒落下的切切樂聲」。雪一積多，造成帳篷下陷，他們就用手掌猛力拍擊帳篷兩側，震得帳外的雪咻的一聲落到地上。

當晨曦照亮帳篷的帆布，他們有氣無力地爬出帳篷，只有莫希德還留在裡面，表明再也無法繼續往前了。峰頂遠在他們的能力範圍之外，這點很明顯，但是在回頭之前，他們還是掙扎著向前往上爬了象徵性的六百公尺。他們從營地接走莫希德，把帳篷留在原位，繼續趕回下面的北坳。這是危急的撤退。莫希德幾乎已經沒辦法走，屢屢在雪地坐下，一心求死。諾頓哄他挺住，一條手臂攬著他的腰，在他耳邊輕聲相勸。在稜線上一個陡峭的坡段，莫希德腳一滑，把兩個登山隊員也往下拖。幸好馬洛里反應夠快，當下把冰斧砍進雪裡，扔了一圈繩索繞住斧頭，救了在場四個人的命。等他們拖著腳步回到第四營，馬洛里注意到遠遠的西邊有不祥的天氣異象——層層相疊的黑雲，遠遠的一道道閃電照亮天空，彷彿遙遠的峽谷裡有一場戰爭正在開打。

馬洛里和其他三個人都爬回基地營，在那裡花了一個月時間才恢復。馬洛里有四根手指凍傷。在他復原的過程中，芬奇和小傑弗瑞（布魯斯的堂弟）揹著氧氣裝備，想要借氧氣之助登上聖母峰。他們比馬洛里等人到達更高的地方，但是也同樣被寒冷逐退。布魯斯跛著腳回到基地營，雙腳的凍傷花了好幾個星期才痊癒。

季節遞嬗，季風帶來的雪開始降下。大家再度討論是否到此為止。他們竭盡全力嘗試了兩回，也都失敗了。但是再一次，又是馬洛里，他比隊上的任何成員，都更想要再「重重揮棒」。他手指還未癒合，也寫信告訴茹絲，「我得冒著比凍傷更慘烈的風險再上去一趟，這場競賽值得犧牲一根手指，我會盡想得到的任何方法照顧自己的手指和腳趾。一回被咬，下回膽小！」到了六月三日，他和兩位隊員偕同一群雪巴人出發去「北坳上偉大的冰垛」。在那之前的四十八小時，雪下得很凶，硬冰上覆著一層厚厚的雪殼。這是典型的雪崩地形。當馬洛里帶隊登上那段坡的時候，他試了試腳下的雪。似乎是安全的。他帶領大家繼續向前。

距離山坳邊緣不遠的地方，下午一點五十分，一聲裂響傳來，聽起來像「未壓實的彈藥引爆」，馬洛里腳下的雪開始動了起來。他一個不穩，滑下一小段路，跌在積雪表面上。他回過神來，聽到下方傳出哭聲，原來有九個雪巴人被一波更快速沖下的雪從一百八十公尺高的冰崖掃下，掉到一處裂縫裡。兩人獲救，奇蹟般毫髮未傷。其他七人卻再也找不到，若非掉入裂縫摔死，就是被幾噸湧入的雪給活埋了。

他們在第三營為這些死去的雪巴人粗略立了一座紀念堆石。布魯斯對事故的看法很正面。不是任何人的錯，他說。死者的家屬似乎也無意怪罪任何人，而認為一切都是命中註定。但這安慰不了馬洛里。他認為這些人的死是他所造成。他寫信給茹絲道：「我認爲，那不是一場鋌而走險的行動，我們是做好計畫的。也許是因爲我們習慣處理特定種類的危險，你通常會去估計那些最好不要估計也不要嘗試的危險……我們三個人都被騙了。當時我們完全沒有察覺到危險。」他也明白，當時他也命懸一線。「對我來說，那是非比尋常的死裡逃生，我們確實也要感謝一切。親愛的，當我想到妳將會多麼傷心，我卑微地感謝上帝。我還活著……」

遠征軍垂頭喪氣地穿越圖博回到大吉嶺，身上帶傷，心情低落，全然「不是我們原來與高采烈的那一群人」。莫希德和馬洛里手指上的傷還在發痛，布魯斯的腳趾也還未痊癒，諾頓的腳掌因凍傷仍然呈現灰色與黑色。不過，離這座殺氣騰騰的山越遠，他越是沉湎於這股迷戀。人還沒到大吉嶺，雪巴人殉難的話題已經從他的信裡消失。如今他滿腦子只有茹絲。想的是茹絲，以及再度上路的可能性。

◆ ◆ ◆ ◆ ◆

一九二四年二月廿九日——這次是利物浦碼頭，而且此去禍福難料。茹絲還來爲馬洛里送行，因爲覺得這回，想必，是最後一趟。他站在甲板上，倚著閃亮的扶手，戴著深色的休閒呢帽，身穿毛皮領外套。當「加利福尼亞號」（SS California）解纜起航，她在碼頭上揮著手，他也揮手回應。兩人互揮了幾分鐘，但輪船一動也不動。擴音系統傳出一段通知。在海港堤外，西邊來的暴風雨正在集結，將船困在停泊處。兩艘髒兮兮的小拖船套住船頭，準備把加利福尼亞號拖到海上。茹絲對著靜止不動的輪船揮手，馬洛里對著靜止不動的碼頭揮手，久了兩人都生厭了。一段時間後，她離開了。

他爲什麼還要再去？事到如今，一切都只剩無可奈何，茹絲察覺到有幾股力量在作用，那超出她的控制，也超出他的控制。更糟糕的是，馬洛里對這趟旅程的感覺並不好。他出發去印度之前所做的最後幾件事情之一，是去拜訪凱薩琳（Kathleen Scott），極地探險家史考特（Robert Scott）的遺孀，而史考特創下了英國最壯烈的一場失敗。整間房子都是關於史考特的紀念品：裝框的圖片、信件。離世的丈夫，失怙的孩子……這一切都暗示了可能會發生什麼事。陪馬洛里去拜訪的是楊恩。在回程的計程車上，馬洛里告訴楊恩，他相信今年在聖母峰上，將會更像一場戰爭，而不是探險，這一回他認爲自己將不會生還。

漫長的航程再度開始。船上擠了一大群要去埃及的蘇格蘭旅遊團，還有一群士兵帶著他們的妻子。一開始那兩天，他們飽受西風吹襲，在比斯開灣的鐵灰色大海趕上狂風暴雨。馬洛里在船上的健身房裡鍛鍊，非常讚賞厄凡的健美身材。厄凡是牛津大學二年級的學生，在北挪威的探險期間，以其強韌給聖母峰登山隊的選拔者留下深刻印象。他是牛津大學的賽艇隊員，但今年因爲參加這趟遠征而沒有出賽。馬洛里非常喜歡厄凡，認爲他是「或許除了聊天之外，任何事情都可以仰賴的人」。他給茹絲寫了第一封信，描述了船上生活的節奏，還有他的隊友，如今這已成了慣例。他也寫到登完聖母峰的生活，向她保證，一登上這座山，一切都會好轉。每件事情似乎都分成聖母峰前和聖母峰後，三年來一直如此。

妳感覺如何，我被丟在家裡的小可憐？……親愛的，我一有時間就會常常想妳。我認為最近我們都非常親密，如今我覺得離妳非常近。我不在的這段時間，我知道妳表面上會笑容滿面，希望妳在內心也真的快樂。我永遠愛妳，親愛的。

這次航程大體來說無足紀念。馬洛里在英國已經成名。他被那群蘇格蘭遊客纏著要照片、要簽名，還要他說一點有關於聖母峰的妙語。他逃到船頭閱讀莫洛亞（André Maurois）寫的雪萊傳記，或者就待在他的船艙裡。不過也有那麼一刻，那種讓他全身戰慄的時刻。某天黎明日出前，船正駛近直布羅陀海峽，馬洛里跑到甲板，像他三年前做的那樣，注視著船穿過陸地的兩顎：

我們冒著汽煙向東航行，正前方是灑滿整片天空的橙色光輝，兩邊陸地像兩條長長細線朝著中心會合，留下一條縫隙，兩小塊陸地之間相當小的縫，因為海峽還在三十二公里外，或許更遠。我們正向著天際線中這個小小的洞直直前進，在那裡，光線最為明亮，而我對這個浪漫世界有股最無法抵抗的感覺：我們只需像愛麗絲一樣跳進那個洞，穿過花園的門，就能到達一片新境地，或者一整個冒險王國。

跨越障礙，掉進地洞，解開謎團，這種想法，一言以蔽之，就是探索未知。這種想法在馬洛里身上鍛造出最深沉的魔力。聖母峰對他來說，是最大的未知，最深的奧秘。

在塞得港，其他乘客都下了船，馬洛里鬆了一口氣。他們經過運河和紅海，繼續航行，進入印度洋，水面異常平靜。再一次他的思緒轉到茹絲。他想像兩人穿著絲袍走上甲板，一起呼吸清晨的新鮮空氣。「心愛的姑娘，為了試圖做正確的事，我們放棄也錯失的東西多得可怕，但是我們一定要理解，我們沒有錯失太多。」所謂正確的事，茹絲可能回覆他說，是馬洛里待在家裡和妻子兒女團聚，當個講師或老師，賺得少一點，但是安全得多。但是這裡有更大的「正確」，那深深地沉入馬洛里的內心，深到他已經無法察覺——他的「正確」，是站在聖母峰頂，領先世人登上那座舉世無雙的山。

這回穿越印度的火車旅程比之前兩次都還要熱，所以爬上大吉嶺之後車廂裡微溫的空氣讓大家鬆了一口氣。再度受命帶隊遠征的布魯斯從那裡加入行列，他才剛從靠近尼泊爾邊境的地方成功獵虎歸來。這一年，他們在安排下投宿聖母峰飯店（Hotel Mount Everest）。從陽臺上，馬洛里能看到白色和粉紅色的木蘭花，「在深色山坡的襯托下分外明亮」，在印有飯店名的華麗信箋上，他在寫給茹絲的長信中如是說。比起往年，他更加熱切地渴望寫信給茹絲，爲了強調而用重複的字詞，彷彿語法能以某種方式抹去他不在茹絲身邊的事實，他再度遠行離家的事實：

最親愛的，我時時刻刻想要妳在我身邊，跟我一同享受，靜靜聊些事件、人物。我還想把妳擁入懷中，親吻妳可愛的棕髮……但願世上有辦法能讓妳離我更近。我認為所謂的近很大程度上取決於一個人的想像。當想像蒸騰，就像有時在夜間發生的那樣，在群星之下，我幾乎可以在妳耳邊低語，甚至現在，親愛的我真的感覺就在妳身邊……而且我快要可以親吻到妳了。

一行人三月廿九日開始穿越錫金。這回天氣絕佳，馬洛里覺得充滿了「輕鬆、暖和、倦怠，以及無憂無慮的欣喜」。他裸體在岩池裡泡澡，驚訝地發現「一隻非常靈巧的山貓」在林間空地上──「看到那樣一頭野獸後，我感覺整座森林都活了起來，真是非比尋常。」這回全隊人員都相處融洽，也許比一九二二年的隊伍還要和諧。

這回他們花了五個星期走到東絨布冰河上的基地營。天氣很冷，風不停颳著，但是氣溫不像一九二二年那麼低。的確，這一回主要的危險是太陽而不是雪。在崗巴鎮附近的沙漠裡，每個人的臉都曬成栗子色。馬洛里的嘴唇和臉頰都曬傷裂開，所以隨身帶著一罐油膏不時抹在傷口上。他像牧羊人一樣彎著身子向前走，還留起一撮山羊鬍。厄凡戴著他的機車頭盔和護目鏡，但還是無法阻絕風和太陽。儘管曬傷了，馬洛里感覺自己的身體比往年都還要健康，而且這回他的毅力也空前堅決。登頂的意識不斷在他內心滋長，無論如何，這回該做個了結了。他給茹絲的信裡面說：「幾乎無法想像我上不了峰頂。我無法眼看著自己敗退下山。」在寫給朋友隆斯達夫（Tom Longstaff）的信中，他語氣甚至更加堅定：「這回我們將順風航上山巔，上帝與我們同在──或者，即使遭遇逆風，也要一步步硬踩上峰頂。」他之所以這麼心曠神怡，還有一個理由：今年他們有鵝肝醬搭配鵪鶉，而不再是肉凍，香檳也是上好的年份：一九一五年的蒙地貝羅。

但是也有不吉利的時刻。行進到崗巴附近時，整組人遠比馱獸更早到達目的地。由於無法紮起個人帳，他們就先搭建綠色的餐廳帳，然後躺在蔭影裡，等著行李運到。白色光線透過綠色帆布折射下來，給這一幕打上水族館般的光影。隊員一個個倒地就睡，只有馬洛里在一旁看著，「當他們躺在那裡打呼，每張臉在綠光下一片慘白」，他的隊友看起來完全「像群屍體」。

遠征的第一個打擊發生在四月十一日，當隊伍到達崗巴鎮時。布魯斯將軍由於才剛經歷長途跋涉，體力虛弱，憂慮心臟無法負荷，決定不再走下去。諾頓升職成爲遠征隊的指揮官，而馬洛里則擔任他的副手及登山隊的隊長。隊長一職激勵了馬洛里，他很快就擬出他認爲即使失敗也不會造成危害的萬全計畫。他們將從北坳的第四營分成兩組人馬攻頂。第一組的兩人嘗試無氧攀登，第二組的兩人緊接在後面出發，將會使用氧氣筒。馬洛里把自己編在帶氧氣的那組，深信氧氣筒將有助於他登上峰頂。

當他們逐漸靠近這座山，馬洛里開始感到興奮。他「急著要開始這項偉大的盛事」。他們於四月廿九日在絨布冰河的冰磧石上搭起營地，而幾乎就在同時，情況開始變糟。一場暴風雪——來的路上在荒原沒有遇到的暴風雪——大肆攻擊基地營。空氣夾帶著雪狂怒呼嘯。氣溫陡降，低到溫度計幾乎無法測量。今年的計畫甚至比兩年前更複雜繁瑣。搭了更多營地，雇了更多腳夫，用了更多裝備。如果天氣好，一切都

往聖母峰的途中穿過高海拔的礫漠。背景是卓木拉日峰。
Bentley Beetham 攝。© Royal Geographical Society

可以順利運行，但是氣溫無情急轉直下，夜間可以降到零下五十度，連攀登東絨布冰河這樣最簡單的一段行動，都變得艱苦卓絕。冰河表面的藍冰質地有若玻璃，硬度堪比鑽石，穿著登山釘靴走在上面都步步維艱，對穿著破爛鞋子的腳夫來說，更是一步都動不了。但是遠征隊還是奮戰不懈，每個人的身體都逐日惡化。等登山隊到達北坳下面的第三營，馬洛里發現了一九二二年留下來的氧氣空筒就堆在紀念七位殉難雪巴人的簡陋堆石旁。整個地方的變化少到他無法置信：寒冷與高度善盡保存之責，時間就停在自身的足跡上。這裡沒有東西會衰老。雪就那麼成形之後再度成形，飄上堆石然後融化。沒有景物訴說著時間的流逝。

第三營的天氣始終來意不善，他們一整天都只能躲在小小的帳篷裡。雪不停飄落天地間，隨風旋舞，纖細的粉末落在每樣東西的表面上。馬洛里、厄凡、索默維爾和奧德爾躲在他們小小的避難所裡，朝不保夕地窩在這座山的肩膀上，在暴風雪的包覆下，以一片沙漠和一座叢林和海洋遙遙相隔，即使到了海邊，距離英國也還有四面海洋。爲了讓自己安適、寬心，這四人朝彼此朗讀布里吉斯（Robert Bridges）編選的《人類的精神》（*The Spirit of Man*）裡面的詩歌自娛。他們在柯立芝《忽必烈汗》（*Kubla Khan*）的「陽光和煦的歡樂圓頂」及「冰洞」中，在葛雷（Thomas Grey）著名的輓歌、雪萊的詩作《白朗峰》，以及愛蜜麗．勃朗特的抒情詩中（我要走到我的天性引導我去的地方——／那裡狂野的風在山腰上呼嘯），找到慰藉。山腰上，雪繼續下著，在帳篷外面凝結成塊，蒙住自己的聲音。這一夜馬洛里睡不安穩，醒來時發現自己陷在五公分的積雪中。帳篷門一拉開，他看到幾股冰晶氣旋在空中迴舞扭動。氣旋後方只有一片白：白茫茫及狂風的淒厲怒號。

沒有其他選擇，只能撤退。在這上面每多待一天，在這樣的情況下，他們的身體都必須付出代價。登山隊員和腳夫直接撤回基地營。其中有五十個腳夫更就此逃走，趁著暴風雪偷偷溜回海拔較低的家裡和農場。基地營那邊設立了醫療站，治療寒冷導致的傷病。舉目所及都是凍傷、雪盲和失溫等症狀。一個圖博腳夫死於高海拔引發的腦血栓。還有一個由於雙腳太痛了，不得不割掉他的靴子，這才發現他的雙腳凍傷，腳踝以下變成暗紫色，就像他人是站在墨水裡。這個腳夫後來也死了。

奇蹟似地，馬洛里的身體倒還健康，他對遲遲無法行動感到焦躁。他想爬到山上去，把這項工作做完。他在一封信中聲明：「撤退只是一時的挫折，行動只是暫停。那些問題必須很快定案。下次我們再走上絨布冰河，將會是最後一次。」

在基地營淺色的巨礫周圍和補給品的箱子之間，有羽毛發亮的烏鴉闊步行走，這些烏是機會主義者，只要情況一像這樣失序，就會來試試運氣。牠們好奇過度地斜著腦袋，或雙腳併攏四處蹦跳，像跳遠選手一樣，或者就披著黑壓壓斗篷杵在那裡。肥嘟嘟的鴿子和古怪的山羊也會過來刺探。聖母峰本身，在現身的時候，套句馬洛里的說法，「菸抽得很凶」：一縷縷冰煙從峰頂飄開，證明了風勢有多強。

他們在基地營待一星期恢復並鼓足體能。然後天氣終於好轉，馬洛里、索默維爾和諾頓又向上推進回到北坳。但是暴風雪再度困住他們，氣溫降到攝氏零下三十一度。逼得他們只好回到下面的第二營。更多腳夫被寒冷所傷，隊員不僅在身體上，在心理上也開始飽受煎熬。就連馬洛里也不像原來那樣樂觀。「他五月廿七日給茹絲寫信，「心愛的姑娘，這回整個時機都很糟。回顧這段日子以來的莫大努力和疲累和沮喪然後望向帳篷門外只有一片冰雪世界和消失中的希望——不過不過不過在另一方面還有那麼多的事情有待決定。」

然後就在這時候，似乎是為了獎賞他不肯陷入全然絕望，天氣又短暫地好轉。風速降了下來，也出了太陽。就是現在了。馬洛里給茹絲寫了倒數第二封信，告訴她，他們要把握這次機會。「蠟燭快要燒完了，我必須得停筆。親愛的，我全心全意願妳一切安好，在收到這封信之前不再焦慮，願妳收到最好的消息，而這消息也會最快出現。」

他們到達山坳，在稜線更高處設了營地。按照之前的安排，第一組正規的攻頂會由索默維爾和諾頓兩人發動，不帶氧氣。他們進展不錯，一路緊臨著稜線的邊緣，那邊風吹不到，但是地形更加難走。諾頓事後寫道，那就像攀爬交疊的巨大屋瓦，沒有什麼可以抓緊的東西，隨時都可能摔下去。索默維爾只好停下來，但是諾頓設法爬到八千六百公尺處，然後意識到再不折返，他就會死在那裡。

他搖搖晃晃地從雪簷上爬下來，和索默維爾會合。一起退回山坳，諾頓或許在索默維爾前方二十公尺處。突然，索默維爾劇烈咳了起來，痛苦難忍的那種劇烈，他感覺體內有什麼，某種東西，脫離了原位，卡在喉嚨裡。他開始噎住，快要死去。他沒有辦法呼吸，也無法向諾頓大喊求救。諾頓當時轉了身，但是以為索默維爾停下腳步是為了看清楚這座山。並非如此，他是瀕臨死亡而停下腳步。他在雪地坐下，眼看著諾頓繼續向前走遠。那時，他使出最後一股勁，用握緊的拳頭捶打胸部和喉嚨，同時盡可能用力咳。那玩意兒鬆跳進他的嘴裡。他開口吐到雪地上，原來是厚厚一塊凍傷壞死的喉頭。

索默維爾和諾頓下到基地營，而厄凡和馬洛里正準備離開北坳。六月六日早上，他們在鬆垂的 A 字形帳篷裡吃了最後一頓早餐，有沙丁魚、餅乾和巧克力，然後出去走到被踩得一片狼藉的山坳雪地上，為攀登做最後的準備。兩人背上都各有一個支架捆著兩大銀罐的氧氣，看起來像早期電腦遊戲「鬼屋冒險」（Jet-Pack Willys），彷彿他們能轉動控制桿，垂直騰空直達峰頂。他們打著厚厚的綁腿，戴上連指手套，臉上還有王牌飛行員戴的那種銀邊護目鏡，以防雪盲。

他們一路順利爬上第五和第六營，然後在六月八日清晨出發攻頂。一開始攀登的時候，空氣清澈，但是在幾小時之內，閃著異光的細緻雲霧開始湧上高山。歐德爾從山上八千公尺處的一個優越位置目睹兩個黑點沿著通往峰頂的稜線移動。接下來雲霧就籠罩了他們。

他們離開這座山之前，倖存的登山隊員合力堆了一座金字塔堆石。堆石上嵌著幾塊石板，上面刮出三次遠征中爲這座山殉難的十二個人名。其中有九具屍體尚未尋獲，但是沒有人會忘記他們的安息處，因爲立下記號的，是世界上最大的紀念碑。

長長的回程一片哀戚。第一次世界大戰才剛結束六年，空掉的椅子、餐桌上多出來的手肘活動空間，都令人感覺到鬼魂的存在——這一代人對這一切都已經很有經驗。但是這種事情經歷再多，都不會因此就不覺得可怖。每個人都不敢確定半夜帳篷門簾上會不會出現一隻手，從遠處的幽冥意外歸來。

馬洛里在劍橋的家，六月十九日傍晚，一封電報拍來，不帶感情的電報文體由短句構成。「委員會深深遺憾收到噩耗」，電文如此開頭。茹絲把她的孩子都叫上來，齊聚在她的床頭，說出死訊，所有人哭成一團。接下來的幾星期，馬洛里的信逐一寄達——來自死者的書信。

「最後離開的人」。請注意前景稜線中央的紀念堆石。Bentley Beetham 攝。© Royal Geographical Society

◆ ◆ ◆ ◆ ◆

幾乎是馬洛里一死，馬洛里變身爲神話馬洛里的過程就立即展開了。皇家地理學會的秘書柯利（Norman Collie）發了一通電報到基地營，上面寫道：「英勇的成就，所有人都深深爲這樣的光榮犧牲所感動。」《泰晤士報》贊同這樣的看法，刊載了馬洛里和厄凡的訃告，強調他們是莊嚴殉難，並且公開肯定「兩人幾乎無法選出更好的歸處」。至於聖母峰委員會的秘書辛克斯（Arthur Hinks），他認爲，「確知他們是死在人類未曾到達的高處，且他們的親人也有可能想到他們就倒臥在峰頂」，這可減緩死亡的哀痛。一九二二年和馬洛里一起上山的朗斯達夫（Tom Longstaff），也有同樣的想法。他寫道：「如此一來，他們永遠都不會變老了，而且我非常確定，他們不會願意和我們當中的任何人易地而處。」

然而，最驚人的反應來自楊赫斯本。他如此描述馬洛里：

> 他知道眼前的危險，且準備好迎頭面對，但是他除了膽識過人，也深具智慧和想像。他了解一切的成功代表什麼。聖母峰是世界上自然力量的化身。他必須用人類的精神去對抗……也許他從末完整闡明，然而在他的心裡，一定出現過「不成

功便成仁」的想法。在這兩種選擇中，究竟是要第三度退回，還是死去，對馬洛里而言，後者或許才是最容易的。成為第一人的折磨，不是他身為男人、登山家和藝術家所能忍受……

這個想法很不尋常，也就是馬洛里可能選擇赴死，以完成一場形式主義的行動藝術。楊赫斯本暗示了，功敗垂成但活著回來，是馬洛里所無法忍受的。成功登頂及死在山上都更具藝術性，在審美上也更令人滿意。而且，確實，馬洛里的故事在形式上與情節上都有種純粹性，而這有助於他的故事一直存留在人類想像中。他的事蹟在結構上屬於神話或傳奇。俊美的馬洛里——英勇的加拉哈德爵士——三度冒著生命危險去探索未知，將心愛的女人留在身後。他兩次被擊退，然後到了第三次，儘管他明知不可為，卻轉身再戰，消失在未知的雲層中。

所以，儘管楊赫斯本的說法天花亂墜，卻可能一言中的。馬洛里可能確實感受到壓力，覺得自己必須符合一種典範：將自己逼到無路可退，或捨身，或成功，但不是失敗。這影響了他在六月那一天所做的決定。每個人都很容易受這種壓力的影響。我們大部分時候都在不知不覺中調整自己的生活去符合神話或典範所提供的模板。我們都會告訴自己一些故事，然後把我們的未來套入這些故事，不管我們有多珍惜生活中的新事物與原創性所帶來的感受。

似乎所有人都不認爲馬洛里和厄凡這樣的死亡是浪費生命：一個有家有室的男人平白送了命，還賠上另一個前途光明的牛津小子，除了爬上一點高度之外，沒有任何意義。但是除了死者的家屬和朋友，沒有人這樣認爲。厄凡的家庭從此垮了。厄凡的母親始終相信兒子可能有一天會回到家來，之後好幾年都在門廊上留了一盞燈，好讓他看到回家的路。當然還有茹絲，她的世界崩毀了。馬洛里的母親在悲痛之餘，注意到茹絲看起來像「一朵莊重的百合花，花冠殘破，往下垂落」。茹絲絕望地寫信給楊恩道：「噢，傑弗瑞，但願這不曾發生。一切大可不必這樣……」

◆ ◆ ◆ ◆ ◆

一九九九年五月，馬洛里失蹤了七十五年之後，一支搜尋隊發現了他的屍體。他在海拔八千兩百公尺左右，臉朝下，俯臥在聖母峰北壁一面陡峭的碎石坡上，手臂往上往外撲，就像他於下滑之際將手指戳進岩石去停住自己。

經過幾十年的風霜，馬洛里的衣服已經扯裂開來，他衣衫襤褸地躺著。但是酷寒保存了他的屍體。肌肉在漂成亮白色的皮膚下方鼓起，讓他的背部依舊起伏有致。在那樣的高處，他的屍體沒有腐爛，而是石化了——他的肉身看起來簡直就像石頭。當全世界媒體發布了馬洛里的屍體照片，許多評論者都將之比擬爲白色的大理石雕像。雖然已死，仍栩栩如生。馬洛里是俊美不凡的男子，他的外表當年就令簇擁在他身邊的男男女女陶醉地比爲古典雕像。史特拉奇（Lytton Strachey）在一九〇九年首次見到他之後發出著名的驚呼：「我的天哪！馬洛里！馬洛里！我的手在顫抖，我的心臟猛烈跳動，我整個人都要昏厥了，無法言語……他身高一百八十公分，有著希臘古代雕像普拉克西特利斯的身體，還有他的臉——啊，難以置信。」史特拉奇顫抖著將馬洛里比爲普拉克西特利斯的白色大理石雕像，九十年後，這成爲令人毛骨悚然的現實。

馬洛里並不知道自己爲何一再回聖母峰。一次又一次，有人問起時，他就誇張地雙手一攤。一九二三年在美國，他在演講中如此回答聽衆的提問：「我想我們會回到聖母峰……是因爲簡單一句話，我們無法自拔。」在寫給朋友湯姆森（Rupert Thompson）的信中，他說：「也許你能夠告訴我，爲什麼我會從事這樣的冒險？」一九二二年，一位紐約記者問他爲何重回聖母峰，他的回答已成不朽：「因爲聖母峰就在那裡。」但是就如同史普福德（Francis Spufford）所言，當年那些探險家都出了名地不擅長說明爲什麼。

就某個方面而言，理由並不重要。馬洛里去了聖母峰，然後沒有回來，就這樣。對於他的行爲，我們並沒有令人滿意或者能夠理解的解釋，但是那並不會減弱馬洛里神話的強大力量。神話就是如此。就像羅蘭．巴特所寫的，「非常省事地──把人類行爲的複雜性視爲無物，賦予這些行爲本質上的單純性……確立了令人心滿意足的明晰思維：事情以其本身顯示了意義。」

然而，有一點很重要，我們確實有可能解釋馬洛里爲什麼那樣，而這或許是因爲我們處在比他更好的位置，所以能回答他經常被問但無法回答的問題。我們比馬洛里更能夠注意到他所繼承與強化的情感傳統，而這些傳統使得他輕易便受聖母峰的魔力所惑。而且，那就是這本書有一部分試圖要做的事：窮究歷史，去理解爲什麼馬洛里在高山上發現的寶貴事物會比在平地上還多。

自以身相殉後，馬洛里已經融入了讓他付出生命代價的高山崇拜，成爲其中的強大新元素。他以散播者的角色屹立在歷史上，傳播、擴散高山魔咒，使魔咒覆蓋得更廣。他像在他之前和之後的許多人一樣，因熱愛高山而送命，此一事實並不會削弱高山的奇異吸引力，反而增強了引力。在他身後，馬洛里把讓他喪命的那種情感化爲不朽──他使人類心中的群山變得更加巍偉壯麗。

註1：聖母峰具有強大的引力，這並非僅是人類的想像。喜馬拉雅山與圖博高原的地心引力強到能把附近所有的液體拉過來，因此喜馬拉雅山腳下的積水表面常常呈現不規則的形狀。作者註

註2：諾爾的描述正是聖母峰具有變形力量的一個例證，這股力量不僅作用於地心引力，也能影響感知。不管在任何層面上，聖母峰都不像尖塔，而只是一座龐大、粗壯、笨重的山，沒有什麼精緻的哥德式圓柱。作者註

註3：加拉哈德（Galahad），亞瑟王傳說中的騎士，出生的天命是找到聖杯，並於實現後升入天堂。編註

註4：內華達山脈（Sierra Nevada），這裡指西班牙東南部安達魯西亞山脈最高的一段山脈。編註

註5：布拉克原文 Bullock，在英文中指閹牛。編註

九　雪中野兔

驚奇而欲一探究竟乃所有熱情之首。

——笛卡兒，一六四五年

René Descartes

馬洛里是極端的例子，當然了。他是一個只因迷戀一座山而押上珍貴的一切，最後也全部失去的人。在馬洛里之前和之後有數以百萬計的人，包括我在內，都發現在高山這樣不懷好意、不可預測、自然原始的地景形式中，有許多我們心所嚮往的東西。但是對於這些數百萬人當中的大多數，包括我自己，高山的吸引力更多是源自於美及奇絕，而不在涉險與喪失。

高山似乎回應了西方日漸增加的想像需求。越來越多的人發現自己渴望登山，在山上找到強大的安慰。基本上，高山正如所有荒野，挑戰了我們自以爲是且動不動便深陷的信念：世界是由人類創造出來供人類所用。我們大多數人大多數時間都活在人類所安排、設定與控制的各種世界中，而忘了有些環境對觸動開關或扭動轉盤沒有任何反應，這些地方有自己存在的節奏與秩序。高山會糾正這種健忘症。高山向我們訴說世界上有比我們所能引發的力量更爲巨大的力量，讓我們面對遠比我們所能想像更浩瀚的時間跨度，藉此駁斥了我們對人類製造的過度信賴。高山對人類宏圖能維持多久以及有多重要提出深切的質疑。我想，高山激發了人類內在的謙遜。

高山也重塑我們對自身、對內在風景的理解。高山世界的偏遠，其嚴酷與其幽美，提供我們一個珍貴的角度，讓我們得以俯瞰生命中最熟悉、記錄得最詳盡的區域。高山能微妙地重新導引、重新調整我們的觀點，而我們都是根據這些觀點定出自己的方位。高山以其遼闊與錯綜複雜，拓展同時也壓縮了個人的心境，使人意識到自己可以掌握與觸及的範圍無邊無際，同時，也意識到個人的渺小。

最終也最重要的是，高山激發了我們的驚奇感受。高山真正的恩賜並不是提供一道挑戰或一項競賽，靜待人類來克服或掌控（固然有許多人是以這種態度去登山），而是提供某種更溫和且極其強大的體驗，使我們心悅誠服地讚歎造物之奇，無論是水在冰面下形成的黑暗漩渦，或是長在巨礫和樹木背風處的苔蘚那柔軟有若毛皮的觸感。置身高山會重燃我們的驚奇感受，自然世界最簡明的運行都令我們目瞪口呆：一片百萬分之一克的雪花落在一個人伸出的手掌上，水持之以恆地在花崗岩表面刻出一道細渠，在布滿碎石的溪谷中，石頭看起來沒受到什麼外力卻突然一動。伸手往下一摸，去感受冰河劃過岩石所留下的隆起與刮痕，在一陣雨後傾聽山坡如何隨著奔流的水而活躍起來，去看夏末天光像潺潺流水瀰漫於幾公里的風景當中——凡此種種，都不是無謂的經驗。高山把我們在現代生活中不經意濾掉的無價之寶，也就是驚奇的能力，還給了我們。

◆ ◆ ◆ ◆ ◆

某年的一月底，我跟三個朋友一起攀登蘇格蘭拉根湖（Loch Laggan）附近的「花楸樹山」（Beinn a'Chaorainn）。那一天精采地展開。一朵朵雲張滿了帆，在蔚藍中緩緩競速前進。陽光耀眼明亮，雪把光線轉成專屬的白色光頻。雖說空氣寒冷，或者也就是因爲空氣寒冷，當我們四人步行入山的時候，我能感覺到血液在我的腳趾和手指裡面暖洋洋地搏動，而太陽也在我雙頰的邊緣灼灼發熱。

花楸樹山從路邊聳起三座顯著的高峰。在山的東面側翼，清晰又險峻的，是更新世期間冰河從這座山刻出來的兩座圈谷。那一天，圈谷的峭壁厚厚地覆了一層冰，當我們走近的時候，那層冰在陽光下反射閃爍。我們首先穿過一行松樹，然後來到空曠的谷地，在那裡我們越過幾大片寬闊的泥炭蘚。在夏季，這些泥炭癬會隨著雨滴顫動，像水床表面一樣搖晃不定。但是冬天用冰將這些錘成靜止的玻璃。我從上面走過的時候，向下細看那片清澈的冰，可以看到泥炭蘚，像地毯似的濃密多彩，黃綠色星星點點的捕蟲堇散布其間。

我們開始從面向東方的山稜往上爬，這山稜隔開了冰封的圈谷。我們攀登的過程中，天氣改變了情緒。雲層在天空中變厚，同時也變慢。光照變得不穩，從銀色一下子變成暗淡的灰色。爬了一小時之後，開始下起大雪。

接近山頂的時候，我們處於一片白濛，天地難分。天氣變得更加寒冷。我的手套凍成僵硬的殼，兩手互敲，發出悶悶的鏗聲。厚厚的白霜積在我面罩上的呼吸孔周圍，像笨拙的小丑張著嘴巴。

離峰頂幾百公尺的地方，山稜轉爲平坦，我們安然解開繩索。其他人停下來吃點東西，但是我繼續往前，想要享受那片白濛的與世隔絕。風沿著山稜吹向我，在那股無形的壓力下，萬物都在騷動。幾百萬顆雪塵在連續不斷的吹拂下貼著地面飄揚。結成圓形硬塊的陳年積雪心不甘情不願地被吹著走，在山稜的表面跳躍滾動。天上落下來的大片雪花在風的逼迫下撲向我，幾近無聲地重重擊上我的衣服，於是我自己的迎風面積起了一層柔和細雪。看上去彷彿我正在一條寬淺的白色河流往上溯。往四面八方望去，我都只能看到五公尺以內的景物，我感覺到全然且令人激動的孤獨。這些旋飛雪花之外的世界變得毫不重要，也幾乎無法想像。我可能是這個星球上的最後一個人。

走了幾分鐘後，我到達峰頂的小平臺，停下腳步。幾步之外，坐在地上打量著我，全身往後蹲坐在壯碩的後腿上，長耳朵快速抽動著的，是一隻雪兔。對我竟然顯靈在牠的山頂上似乎頗感好奇，但是並不驚慌。這隻野兔除了後面的黑尾巴、胸前一小塊灰斑和耳朵上兩道黑邊之外，渾身雪白。牠以獨有的古怪步態動了幾步。後腿緩緩向前向上挪移下半身，幾乎高過頭頂。然後又停在那裡。我們在漫天飛雪中對峙了半分鐘，沉浸於暴風雪奇異的靜寂。我張著我結冰的小丑嘴巴，野兔展示茂密的白毛和晶亮的黑眼珠。

然候，我的朋友彷如幽靈般從白濛中出現，他們的登山裝備鏗然作響。野兔立刻四腳猛蹬，踢出一道雪浪，左右偏斜急衝沒入風雪中消失了，動作輕巧但急切，身體消失了很久，那一點黑尾巴還在上下跳動著。

我在山頂待了一會兒，讓其他人往前走，開始下山。我一直想著那隻雪兔，想著像這樣的野生動物跟人的不期而遇是如何提醒我們動物也自有其路徑——我闖入野兔的路徑，正如野兔也闖入了我的路徑。然後我的思緒從山頂移開。在山稜上那片白濛中體驗到的孤寂已經被伸手不見五指的感受所取代。我不再覺得降雪隔絕了我，我覺得雪包容了我，延展了我，我成爲這片幾百公里降雪大地的一部分。我想到東方，在那裡，雪將降在凱恩戈姆山脈背脊已經存在十億年的花崗岩上；我想到北方，在那裡，雪將悄悄覆蓋莫納利灰色丘陵（Monadhliaths）的空曠荒野。我想到西方，在那裡，雪將落在諾爾達特（Knoydart）的崎嶇邊界上（Rough Bounds），也就是爪丘（Ladhar

Bheinn）、黃丘（Meall Buidhe）以及怒丘（Luinne Bheinn）。我想到這場雪正落在隱沒丘陵的一道道山稜上，而我也想到，在那一刻，我不願待在這裡以外的任何地方。

謝辭

高山以及登山的歷史，絕不是一片荒蕪地域。不止一次，我發現自己迷失在資訊與思想的暴風雪之中徘徊，只能追隨不屬於自己的腳印，才能重新走回路上。最要感謝的是兩本書。第一本是沙瑪（Simon Schama）的《景觀與記憶》（*Landscape and Memory*），這本書以其精確優雅，表達並延伸了我自己的一種初步意識：景觀是想像與地質學的甜食。第二本是史普福德（Francis Spufford）豐富的文化史《我可能在某段時間》（*I May Be Some Time*），內容是極地探險的幻想史，這是我在《心向群山》寫到一半時不期然讀到的書。

我想要感謝那些在我寫作期間不斷給我提供審核材料的編輯。提供給我的資料裡，有些與高山有關，有些無關。我非常感激他們的信任和鼓勵，在文字方面給我發揮的空間：這本書中的很多影像和想法起初是以報紙的形式寫出來的。我特別想要感謝《經濟學人》的史蒂夫．金（Steve King）、《倫敦書評》（*London Review of Books*）的詹姆斯．弗蘭肯（James Francken）、《觀察家報》（*Observer*）的史蒂芬妮．麥瑞特

（Stephanie Merritt）、羅伯特・麥庫魯姆（Robert McCrum）和喬納森・希伍德（Jonathan Heawood）；《旁觀者》（*Spectator*）的馬克・阿莫瑞（Mark Amory）以及《泰晤士報文學增刊》（*Times Literary Supplement*）的琳賽・杜格依德（Lindsay Duguid）。也要非常感謝露西・黎斯布里奇（Lucy Lethbridge）最初給我這個機會。

還有各式各樣的理由，讓我把感謝的心意延伸到以下這些人士：理查・巴格利（Richard Baggale）、約翰・布魯納（John Brunner）、亞瑟・伯恩斯（Arthur Burns）、班・巴特勒—科爾（Ben Butler-Cole）、蓋・丹尼斯（Guy Dennis）、丁尼・高洛普（Dinny Gollop）、喬・格里菲斯（Jo Griffiths）、彼得・漢森（Peter Hansen）、羅賓・霍吉金（Robin Hodgkin）、莎爾瑪與比爾・羅威爾（Thelma and Bill Lovell）、喬治和芭芭拉・麥克法蘭（George and Barbara Macfarlane）、詹姆斯・麥克法蘭（James Macfarlane）、加瑞・馬丁（Garry Martin）、泰迪・莫伊尼漢（Teddy Moynihan）、丹・尼爾（Dan Neill）、羅伯特・帕茲（Robert Potts）、大衛・昆丁（David Quentin）、尼克・賽登（Nick Seddon）、安迪・蕭（Andy Shaw）、約翰・史塔博斯（John Stubbs）、托比・提爾上尉（Captain Toby Till）、伊蒙・特洛普（Eammon Trollope）、西蒙・威廉斯（Simon Williams）、馬克・沃爾莫德（Mark Wormald）以及艾德・楊（Ed Young）。

我也想要感謝我的博士導師羅伯特・道格拉斯—菲爾赫斯特（Robert Douglas-Fairhurst），他的角色左右爲難，既要監督我的研究，又要對我的不務正業網開一面；感謝海華大學（Heriot-Watt University）物理系；感謝馬克・博拉德（Mark Bolland）主動寄來他的論文《尼采與高山》（*Nietzsche and Mountains*）（杜倫大學，一九九六年）供我參考；還有拉爾夫・奧康納（Ralph O'Connor），讓我看他即將出版的書，內容是有關文學奇觀與十九世紀的地質學。

桑塔努・達斯（Santanu Das）、歐利・海斯（Olie Hayes）、亨利・希金斯（Henry Hitchings）、茱莉亞・羅威爾（Julia Lovell）、約翰與蘿莎蒙・麥克法蘭（John and Rosamund Macfarlan）、拉爾夫・奧康納（Ralph O'Connor），以及愛德華與艾莉森・珮克（Edward and Alison Peck），早在草稿階段就幫我審讀。他們以其專業爲本書注入極爲寶貴的簡明清晰。

我要由衷感謝亞瑟・蘭森（Arthur Ransome）資產管理的克莉絲汀娜・哈迪門特（Christina Hardyment）和其他主管允許我使用《燕子號與鸚鵡號》中的一行詩作爲第六章的卷首語。以及約翰・麥克法蘭允許我複製幾幅插圖；蘿莎蒙・麥克法蘭允許我複製卷首的相片；劍橋大學莫德琳學院（Magdalene College）的院長與研究委員以及馬洛里家族允許我閱讀並複製馬洛里的部分信件。諾爾允許我複製插圖；皇家地理學會允許我複製插圖；奧黛麗・沙克爾德（Audrey Salkeld）允許我複製插圖；以及史普里爾家族允許我複製史普里爾的地圖；劍橋大學圖書館的授權部門也爲我的一些插圖提供複製的許可。我還想特別感謝我的經紀人潔西卡·伍拉德（Jessica Woollard），她從堆積如山的來稿中抽出《心向群山》，告訴我應該把我自己寫進書裡，並且從那之後始終是我出色的評論家與熱誠讀者；我的兩位編輯，格蘭塔出版公司（Granta）的莎拉·霍洛威（Sara Holloway）和萬神殿出版公司（Pantheon）的丹·弗蘭克（Dan Frank），他們才華過人，了解書稿應該如何去蕪存菁；我的母親蘿莎蒙·麥克法蘭，允許我使用她動人的相片，也感謝她不斷鼓勵我，熱心提供插畫技術方面的專業意見；感謝茱莉亞爲我所做的一切。

其中最重要的，我要感謝我的外祖父母愛德華與艾莉森·珮克，感謝他們的熱忱、慈愛與知識。《心向群山》這本書是獻給他們。

心向群山 人類如何從畏懼高山走到迷戀登山
A HISTORY OF A FASCINATION
MOUNTAINS OF THE MIND

作　　者｜羅伯特・麥克法倫（ROBERT MACFARLANE）
譯　　者｜林建興
校　　對｜陳佩伶
責任編輯｜賴淑玲
視覺設計｜格式 INFORMAT DESIGN CURATING
內文排版｜謝青秀
行銷企畫｜陳詩韻
總 編 輯｜賴淑玲
出 版 者｜大家出版（遠足文化事業股份有限公司）
發　　行｜遠足文化事業股份有限公司（讀書共和國出版集團）
231 新北市新店區民權路 108-2 號 9 樓
電　　話｜(02)2218-1417
傳　　真｜(02)8667-1065
劃撥帳號｜19504465　戶名・遠足文化事業股份有限公司
法律顧問｜華洋國際專利商標事務所　蘇文生律師
定　　價｜400 元
初版一刷｜2019 年 2 月
初版七刷｜2023 年 12 月

國家圖書館出版品預行編目 (CIP) 資料

心向群山：人類如何從畏懼高山，走到迷戀登山 / 羅伯特 . 麥克法倫 (Robert Macfarlane) 著 ; Nakao Eki Pacidal 譯 . -- 初版 . -- 新北市 : 大家出版 : 遠足文化發行 , 2019. 02

面 ;　公分

譯自 : Mountains of the Mind: a History of a Fascination

ISBN 978-957-9542-67-8 (平裝)

1. 旅遊文學 2. 英國

741.89　　106017266